马克思主义共同富裕思想与我国的实践创新研究

张敏　著

吉林大学出版社

·长春·

图书在版编目（ＣＩＰ）数据

马克思主义共同富裕思想与我国的实践创新研究 /
张敏著 . -- 长春：吉林大学出版社，2023.3
ISBN 978-7-5768-1900-7

Ⅰ．①马… Ⅱ．①张… Ⅲ．①共同富裕 - 研究 - 中国
Ⅳ．① F124.7

中国国家版本馆 CIP 数据核字（2023）第 163320 号

书 名	马克思主义共同富裕思想与我国的实践创新研究
	MAKESI ZHUYI GONGTONG FUYU SIXIANG YU WO GUO DE SHIJIAN CHUANGXIN YANJIU

作 者	张 敏
策划编辑	矫 正
责任编辑	矫 正
责任校对	李潇潇
装帧设计	久利图文
出版发行	吉林大学出版社
社 址	长春市人民大街 4059 号
邮政编码	130021
发行电话	0431-89580028/29/21
网 址	http://www.jlup.com.cn
电子邮箱	jldxcbs@sina.com
印 刷	天津鑫恒彩印刷有限公司
开 本	787mm×1092mm 1/16
印 张	13.25
字 数	200 千字
版 次	2023 年 3 月 第 1 版
印 次	2023 年 3 月 第 1 次
书 号	ISBN 978-7-5768-1900-7
定 价	68.00 元

前　言

　　马克思主义是中国特色社会主义理论体系的理论遵循和基本依据，共同富裕是共产党人"词典"中的重要概念，是马克思主义经典作家设想的未来社会的重要特征，也是马克思主义理论的重要组成部分，具有丰富的历史逻辑和理论逻辑。马克思主义的根本落脚点，即在社会生产力高度发展的基础上实现生产关系的重大变革，用未来社会的共同富裕取代资本主义的两极分化。作为科学社会主义的创始人，马克思将共同富裕作为社会主义的价值标准，其共同富裕思想，即通过共产主义社会（包含共产主义第一阶段的社会主义）对生产条件的社会公共占有，贯彻共同劳动，按照劳动者为社会的贡献分享个人消费品的基本原则，使社会全体成员均能享受经济发展的果实，实现"个人奴隶般地服从分工的情形已经消失，从而脑力劳动和体力劳动的对立也随之消失"[①] 以及人的全面而自由的发展。

　　马克思主义共同富裕思想以其强大的理论体系和社会实践作支撑，形成了一套日趋完整的马克思主义共同富裕思想体系。其中既包括马克思主义经典作家对社会主义事业的探索和实践，也包括中国化的马克思主义的主要创立者——中国共产党人带领全国人民进行的探索与实践。可以说，实现共同富裕这一理想，不仅是社会主义的本质、原则的根本要求和目标所向，更是承载着一代又一代中华儿女对未来社会蓝图的美好愿景和新时代人民对美好生活的向往与追求。从 1956 年社会主义制度的确立，到 1978 年改革开放政策的实施，再到"三个代表"重要思想、科学发 = 展观、习近平新时代中国特色社会主义思想的提出，共同富裕思想内涵越来越丰富，轮廓也越来越清晰。

[①]　中共中央马克思恩格斯列宁斯大林著作编译局编译. 马克思恩格斯选集（第三卷）[M]. 北京：人民出版社，1995：305.

党的十八大将"必须坚持走共同富裕道路"①作为进入新时代夺取中国特色社会主义现代化建设新胜利的基本要求和理想信念，提出要把发展成果更多更公平地惠及全体人民，使整个社会朝着共同富裕方向稳步前进。党的十九大更是提出"必须要坚持以人民为中心的发展思想，不断促进人的全面发展、全体人民共同富裕"②，进一步强调了实现共同富裕对于中国特色社会主义现代化建设的重要性。党的二十大提出"着力促进全体人民共同富裕，坚决防止两极分化"③，可见共同富裕是中国特色社会主义的根本价值目标和基本要求。

　　马克思主义共同富裕思想不啻为一个宏大的理论主题，亦是一个具体的多层次、多角度的复杂课题。为了将马克思主义共同富裕思想与我国的具体实践契合起来，本书从马克思主义共同富裕思想的理论渊源切入，剖析马克思主义共同富裕思想的伟大理论精髓；在梳理中华优秀传统文化蕴含的共同富裕思想的基础上，论述了中国化马克思主义者——中国共产党历代领导人关于共同富裕的重要论述；坚持以辩证唯物主义和历史唯物主义为指导，探讨了共同富裕的时代内涵、基本特征和现实意义；在此基础上，分别对新中国成立后到改革开放前、改革开放新时期和新时代中国走向共同富裕的实践进行了探索性研究，回顾和梳理了共同富裕实践的政策思想，总结了历史经验，为今后共同富裕的实践创新提供了现实参考依据；并侧重选取"精准扶贫"工作为研究的重点，在阐述共同富裕与精准扶贫关系的基础上，详细论述习近平关于精准扶贫的重要观点，并重点探讨"后扶贫时代"精准扶贫的实践创新路径，对探索马克思主义共同富裕思想在我国的实践创新尽一份绵薄之力，更好地促进中国共同富裕的实践不断向前发展。

① 胡锦涛. 坚定不移沿着中国特色社会主义道路前进 为全面建成小康社会而奋斗——在中国共产党第十八次全国代表大会上的报告（2012 年 11 月 8 日）[M]. 北京：人民出版社，2012：15.

② 中共中央党史和文献研究院编. 十九大以来重要文献选编（上）[M]. 北京：中央文献出版社，2019：14.

③ 习近平. 高举中国特色社会主义伟大旗帜 为全面建设社会主义现代化国家而团结奋斗——在中国共产党第二十次全国代表大会上的报告（2022 年 10 月 16 日）[M]. 北京：人民出版社，2022：22.

　　"精准扶贫"为马克思主义共同富裕思想在我国的主要实践路径之一。虽然中国的发展已然取得了举世瞩目的成就，但是中国仍然是世界上最大的发展中国家，缩小国内的贫富差距，缩小城乡收入差距，缩小地域发展差距，依旧是我国面临的一项艰巨的任务与严峻的挑战。党的十八大以来，政府加大了对贫困落后地区的扶贫支持力度，全面推进了"精准扶贫"工作的开展，并于2021年取得了脱贫攻坚战的全面胜利。但是"后扶贫时代"巩固脱贫成果的工作远未结束，还任重而道远，"后扶贫时代"仍然还有很多老问题，同时又出现了新的挑战，探索新的扶贫路径是重点，它关系到乡村振兴能否实现，关系到第二个百年奋斗目标能否实现，更关系到共同富裕目标能否稳步前行和最终实现。

　　马克思主义共同富裕思想在我国的实践路径不仅包括"精准扶贫"，还包括继续深化供给侧结构性改革，坚持公有制经济的主体地位不动摇，以及坚持普惠民生的政策倾向等内容。由于篇幅所限，本书并未逐一展开论述，但其政策思想在中国走向共同富裕的不同阶段的实践中已有所体现。由于"精准扶贫"是我国践行马克思主义共同富裕思想的极其关键的一环，在篇幅的安排上，特意增加了对"中国特色精准扶贫"的着墨。

　　由于笔者的能力与水平有限，本书仍有许多不足之处，请学界同仁批评指正。

目　录

第一章　马克思主义经典作家
共同富裕思想概述

　　共同富裕，是社会主义的本质、根本原则和目标所向，是科学社会主义理论的重要组成部分，是马克思主义者孜孜以求的崇高理想。马克思主义共同富裕思想的产生和发展，同对西方资本主义两极分化的现实批判和对空想社会主义学说的理论批判紧密相关。在理论层面，莫尔（St. Thomas More）笔下的《乌托邦》，康帕内拉（Tommas Campanella）描绘的《太阳城》等空想社会主义著作，是马克思主义共同富裕思想产生的思想渊源；西欧三大空想社会主义者对未来社会蓝图的描绘和愿景，是马克思主义共同富裕思想直接的思想来源。

　　马克思主义共同富裕思想汲取上述合理内核，以其强大的理论体系和科学的社会实践作支撑，形成了一套日趋完整的马克思主义共同富裕思想体系。这主要包括马克思、恩格斯为之倾其一生的社会主义事业探索，列宁、斯大林的苏联社会主义实践，以及中国化的马克思主义者们带领全党、全国人民进行的共同富裕的探索与实践。

　　本章从莫尔《乌托邦》的共同富裕思想切入，探讨马克思主义共同富裕思想的理论渊源、马克思主义经典作家——马克思、恩格斯、列宁、斯大林共同富裕思想的主要内容与基本特征及其当代价值，作为全书研究的理论溯源。

一、马克思主义共同富裕思想的理论渊源

马克思主义的创立，同西方空想社会主义学说有着密切联系。正如恩格斯明确指出的："德国的理论上的社会主义永远不会忘记，它是站在圣西门、傅立叶和欧文这三个人的肩上的。"① 事实上，早在三位思想家之前，空想社会主义思想已小荷初露，同样对后世影响深远。早在欧洲文艺复兴时期，英国的托马斯·莫尔、意大利的托马斯·康帕内拉等空想社会主义者就在他们对未来社会的构想中体现出了关于共同富裕的设想。16 世纪初到 19 世纪上半叶，以托马斯·莫尔、托马斯·康帕内拉、圣西门（Comte de Saint-Simon）、傅立叶（Jean Baptiste Joseph Fourier）和欧文（Robert Owen）为主要代表，早期的空想社会主义者预设了一个没有盘剥、没有压迫、人人劳动、财产公有的理想社会，这些构想构成了马克思主义共同富裕思想的直接思想来源。

（一）莫尔《乌托邦》的共同富裕思想

托马斯·莫尔是欧洲文艺复兴时期杰出的人文主义者，共同富裕思想可溯源至其代表作《乌托邦》一书中。在这部著作中，莫尔采用含糊其辞的手法揭露了当时英国政治和社会的黑暗，并设想、描绘了与之形成鲜明对比的乌托邦社会。在这里，物资充裕、产品丰富、财产公有、按需分配，这是人类社会主义思想的起点，也是莫尔共同富裕思想的集中体现。莫尔生活在资本主义萌芽的时代，资产阶级和无产阶级的矛盾开始产生。他指出，资本主义私有制是导致出现穷困不堪和奢侈无度这种两极分化现象的根源，主张实行社会财富的公共所有制，使全民共同拥有和使用全部社会财富。"如不彻底废除私有制，产品不可能公平分配，人类不可能获得幸福。私有制存在一天，人类中最大的一部分也是最优秀的一部分将始终背上沉重而甩不掉的贫困灾难担子。"② 但是，从莫尔的描述来看，乌托邦是个封闭的岛国，与外界鲜有来往。他设定了乌托邦的人口数量和结构不会变化，它的整个社会只是处在简单的循环静止状态，经济不会发展，人们的追求也不会提升，

---

① 中共中央马克思恩格斯列宁斯大林著作编译局编译. 马克思恩格斯选集（第三卷）[M]. 北京：人民出版社，2012：37.

② [英]托马斯·莫尔. 乌托邦 [M]. 戴镏龄，译. 北京：商务印书馆，1960：44.

甚至是失去了对物质的追求，这就使得其关于共同富裕的美好设想失去了实现的动力条件。可见，莫尔共同富裕的萌芽思想仅仅是基于对劳苦大众的朴素同情、对黑暗社会的现实批判所构想的美妙愿景，只能出现在他自我设定的"乌托邦"国家，因而不具有普遍意义，只能沦为空想。

总的来看，莫尔及其《乌托邦》里体现出来的社会政治思想具有极大的进步意义，这在5个世纪前的欧洲确实难能可贵。就反对君主专制制度而言，他指出："要是一个人享乐纵欲，周围却是一片呻吟哀号，那就意味着他不是管理国家的，而是管理监狱的。"① 就主张实行公有制而言，莫尔的主张可以说是关于共同富裕的早期萌芽，是空想社会主义思想迈出的历史性一步。需要说明的是，莫尔将金钱财富视为罪恶的根源，这是建立在社会物资充裕、人们衣食无忧、公民道德高尚基础之上的，意在以此来约束贪得无厌之人——并非无条件地反对财富本身，而是反对少数人对社会财富的占有。使全体公民过上较为富裕的生活，实现共同富裕，是莫尔寄予乌托邦的厚望。

物资充沛、财产公有，人人从事生产和管理劳动；重视教育，注重卫生健康，公民道德高尚，这些是莫尔在《乌托邦》里描述的共同富裕社会的特征。这些"伟大的老空想家们提出来的"② 关于共同富裕的设想，给马克思主义共同富裕思想的创立和发展提供了启发和借鉴。社会产品丰富为实现共同富裕奠定了经济基础，实行公有制为实现共同富裕提供了制度保障；有计划有组织的劳动、教育和卫生事业等的发展是实现共同富裕的必要条件。遗憾的是，莫尔身上明显地打上了时代的烙印，这也使其思想的局限性成为必然。首先，莫尔的共同富裕思想并未体现出生产力能够迅速增长的观点，也未体现出先进生产方式能够带来社会生产迅速发展的观点。莫尔所津津乐道的是以家庭为基本经济单位的手工业生产，其虽然设想了一个产品丰富到用之不竭、人人都可以按需分配的理想社会，但却不能想象生产力能够迅速增长。这种传统的自然经济当然不可能实现以丰富的物质财富为基础的公有制社会。其次，莫尔生活在资本主义"羊吃人"的原

---

① [英]托马斯·莫尔. 乌托邦 [M]. 戴镏龄，译. 北京：商务印书馆，1960：38.

② 中共中央马克思恩格斯列宁斯大林著作编译局编译. 列宁全集（第二卷）[M]. 北京：人民出版社，1959：413.

始积累时代。莫尔看到了广大劳苦群众生活在水深火热之中，却看不到人民的力量。他不认为劳苦群众有能力推翻封建君主专制制度，更不会想到有朝一日无产者将作为一个阶级成为领导力量和主力军。此外，莫尔也未能对公有制如何产生及实现作出交代，因而，他的乌托邦缺乏科学根据，只能是一种空想。乌托邦只能成为空想社会主义的同义词。

（二）康帕内拉《太阳城》的共同富裕思想

继《乌托邦》成书约一个世纪以后，意大利的空想社会主义者康帕内拉在狱中完成了他的空想社会主义经典著作——《太阳城》。同《乌托邦》一样，它也是一部虚构的小说，通过对"太阳城"的描绘，康帕内拉抨击了私有制的种种弊端和罪恶，初步描绘了具有空想性共同富裕特征的理想社会，主要表现在以下几个方面。

1. 公有制是实现共同富裕的制度保障

康帕内拉认为，废除私有制，建立公有制，实行公社组织下的社会生产和分配是实现共同富裕的制度保障。在太阳城，生产资料和消费资料都实行公有。每个人都尽其力参加社会劳动，并共同享有一切社会财产和劳动成果。正如康帕内拉所言："公社制度使大家都成为富人，同时又都是穷人。他们都是富人，因为大家共同占有一切；他们都是穷人，因为每个人都没有任何私有财产；因此，不是他们为一切东西服务，而是一切东西为他们服务。"[①]财产公有实现了全社会的平等，不再存在阶级划分，不再存在剥削和压迫。由于不再拥有任何私有财产，人们自私自利的狭隘心理将被消除，也因此切断了"贪婪"这一引发一切社会罪恶的根源。把人从物质世界的桎梏中解放出来，体现了人的主体性和第一性，这就为人们在社会生活中平等协作、共同为社会创造财富创造了前提和可能。

2. 普遍的义务劳动和劳动光荣的思想是实现共同富裕的劳动保障

重视劳动在社会生产发展中的作用，这是康帕内拉共同富裕思想的特色和进步之处。他认为建成理想社会的前提是要全民参与劳动，各自发挥所能。在太阳城里，实行普遍的义务劳动制度，但又保证每人每天不超过

---

① ［意］康帕内拉. 太阳城 [M]. 陈大维，黎思复，黎廷弼，合译. 北京：商务印书馆，1980：23.

四小时的工作时间。人人都自觉服从分配、参加社会生产和劳动。太阳城注重将劳动内容和个人禀赋与兴趣相结合，使得人们能愉悦地进行劳动和履行义务。较莫尔进步的是，康帕内拉看到了科学技术对社会生产发展的推动力量，主张用机械代替繁重的人工劳作，并主张根据男女体能的不同，给予不同的劳动分工。基于这一设想，在太阳城里，人人都将热爱劳动，而且劳动内容没有高低贵贱之分，所从事劳动量越多、劳动技术越娴熟就会受到格外的尊重。

3. 普及义务教育是实现共同富裕的教育保障

康帕内拉认识到高尚的道德情操、先进的科学技术、对于推动社会进步的重要作用。从这一角度出发，他主张在全社会普及义务教育，这为实现共同富裕提供了教育保障。太阳城是以道德为基础建构的理想国家，人人都有高尚的美德，这是国家的安定和人民生活幸福的基石。国家实行普遍的义务教育，意在把每个公民都教育和培养成德才兼备之人，领导职务由道德高尚的优秀人物担任，实施以德治国等等。在太阳城，实行优生优育政策，儿童从两三岁起就根据性别的不同被男女教师分管培养，按个人兴趣和社会需求学习专业知识，两三岁时，他们学习语言和文字；七岁时，他们学习科学和艺术；"在十岁以前就能毫不费力地、轻松地通过直观教学法来掌握各种科学的基本知识"[1]。十岁以后，他们就能通过所学的专业知识从事社会生产实践、参加社会劳动。此外，太阳城还特别注重营造学习环境。在太阳城的城墙上设有各种启迪公民，以供学习的资料，如公式图表、花鸟鱼虫标本、手工业用具、发明和操作方法，通过从小开始的社会环境的耳濡目染来提高公民掌握知识技能的能力。

分析莫尔和康帕内拉的共同富裕思想，我们可以得出以下同异之处。从相同点来看，虚幻性和空想性是二者最大的共同点，无论是乌托邦还是太阳城，都是以对话的手法写作的，都凭空产生于作者的头脑构想中；二者都主张生产力的发展，却没有找到推动生产力发展的途径；都把反对私有制作为实现共同富裕的前提条件，把实行社会公有作为实现共同富裕的保障，却没有具体的措施和安排去实现；所描述的社会都产品丰富、物资

---

① [意]康帕内拉. 太阳城[M]. 陈大维，黎思复，黎廷弼，合译. 北京：商务印书馆，1980：9.

充沛，主张教育和发展技术为实现共同富裕提供了支持和保障，却也带有空想的特征，无法付诸现实。这些共同富裕思想启发了后来的空想社会主义学家们继续为反对资本主义私有制而探索，也为马克思主义共同富裕思想的形成提供了来源和借鉴。从不同点来看，《乌托邦》和《太阳城》的写作时间相隔约一个世纪，在共同富裕思想上有一定的差异之处。最为明显的一点就是莫尔没有看到先进生产方式对社会进步的重要作用，乌托邦依靠的仍是小农经济和手工业的发展，而康帕内拉则认识到了先进科学技术对社会生产力发展的巨大推动作用。此外，在产品分配上，康帕内拉更注重平均主义，推行公妻制，这较莫尔的一夫一妻制不能不说是一种退步。这些不足和落后之处也为马克思主义者们所批判，并形成有益思考、最终运用于马克思主义生产领域和分配领域，为推动共同富裕思想的形成和实践提供了有益借鉴。

（三）19世纪早期西欧空想社会主义者的共同富裕思想

19世纪早期，空想社会主义发展到了高潮时期，出现了三位伟大的空想社会主义者：圣西门、傅立叶和欧文。英国的工业革命带来了欧洲的繁荣，使资本主义获得了大发展，与此同时，资本主义制度自身的弊端也随之显露出来。空想社会主义者的共同富裕思想正是在对资本主义的社会制度、政治制度和道德观念的批判中体现出来的。总的来看，其主要特点是：斗争矛头直指资本主义制度本身；指出了私有制是阶级剥削存在的根源，揭露了资本主义的剥削本质；在设计未来社会蓝图时以大工厂为原型，预测社会主义社会是一种具有高度的物质文明和精神文明的社会。此外，他们三人又都有自己的独到见解，尤其是在分配领域的观点为马克思主义共同富裕思想的形成提供了有益借鉴。

圣西门主张应当根据人们的才能和贡献来决定他们的作用和收入，这就要求在未来社会中，每个人都要参加劳动，这样才能创造出更多的社会财富。他深信，如果每个人都胸怀建设新社会的理想并付出劳动，就一定能建成新的社会。后来，在其门徒的发展下，这一观点被概括为按能力计报酬，按工效定能力的原则。这一原则已含有按劳分配的思想萌芽，为实现共同富裕思想奠定了生产关系基础。

傅立叶主张保留生产资料资本主义私有制，与该思想相一致，他主张实施按劳动、资本、才能三者的比例来分配的原则。他设想了一个叫作"和谐制度"的理想社会。在这个社会，人们携手劳动、共同生活，劳动不再是谋生手段而是乐生的需要。生产积极性和生产效率就会大大提高，为实现共同富裕奠定物质。

　　欧文的共同富裕思想体现在他的"合作公社"中，他主张实行公有制，相应地在"合作公社"实行按需分配。为了证明其主张的正确性，实现共同富裕的美好愿景，欧文于1824年组织了"新协和"公社，在美国印第安纳州买地移民，进行实验，不过最终还是以失败告终。

　　三大空想社会主义者从批判资本主义私有制的弊端出发，设想了一个财产公有的新社会。这是对广大劳苦民众的深切同情，也表达了他们力图建立新社会的美好愿望。在对新社会的构想中，他们预测了一些共同富裕社会的特点，这些构想包含了历史唯物主义的合理成分，为马克思主义共同富裕思想的形成提供了重要启示，成为马克思主义共同富裕思想体系的直接思想来源。

　　相比于莫尔和康帕内拉对乌托邦和太阳城共同富裕的设计，19世纪早期西欧三大空想社会主义者设计的共同富裕社会，在包含了他们的合理思想和美好愿望后，又迈出了很大一步，这表现在他们建立的新社会与旧社会的关系上：未来的共同富裕将同社会外界存在各种交往，而不是与外界脱节的社会；主张学习他国语言，以便于了解他国和进行贸易交流；学习他国科学技术和文化知识，以便于提高本国的劳动生产率。这符合马克思主义唯物辩证法事物普遍联系和发展的观点，不得不说是一个进步。

　　但是应该看到的是，空想社会主义者们的共同富裕思想，仅是从主观愿望出发，规划了未来新社会的活动方式。在怎样实践他们精心设计的构想这一点上，他们似乎从未进行仔细的思考。更为荒谬的是，他们幻想依靠少数富人或者个别统治者来改造旧社会、建立新社会，却没有意识到劳苦大众，尤其是无产阶级的力量所在。例如，圣西门曾一度尝试获取教皇和路易十八的支持；傅立叶曾于每天中午12点前务必赶回家，虔诚地等待富有的资本家响应他的主张，但是等候了12年却没有一人来敲门。因为空有理论高度，却没有到达高度的条件和实践，所以他们被称为空想家。正如恩格斯所说："不成熟的理论，是和不成熟的资本主义生产状况、不成熟的阶级状况相适应的。解决社会问题的办法还隐藏在不发达的经济关系中，所以只有从头脑中产生出来。……这种新的社会制度是一开始就注定要成为空想的，它愈是制定得详尽周密，就愈是要陷入纯粹的幻想。"[①]时代的发展迫切需要有一个建立在科学实践基础上的思想来代替它，一个全新的共同富裕思想呼之欲出。

二、马克思主义经典作家共同富裕思想的主要内容

马克思、恩格斯对未来社会的合理设想，以及列宁、斯大林在苏联进行的社会主义共同富裕的初步实践，是马克思主义共同富裕思想的初步理论探索和实践运用。马克思主义共同富裕思想不是脱离以往社会思潮、离开世界文明发展大道而产生的，它汲取了上述空想社会主义学家力图建立新社会的构想，扬弃了历史上及国内外各种社会意识形态的相关观点，并在实践中加以改造、运用和发展，成为指导无产阶级革命的行动指南和纲领。

（一）马克思、恩格斯关于共同富裕的思想

马克思主义的共同富裕思想，具有两层相互关联、缺一不可的内涵：一是全体社会成员都摆脱了绝对贫困的状态，社会产品物资充沛，人人都过上了美好充裕的生活；二是人们之间不存在两极分化，又允许保持一定的差距，但是要保证这种适度的差距不会引发社会不公，只是体现在富裕前提下程度上的差别，这种差别存在的目的是保证共同富裕的可能性和现实性。因此，我们可以把马克思主义的共同富裕思想用这样一个简单的公式来表达：马克思主义共同富裕=消灭贫穷+消除两极分化。消灭贫穷要求必须大力发展生产力、提高劳动生产率；消除两极分化要求必须在消灭贫穷的基础上进行合理的分配，保证社会的公平有序。而实现这两点的社会制度前提就是建立社会主义社会制度。马克思、恩格斯的共同富裕思想就是在反对资本主义、建立科学社会主义的理论和实践中展开的。

唯物史观以及剩余价值学说，这是马克思、恩格斯的原创性贡献所在。

---

① 中共中央马克思恩格斯列宁斯大林著作编译局编译. 马克思恩格斯全集（第二十卷）[M]. 北京：人民出版社，1971：283.

他们正是依据这两种先进的理论武器，阐明了人类社会从资本主义社会向社会主义、共产主义社会转变，最终将实现共同富裕的客观规律，实现了人类思想史上的伟大革命。马克思主义经典著作汗牛充栋，其共同富裕思想主要在《共产党宣言》《哥达纲领批判》《社会主义从空想到科学的发展》等著作中得以充分体现。在这些著作中，马克思、恩格斯分析了资本主义社会的基本矛盾，渗透了对未来社会共同富裕的一些特征的认识，如生产力高度发达，按需分配的个人消费品分配制度，实现人的全面发展等。当然，马克思主义哲学、政治经济学以及科学社会主义三部分内容中均包含了丰富的共同富裕思想。

马克思主义哲学为我们认识问题、解决问题提供了一种全新的世界观和方法论。辩证唯物主义认为，事物具有永恒发展的规律，发展的实质是新事物的产生和旧事物的灭亡。较资本主义制度而言，社会主义制度是一种新生的社会制度，终将以其无可比拟的优越性战胜资本主义。事物是普遍联系的，事物之间依靠普遍联系形成了一个联系的整体。共同富裕就是事物普遍联系最终形成的一幅人类社会的美丽图景。历史唯物主义认为，生产力与生产关系是辩证统一的、经济基础与上层建筑也是辩证统一的，它们相互作用、相互影响。人类社会形态的发展同样具有客观规律。未来的社会主义社会将是一个生产力高度发达的社会，这就决定了未来的社会主义社会将没有贫穷、没有阶级、没有剥削、没有两极分化。实践与认识的关系原理告诉我们，社会实践决定了人们的认识，人们的认识能力对社会实践具有能动的反作用，要在不断进行的社会实践中提高人们的认识能力。认识世界和改造世界，这是我们实现共同富裕必经的认识阶段和实践过程。从人类社会形态的演进规律看，封建社会取代奴隶社会、资本主义社会取代封建社会，虽然经过了长期的艰辛斗争，甚至还有复辟的情况存在，但总的来看，新的社会形态取代旧的社会形态是历史发展的总趋势。同样，资本主义社会被以实现共同富裕为目标的社会主义社会取代亦是社会发展规律的必然。19世纪下半叶，马克思、恩格斯开始更多地关注东方国家，在考察与分析了俄国等东方国家的现实情况后，提出了俄国等东方国家在其蓬勃开展的社会主义运动下，有跨越资本主义"卡夫丁峡谷"的可能，即跨过资本主义的发展阶段，直接进入社会主义社会，更早地实现共同富裕的美好愿景。

不同于西方空想社会主义者的共同富裕思想，马克思、恩格斯的共同富裕思想是一种对未来的展望，他们清醒地认识到囿于社会发展阶段的限制，实现共同富裕绝不是一蹴而就的事情，而是一个漫长而艰巨的过程。从是否推动社会发展这一点来看，每一种社会形态较之前的社会形态都是一个巨大的进步。马克思、恩格斯批判资本主义制度，但也客观地认识到资本主义社会的历史进步性，指出"资产阶级在它的不到一百年的阶级统治中所创造的生产力，比过去一切世代创造的全部生产力还要多，还要大"①，遗憾的是，资本主义社会只可能成为一个富裕的社会，但永远不会成为一个共同富裕的社会。相比于上述人物的共同富裕思想，马克思、恩格斯的共同富裕思想是一种十分慎重的预测，他们把自己的理论置于现实的基础之上，他们不做未来学家，认为空想社会主义者们对未来社会描绘得愈详细，其学说也就愈发空想。对于未来共同富裕社会的描述，他们给出了共产主义社会"各尽所能、按需分配"的显著特点，并重视让每一位社会成员都能实现自由而全面的发展，这样的社会是一个自由王国，这样的社会是一个比资本主义更合理的社会，是共同富裕的社会，这一点是毋庸置疑的。

马克思主义政治经济学是马克思主义理论最深刻、最全面、最详细的证明和运用：通过对资本主义生产方式固有矛盾的实证研究，指出生产的社会化和生产资料的私人占有之间的矛盾是资本主义社会的内在矛盾，深刻揭露了资本主义剥削的秘密，指明资本主义社会将不可避免地存在两极分化；论证了资本主义社会不可能实现共同富裕，因为私有制本身就是产生贫富分化的根源。马克思还天才性地揭示了最大限度攫取剩余价值是资本家剥削工人、发财致富的秘密。资本家为了攫取更多的剩余价值，就必须不断提高劳动生产率、减少必要劳动时间、降低劳动力价值（工资）。资本主义生产在剩余价值规律的支配下无限扩大的趋势与无产阶级有支付能力的需求相对狭小之间的矛盾就成为资本主义制度自身固有的、不可调和的矛盾。这必然导致严重的两极分化，引起除了自己本身的劳动力以外，

---

① 中共中央马克思恩格斯列宁斯大林著作编译局编译. 马克思恩格斯选集（第一卷）[M]. 北京：人民出版社，2012：405.

"自由得一无所有"①的无产阶级的反抗。按照这一矛盾发展的必然趋势，即建立起与社会化大生产相适应的生产资料公有制的生产关系，实行按劳分配和按需分配的分配方式，最终为共同富裕的实现奠定了经济基础。

科学社会主义是马克思主义全部理论的出发点和落脚点。科学社会主义既是一种思想理论，又是一种社会实践，同时还是一种未来的社会形态。无论是从哪一角度出发，其都是为实现人类的理想社会所提供的理论指导、社会实践和表现形态。科学社会主义在马克思的两大发现的基础上，阐明了社会发展的客观规律和最终实现共产主义社会的基本路径，并客观审慎地阐述了实现共同富裕的社会历史条件，使社会主义由空想变成科学。在这一过程中，马克思、恩格斯对共同富裕思想展开了较为详尽的论述。

第一，社会生产将以实现人人富裕为目标，使全体社会成员都能过上富裕的生活，并得到全面而自由的发展是共产主义社会的目标与追求。恩格斯在《反杜林论》中指出，在理想的未来社会，"通过社会生产，不仅可能保证一切社会成员有富足的和一天比一天充裕的物质生活，而且还可能保证他们的体力和智力获得充分的自由的发展和运用"②。马克思在《政治经济学批判（1857—1858年手稿）》中也指出，在共产主义社会中，"社会生产力的发展将如此迅速，以致尽管生产将以所有的人富裕为目的，所有的人的可以自由支配的时间还是会增加"③。

第二，共产主义社会的最终实现要以高度发展的生产力为前提。高度发达的生产力是实现共同富裕的前提条件。没有高度发展的生产力，"那就只会有贫穷、极端贫困的普遍化；而在极端贫困的情况下，必须重新开始争取必需品的斗争，全部陈腐污浊的东西又要死灰复燃。"④只有高度发展的生产力才能保证人们得到最充足的生产生活资料和消费品，并在此基

① 中共中央马克思恩格斯列宁斯大林著作编译局编译. 马克思恩格斯选集（第二卷）[M]. 北京：人民出版社，2012：164.

② 中共中央马克思恩格斯列宁斯大林著作编译局编译. 马克思恩格斯选集（第三卷）[M]. 北京：人民出版社，1995：633.

③ 中共中央马克思恩格斯列宁斯大林著作编译局编译. 马克思恩格斯选集（第二卷）[M]. 北京：人民出版社，2012：786–787.

④ 中共中央马克思恩格斯列宁斯大林著作编译局编译. 马克思恩格斯选集（第一卷）[M]. 北京：人民出版社，2012：166.

础上发展精神领域的能力和爱好。可见，马克思、恩格斯把生产力高度发展作为实现共同富裕的前提条件。

第三，共同富裕的实现要以实行社会主义制度为基础。恩格斯指出："我们的目的是要建立社会主义制度，……给所有的人提供充裕的物质生活和闲暇时间，给所有的人提供真正的充分的自由。"[1] 只有在社会主义社会，才能消灭私有制，实现生产资料公有制，使一切社会财富归全体劳动者所有。同时，只有在社会主义制度下，个人消费品将实现从按劳分配到按需分配的发展，满足全体社会成员物质和精神方面的合理要求，实现共同富裕和每个人的全面发展。

共同富裕思想在马克思主义理论三个组成部分中都进行了理性客观的阐述。虽然他们没有明确给出"共同富裕"这个名称，但是，为所有人提供富裕的物质生活，进而使之实现体力、智力乃至精神的自由却是马克思、恩格斯共同富裕思想的另一种表达和体现。同其他任何事物的发展过程一致，共同富裕的美好愿景和思想体系，也有这样一个萌芽、发展和趋于完善的过程。马克思、恩格斯第一次从唯物主义哲学的高度来阐述共同富裕思想，并从政治经济学的高度对其进行了实证分析，为共同富裕社会的基本特征做了一个初步的描绘，奠定了实现共同富裕的经济基础和制度基础，为无产阶级指明了方向。在缺乏实践的条件下，他们先验性地指出了未来理想社会的生产目标、实现路径和制度基础，对共同富裕作出了科学预见，这种科学性和前瞻性是空想社会主义者关于共同富裕的思想观点所不具备的。

由于马克思、恩格斯所处的时代，正值资本主义大发展时期，共产主义还只是游荡在欧洲的"幽灵"。立足于现实，马克思、恩格斯在预测和勾勒未来社会美好蓝图时，并未给出固定的条条框框，只是给出了一般的指导方案，这也是马克思主义共同富裕思想与之前的空想家们最大的不同。如何实现社会主义实践和共同富裕，还需要社会主义国家的不断求索与尝试。

---

① 中共中央马克思恩格斯列宁斯大林著作编译局编译. 马克思恩格斯全集（第二十八卷）[M].
北京：人民出版社，2018：652.

（二）列宁、斯大林关于共同富裕的思想

19 世纪末 20 世纪初，列宁提出帝国主义理论并创建了第一个无产阶级社会主义国家，马克思主义关于共同富裕的设想开始由理论走向实践。列宁、斯大林在继承马克思、恩格斯共同富裕思想的基础上，在苏联的社会主义建设中对其进行了进一步的思考和探索，并开始了对共同富裕从理论到实践、普遍性与特殊性相结合的探索过程。列宁和斯大林对如何实现共同富裕的探索，可以概括为以下内容。

第一，共同富裕的主体是全体人民，目标是物质和精神的共富。在共同富裕的制度建设上，列宁认为："我们要争取新的、美好的社会制度：在这个新的、美好的社会里不应该有穷有富，大家都应该做工。共同工作的成果不应该归一小撮富人享受，应该归全体劳动者享受。"①斯大林指出，"保证最大限度地满足整个社会经常增长的物质和文化的需要"②是社会主义生产的目的，要注重社会物质和精神的全面发展。他还指出："用在高度技术基础上使社会主义生产不断增长和不断完善的办法，来保证最大限度地满足整个社会经常增长的物质和文化的需要。"③在对社会公平问题上，他指出："社会主义不是要大家贫困，而是要消灭贫困，为社会全体成员建立富裕的和文明的生活。"④可见，列宁、斯大林认识到消灭贫穷，最大限度地满足整个社会增长和物质文化需要是实现共同富裕的前提和要求，而保证达到社会主义生产目的的手段，则是在高度技术基础上使社会主义生产不断增长和不断完善。

第二，在对共同富裕的实现条件上，他们认识到发展生产力和建立社会主义制度的重要性，在马克思、恩格斯共同富裕思想基础上进一步论述了只有发展社会生产力，才能实现富裕；只有建立以公有制为基础的社会

---

① 中共中央马克思恩格斯列宁斯大林著作编译局编译. 列宁选集（第一卷）[M]. 北京：人民出版社，1972：391.

② 中共中央马克思恩格斯列宁斯大林著作编译局编译. 斯大林选集（下卷）[M]. 北京：人民出版社. 1979：598.

③ 中共中央马克思恩格斯列宁斯大林著作编译局编译. 斯大林选集（下卷）[M]. 北京：人民出版社，1979：569.

④ 中共中央马克思恩格斯列宁斯大林著作编译局编译. 斯大林选集（下卷）[M]. 北京：人民出版社，1979：337.

主义制度，才能保证全体人民共同享有富裕成果。列宁和斯大林都认识到高度发展的生产率是保证共同富裕的重要指标。列宁认为"劳动生产率，归根到底是保证新社会制度胜利的最重要最主要的东西"①。斯大林也有过相关论述："社会主义只有在社会生产力蓬勃发展的基础上，在产品和商品十分丰富的基础上，在劳动者生活富裕的基础上，在文化水平急速提高的基础上才能获得建成。"②只有生产力发达、产品丰富、人民生活富裕和思想文化水平提高，才能保证共同富裕的实现。

第三，把共同富裕和社会主义制度相结合，揭露了社会主义和资本主义在创造财富上的根本不同。社会主义制度为广大人民群众提供了平等获得财富的平台，"在社会主义制度下，全体工人，全体中农，人人都能在决不掠夺他人劳动的情况下完全达到和保证达到富足的程度。"③社会主义制度是如何保证全体人民平等获得财富的？这体现在其不同于资本主义的致富途径上。在社会主义社会，无论生产还是分配都实行公有，其目的在于实现全体人民富裕，而资本主义则是依靠剥削剩余价值，从而实现少数人富、绝大多数人贫穷的状态。在具体如何实现共同富裕的探索中，斯大林主张采用强制的手段推行高度集中的计划经济体制，实行单一的公有制和按劳分配制度，他认为这样才能使人民脱贫致富，实现共同富裕。

总结苏联社会主义探索时期列宁和斯大林的共同富裕思想，可以清楚地看到他们为把共同富裕付诸实践所采取的措施。在生产力基础薄弱的客观条件下，他们明确指出共同富裕的主体是全体人民，明确了发展生产力和建立社会主义制度的重要性，制定并实践了实现共同富裕的生产方式和分配原则。当然，列宁和斯大林的共同富裕思想也具有历史局限性。列宁因过早离世而未能进一步研究和发展马克思、恩格斯的共同富裕思想；斯大林则逐渐脱离了当时的经济发展水平，忽视了经济基础薄弱的现实生产状况，采取了高度集中的计划经济体制。由于生产力与生产关系的背离和

---

① 中共中央马克思恩格斯列宁斯大林著作编译局编译. 列宁选集（第四卷）[M]. 北京：人民出版社，1972：16.

② 中共中央马克思恩格斯列宁斯大林著作编译局编译. 斯大林选集（下卷）[M]. 北京：人民出版社，1979：339.

③ 中共中央马克思恩格斯列宁斯大林著作编译局编译. 列宁全集（第三十五卷）[M]. 北京：人民出版社，2017：470.

不相适应，苏联早期的共同富裕探索实践最终以失败告终。

三、马克思主义经典作家共同富裕思想的基本特征

马克思主义经典作家的共同富裕思想是一个科学的理论体系。区别于以往的相关论述，马克思、恩格斯以及列宁对于未来社会的美好畅想汲取了人类优秀的文明成果，其共同富裕思想亦在实践中逐渐成熟发展起来。伴随着苏联等国家的社会主义建设，这一思想表现出人本性、阶段性、实践性、开放性等特征。

（一）人本性

人本性是马克思、恩格斯、列宁共同富裕思想的首要特征。马克思主义共同富裕思想是关于每一个社会成员物质和精神富裕的理论。马克思、恩格斯、列宁深切关注人的发展，而且第一次把人的全面发展列为社会发展的目标。马克思、恩格斯、列宁之所以创立共同富裕思想，就是因为资本主义的阶级压迫和剥削。马克思、恩格斯、列宁共同富裕思想就是关注人的发展、改善人的生存境况、满足人的需要，离开了人的发展，共同富裕理想就失去了意义，也就没有了共同富裕的实现和社会的进步。满足人的需要既是社会存在和发展的前提，也是共同富裕的目标。强调以人为本是马克思、恩格斯、列宁共同富裕思想的出发点和立足点。人本性是马克思、恩格斯、列宁共同富裕思想的重要特征。

1. 共同富裕把人民群众根本利益的实现作为出发点

人最基本的需要就是生存需要，物质资料的供给影响人的生存需要的满足。马克思主义经典作家把人的生存需要作为基点，把人的需求总结为两种：一是物质需求，二是精神需求，共同富裕本身即物质富裕和精神富裕的统一。空想社会主义者的共同富裕思想虽多关注人的现实需要，但却没有深入探究社会成员之间实现真正平等的途径以及人的全面和自由发展何以可能。不仅如此，源于阶级的局限性和软弱性，其共同富裕思想缺乏彻底性，无法将人的需要和发展作为其共同富裕理论的立足点和社会发展的目的。马克思主义经典作家以现实中的人为立足点和落脚点，深入剖析资本主义两极分化的基础与实质，以此为基础探究实现共同富裕的根本路

径。以广大人民群众的根本利益为出发点和立足点是马克思主义经典作家共同富裕思想区别于之前相关理论论述的重要特征。

2. 共同富裕以实现人的自由全面发展作为价值终极目标

实现人的自由全面发展是马克思、恩格斯、列宁共同富裕思想追求的最高境界和终极目标。马克思从费尔巴哈关于人的本质的论述入手，立足资本主义制度对无产阶级身体和精神的束缚，总结了人的全面自由发展的内容。在马克思看来，人的全面自由发展首先是人的劳动能力的全面发展，人的劳动能力是由当时当地的生产力发展状况决定的，促进生产力的发展是共同富裕的要求之一。马克思认为人的本质是各种社会关系的总和，所以"社会关系实际上决定着一个人能够发展到什么程度"[①]，人的自由全面发展就必然地表现为人的社会关系的全面发展。随着社会的发展，人与人之间的交往愈来愈密切，社会内部和谐的人际关系能为人的全面自由发展提供良好的社会环境，这与马克思、恩格斯、列宁共同富裕思想也是一致的。共同富裕的根本目标就是解除社会关系对人的本质的束缚，逐步实现人的自由全面发展。其次，人的全面自由发展还包括人的个性的全面发展，加强文化教育功能和满足人的精神文化需求是马克思、恩格斯、列宁共同富裕思想的题中应有之义。此外，要做到人的全面自由发展，实现人的全面解放，除了要摆脱人身束缚之外，还要尽可能地增加人的自由时间。实现人的全面自由发展，是马克思主义共同富裕思想及实践的最终目的。在这一层面上，作为社会成员的个人既是实现共同富裕的动力，又是社会发展的目的。

（二）阶段性

马克思主义经典作家预言，只有共产主义社会才能够最终实现社会成员的共同富裕。共产主义社会第一阶段，也就是社会主义阶段所做的一切努力，都是为共同富裕的最终实现打下基础。据此可以把共同富裕的实现过程分为两个阶段，一个是社会主义建设阶段，另一个是共产主义最终实现阶段。

---

① 中共中央马克思恩格斯列宁斯大林著作编译局编译. 马克思恩格斯全集（第三卷）[M]. 北京：人民出版社，1960：295.

1. 共同富裕的实现是一个渐进性过程

社会主义阶段仍存在一定的贫富差距，这是列宁承认的一个事实，社会主义社会解决贫富差距，提高人们的精神文化境界，是向着共同富裕最终目标迈进的。现实情况是，共同富裕的实现依赖生产力的巨大发展，生产力的发展具有客观性、连续性、渐进性的特征。社会主义社会的本质决定了缩小贫富差距、实现共同富裕是我们的目标和任务。社会主义阶段根据生产力发展的现实状况实行生产资料公有制和按劳分配制度，并允许一定的非公有制经济形式和按劳分配以外的分配方式存在，这一基本的经济制度有利于解放、发展生产力，却并不能消除社会主义社会的分配收入差距本身。因此，在社会主义阶段，尤其是社会主义初级阶段，共同富裕不是"同步富裕""同时富裕"，也不是"绝对富裕"，这一目标的实现和达成程度具有阶段性的特征。

实现人类共同富裕取决于社会性质和社会发展状况，两者都是不以人的意志为转移的客观存在。经济发展水平和体制现代化程度都依赖生产力的发展状况，生产力的发展状况是一个慢变因素，人类社会形态的更替亦是一个漫长曲折的过程，代表人民根本利益的无产阶级取代剥削性质的资产阶级将困难重重，这些都决定了共同富裕的实现将呈现出阶段性的特征。

2. 人的自由全面发展也是一个渐进的过程

共同富裕目标的最终指向是满足人的发展和需要，实现人全面而自由的发展。不同的人有不同的需求，在不同阶段人们的需求也会随着社会的发展和人自身的发展而发生变化。马克思主义经典作家将人的需求分为物质需求、精神需求以及政治需求。在资本主义时期，无产阶级和广大劳动人民渴望获得平等的经济地位和政治地位，无产阶级在经济上受资本家的剥削，政治上受资产阶级的压迫，资本主义生产方式和雇佣劳动制度决定了在资本主义社会人们无法获得平等的经济和政治地位。社会主义制度的建立，无产阶级和广大劳动人民拥有了平等的经济和政治地位，随着社会生产力的发展，广大人民的需求逐渐扩展到精神文化生活等方方面面。生产力的发展为无产阶级提供了更多的自由时间和相对充裕的物质财富。不同的需要决定了共同富裕在不同阶段有不一样的表现形式，从社会发展的角度来看，共同富裕的实现是一个渐进的过程。

（三）实践性

马克思、恩格斯、列宁共同富裕思想不仅仅是一种理论，更是一种实践，既是社会成员改造物质世界的实践，也是改善和变革社会关系的实践，同时是改造和提升自己精神境界的实践。实践性使马克思主义经典作家关于共同富裕的思想有别于以往的共同富裕理论，坚定了我们对于实现共同富裕的信心。

1. 实践性使马克思主义经典作家的共同富裕思想脱离了空想色彩

在马克思主义经典作家系统阐述其共同富裕思想以前，空想社会主义学者已经对未来理想社会做出过种种预设。在《乌托邦》和《太阳城》中，莫尔、康帕内拉采用了游记的形式，具体描绘了未来理想社会的美好图景。空想社会主义者的杰出代表圣西门、傅立叶、欧文等看到了资本主义社会内部存在巨大的阶级压迫和剥削，出于对劳动人民的同情和对资本主义私有制的憎恶，在其论著中对理想社会的基本特征作出种种应然性预设。欧文还曾经把自己对未来社会的设想付诸实践。但囿于阶级的局限性，早期的空想社会主义学者们未能找到通往共同富裕的路径，其思想也就缺乏相应的现实价值，只能沦为空想。直至1848年马克思和恩格斯《共产党宣言》的发表，社会主义才由空想变为科学，马克思主义经典作家不仅分析了资本主义剥削的弊端及其实质，更是在这一基础上指出无产阶级通过革命解放自己、解放全人类，建立一个新社会的路径。通过这一路径最终达成共同富裕的目标，实现人的全面而自由的发展。

2. 无产阶级追求共同富裕的革命活动具有鲜明的实践性

无产阶级能够成为推动社会生产力发展的主体力量，是因为无产阶级同生产资料私有制及私有观念实行最彻底的决裂。马克思主义是无产阶级争取自身和全人类身心解放的理论武器，是社会主义国家进行社会建设、维护广大群众根本利益的重要指导思想，其中所蕴含的共同富裕思想是为无产阶级服务的。马克思、恩格斯在其理论创立之初就曾强调共同富裕同无产阶级和广大劳动人民实践的密切联系，无产阶级追求自身解放是理论指导下的鲜活实践；无产阶级推翻资本主义的统治，实现共同富裕的过程也是在实践中实现自由的过程。马克思、恩格斯以毕生精力参与到无产阶级争取自身权益的斗争中，鲜活的实践经验也为他们的共同富裕思想注入了源头活水。列宁的共同富裕思想具有更鲜明的实践特点，即不再局限于对未来社会的原则性设想。列宁是马克思、恩格斯共同富裕思想的践行者，他将伟大的理论融入俄国的社会主义建设中，并在实践中进行检验和发展。共同富裕的实现是一个漫长的、具有阶段性特征的过程，只有在无产阶级和广大劳动人民的鲜活实践中才能最终得以实现。

（四）开放性

任何一种科学理论都不是故步自封的，马克思主义经典作家的共同富裕思想也不例外。作为一个科学的理论体系，马克思、恩格斯、列宁等借鉴性地吸收了人类优秀的文化成果。随着共同富裕实践的推进，马克思主义的继承者们把本国的优秀实践经验纳入马克思主义理论体系，丰富了社会主义共同富裕思想的内涵。

1. 马克思、恩格斯、列宁共同富裕思想批判地吸收了人类优秀文化成果

任何一种科学理论的产生都不是凭空而来。马克思主义经典作家批判地吸收和继承了人类思想和科学知识中一切有价值的东西，具有向历史和当代开放的特征。一方面，启蒙思想家对人自身价值的思考，引起了马克思、恩格斯等对人的价值的重新审视并深入到资本主义社会内部剖析资本主义的基本矛盾。空想社会主义学者描绘的理想社会的宏伟蓝图，对马克思、恩格斯共同富裕思想的形成产生了极大的启发。另一方面，空想社会主义学者共同富裕思想的局限性促使经典作家们对共同富裕的实现途径和依靠力量孜孜以求。德国古典哲学家对于社会公正、人的本质的论述，促使马克思、恩格斯等把实现人的全面自由发展纳入共同富裕理论体系中思考。马克思主义共同富裕思想时刻体现着对人的发展、价值实现、平等公正的重视，与这些优秀思想家们的理论成果和思想启蒙是分不开的。

2. 马克思、恩格斯、列宁共同富裕思想具有向未来开放的特征

马克思主义的开放性还表现在马克思主义的继承者们根据实际情况用理论指导实践，并把实践中取得的经验及时上升为理论，不断丰富和发展着马克思主义，这使得马克思主义的共同富裕思想在实践中发展并得到检

验。列宁亲身参与了俄国的社会主义建设，根据国内外情况及时调整国家经济政策，使共同富裕思想更加丰富和切合本国实际。列宁曾以马克思主义为指导全面研究了帝国主义的基本状况，领导俄国人民取得了十月革命的胜利，在社会主义建设过程中，提出了一系列符合俄国国情的共同富裕思想。新中国成立后，中国共产党人坚持用马克思主义指导我国社会主义建设，不断地丰富和发展着马克思主义。尤其是改革开放以来，中国共产党人继续与时俱进，先后提出"先富"带"后富"、最终实现共同富裕、物质文明和精神文明两手抓、以人为本等理论，丰富和发展了马克思主义共同富裕思想。

四、马克思主义经典作家共同富裕思想的当代价值

马克思指出："哲学家们只是用不同的方式解释世界，问题在于改变世界。"[①] 对于共同富裕的实现，马克思、恩格斯从生产力发展到生产关系的演变，再到对于未来理想社会的设想进行了深刻的论述。新中国成立以来，以毛泽东、邓小平、江泽民、胡锦涛、习近平为代表的中国共产党人不断地践行着共同富裕的目标追求，对马克思主义共同富裕思想守正创新。

从新中国的成立到中国特色社会主义道路的确立，从关注民生到促使社会的发展成果惠及全体社会成员，中国共产党人始终不断探索符合中国国情、实现共同富裕的最优方案。

（一）中国共产党人共同富裕思想的理论来源

1. 对大力发展社会生产力思想的继承与发展

马克思指出，社会发展过程中，一定的生产方式，或者说是发展过程始终是与处在社会中的人们的共同活动相联系的，"而这种共同活动方式本身就是'生产力'"[②]。在这里，马克思充分肯定了生产力在社会发展中的重要地位，并把生产力的发展作为实现共同富裕的前提条件和基本路径。

---

① 中共中央马克思恩格斯列宁斯大林著作编译局编译. 马克思恩格斯选集（第一卷）[M]. 北京：人民出版社，2012：136.

② 中共中央马克思恩格斯列宁斯大林著作编译局编译. 马克思恩格斯选集（第一卷）[M]. 北京：人民出版社，2012：160.

中国共产党在领导全国人民追求共同富裕时所进行的探索和实践同样证明了这一点。虽然中国共产党历代领导人对于生产力发展方式、路径的探索各有不同，但在发展生产力之重要性的认识上却是相同的，并且都把坚持走社会主义道路作为解放和发展生产力的前提和基础。

以毛泽东为代表的第一代领导集体坚持以马克思主义为指导，将其同中国革命建设的实际相结合，探索出马克思主义中国化的重要理论成果——毛泽东思想。在这一正确理论的指导下，中国共产党带领全国人民推翻了"三座大山"，建立了新中国，为理想社会的实现提供了基础和可能。伴随着社会主义改造的完成，社会主义制度建立起来，这为中国实现共同富裕奠定了坚实的制度基础。毛泽东认识到社会生产力发展重要性，指出："中国一切政党的政策及其实践在中国人民中所表现的作用的好坏、大小，……看它是束缚生产力的，还是解放生产力的。"① 以当时中国发展的实际为依据，党中央提出了中国式现代化的理论雏形，即通过逐步实现国家的工业、农业、国防和科学技术的现代化来促进生产力的发展。

以邓小平为代表的第二代领导集体将实现共同富裕的价值追求与解放和发展生产力的根本任务联系起来，共同构成社会主义本质理论，深刻回答了"什么是社会主义，怎样建设社会主义"这一理论问题，为中国特色社会主义的建设提供了理论支撑和现实路径。通过对我国当时社会发展现状的准确分析，邓小平同志指出，我国社会生产力发展还不发达，社会主义制度还不成熟、不完善，这是一个长期的、任务艰巨的历史阶段。社会主义初级阶段理论表明，虽然我们已经进入社会主义社会，以最终实现共同富裕为价值追求，但我们的社会主义还是不"合格"的社会主义，物质文化发展依然落后。认清这一事实有利于我们坚持以经济建设为中心，处理好短期目标与长远目标、社会主义物质原则与价值原则等关系，为我们建成社会主义现代化国家、最终实现共同富裕奠定了坚实的物质基础。

以江泽民同志为核心的党中央在深刻分析中国当时所面临的世情、国情、党情的基础上，提出了"三个代表"重要思想，强调党作为先进生产力的代表，不仅要代表发展的方向，更要坚持建立中国特色社会主义市场

---

① 毛泽东选集（第三卷）[M]. 北京：人民出版社，1991：1079.

经济，将发展作为党执政兴国的第一要务。改革要注意力度、深度和老百姓可以承受的程度三者的统一。

以胡锦涛为总书记的党中央在研究中国社会生产力发展时，提出了要坚持以人为本的科学发展观，指出促进生产力的发展要解决好发展速度与发展质量的问题。要注意发展是否满足了人民群众的需要，坚持发展是为人民服务的。人作为发展中的重要力量，通过提高人的能力素质使得发展更加和谐和均衡。

以习近平同志为核心的党中央站在新的历史起点上将实现中华民族伟大复兴中国梦融入实现共同富裕思想中，提出了要实现共同富裕必须要坚持和促进经济高质量发展，进行供给侧结构性改革，建立新经济体系，大量发展实体经济，在做大"蛋糕"的基础上分好"蛋糕"。新时代习近平中国特色社会主义思想的守正创新充分说明了中国共产党人对于实现共同富裕的决心和对党的初心使命的坚守。

2. 对消灭剥削及两极分化思想的继承与发展

对于实现共同富裕，在马克思主义对科学社会主义原则的相关论述中多有涉及。马克思主义认为，科学社会主义应当同时具备物质原则（生产力原则）和价值原则（生产关系原则），即在强调生产力发展的同时，指出社会主义与资本主义根本的区别在于消灭剥削，消除两极分化、最终实现人的全面而自由的发展这一价值原则。马克思认为，社会劳动者在经济发展中受到垄断者支配的这一过程，"是一切形式的奴役的基础，是一切社会贫困、精神沉沦和政治依附的基础"①。中国共产党是以马克思主义为指导的无产阶级政党，如何从根本上消灭剥削、消除两极分化，带领人民走上共同富裕的道路是马克思主义中国化历史进程中不变的追求与主题。

毛泽东继承了马克思主义的这一思想。在社会主义革命阶段，毛泽东一方面认识到生产力发展的作用，提出在一个相当长的时期内实现工业化的总体目标，另一方面针对中国社会发展的实际提出通过变革生产关系，即通过对农业、手工业和资本主义工商业的改造来为生产力的解放和发展创造条件。当然，囿于对社会主义认识的局限性，在当时中国社会生产力

---

① 中共中央马克思恩格斯列宁斯大林著作编译局编译. 马克思恩格斯选集（第三卷）[M]. 北京：人民出版社，2012：171.

整体还较落后的前提下，单一的公有制经济和相对应的计划经济体制不仅没有促进反而阻碍了生产力的发展，挫伤了劳动者的积极性。各尽所能、按劳分配、共同富裕的美好憧憬和愿望在这一时期并没有变为现实。

邓小平在深刻总结苏联解体以及我国社会主义建设经验教训的基础上，提出了社会主义本质的著名论断："社会主义的本质，是解放生产力，发展生产力，消灭剥削，消除两极分化，最终达到共同富裕。"[①] 这一论断是对马克思主义关于科学社会主义两大原则的守正创新。邓小平同志深刻认识到解放、发展生产力是建设、实现社会主义的首要前提。把它作为定义社会主义本质的第一要素，并不是为了体现社会主义与资本主义的比较优势，而是基于对马克思主义的深刻理解和对中国建设经验的历史总结之后得出的真理性认知。没有发展就没有社会主义，贫穷不是社会主义。社会主义对生产力的解放和发展是实现共同富裕这一价值追求的基础和前提。

江泽民在邓小平理论的基础上，提出"三个代表"重要思想，强调建立中国特色社会主义市场经济，认识到发展是党执政兴国的第一要务。针对改革过程中区域经济差距不断拉大的问题，胡锦涛则提出了以人为本的科学发展观。伴随着改革开放的不断推进，江泽民、胡锦涛均强调要在"蛋糕"做大的基础上分好"蛋糕"，不仅要在分配领域做到效率优先、兼顾公平原则，还要注重分配的多层次，把收入分配差距控制在合理的范围内，提高低收入者的收入水平，扩大中等收入者比重，调节高收入者，从而使社会两极分化问题减小。

以习近平同志为核心的党中央更是强调人民至上的原则和立场，坚持以满足人民对美好生活的向往为导向，指出始终要坚持以人民为中心的发展理念，强调社会发展中最重要的就是要保障和改善民生，把增进人民福祉作为发展的重要目的。在促进社会公平和谐发展中，党中央抓住社会经济发展的主要矛盾，取得了脱贫攻坚的伟大胜利、实现了全面建成小康社会的历史任务，开启了建设社会主义现代化强国的新征程，在实现共同富裕的道路上实现了历史性的跨越。

---

① 邓小平. 邓小平文选（第三卷）[M]. 北京：人民出版社，1993：373.

3. 对社会主义社会建设思想的继承与发展

共同富裕的实现过程，并不只是包含着对生产力的发展与生产关系的变革。马克思在科学论述如何促进社会生产力发展以及与之相关的生产关系之后，对于未来的共同富裕的理想社会进行了设想："物质生活的生产方式制约着整个社会生活、政治生活和精神生活的过程。"①这也就意味着伴随物质生活的满足，人们在社会生活、政治生活和精神生活等方面的更高需求也会日益显现，未来的理想社会应当建构完善的制度体系、民主的政治体系以及先进的文化体系等。

毛泽东将坚持社会主义道路看成是实现共同富裕的唯一道路。对于经济发展，毛泽东指出，必须要实行社会主义工业化；对于社会主义民主政治的建设，他指出要既讲民主，又讲集中，同时强调要加强党的建设。而对于社会主义文化的发展，毛泽东指出，要坚持为人民服务，尤其是为工农劳苦大众服务的方向，提出要以"百花齐放、百家争鸣"的方针去促进文化的繁荣与发展。

邓小平创造性地提出了"三个有利于"的标准，极大地解放了人们的思想，内在地体现着以人民的利益与意志为中心的理念。同时，在准确把握社会主义初级阶段国情的基础上，邓小平指出，社会发展中的物质文明建设与精神文明建设同等重要，将精神富裕视为共同富裕的重要内容和目标。

江泽民围绕"建设什么样的党，怎样建设党""实现什么样的发展，怎样发展"两个重大的理论问题对中国特色社会主义的发展进行了探索。同时，"三个代表"重要思想从生产力的发展、人们利益的实现以及先进文化的发展三个角度对中国共产党的使命进行了重申与解读。这三个方面同时也对应着马克思主义对于未来理想社会的三个方面的发展。

科学发展观强调中国特色社会主义的建设发展是经济、政治、文化、社会的协调发展，和谐社会理念的提出极大地丰富了共同富裕的内涵。同时，对于社会主义的建设与发展，胡锦涛从促进区域协调发展、推动政治体制改革到促进社会主义文化的大繁荣大发展等方面都进行了有益的论述。

---

① 中共中央马克思恩格斯列宁斯大林著作编译局编译. 马克思恩格斯选集（第二卷）[M]. 北京：人民出版社，2012: 2.

习近平总书记将党的社会主义建设思想进行了进一步的发展和创新，提出了"五位一体"的建设目标，从政治、经济、文化、社会、生态五个方面为人民对美好生活的向往具象化，并把它纳入新时代实现中华民族伟大复兴中国梦的目标体系，极大地丰富、拓展了新时代共同富裕的内涵和外延，将国家共同富裕实现的宏大目标与个人美好生活实现的具体而微相联系，激发了全国人民共同努力实现理想社会的雄心壮志和奋斗热情。

（二）新时代中国实现共同富裕的实践指导

1. 必须加强社会主义现代化建设

中国特色社会主义进入新时代，习近平总书记结合当前我国社会主要矛盾的变化，对于促进中国特色社会主义建设的总任务提出了新的目标要求，即在全国人民的共同努力下建设社会主义现代化强国、实现中华民族伟大复兴中国梦。党的十九大更是对这一目标的实现作出了具体安排，提出到 2035 年基本实现社会主义现代化，在 21 世纪中叶，建成社会主义现代化强国，届时全体人民共同富裕基本实现。这就说明实现现代化强国的建设与实现全体社会成员的共同富裕是同步进行的。

首先，加强社会主义现代化强国建设，坚持改革开放是关键一招。当前我国经济发展进入新常态，增速逐渐放缓，这一时期如何突破发展瓶颈？加强改革创新力度、不断提升科技创新能力，加强专业人才的培养和有效供给是重要途径。马克思在对于社会生产力发展的描述中，也重点论述了科学技术作为生产力的重要性。当前社会的发展越来越重视科技发展水平。

其次，新时代中国式现代化的新道路，必须要坚持创新、协调、绿色、开放、共享五大发展理念。当前的现代化建设不再以经济的高速增长为唯一衡量标准，社会发展过程中解决区域发展不协调不平衡是追求美好生活向度的必然要求。

最后，"四个全面"战略布局是党站在新的历史起点上从我国实际出发提出的治国理政新方略，对于我国现代化强国的建设以及共同富裕的实现提供了战略导向。全面建成小康社会目标的实现是党对自己历史承诺的兑现，是对人民期盼的回应，它为理想社会的达成提供了现实基础和宝贵经验。从全面建成小康社会到全面建设社会主义现代化国家新目标的建立，是历史性的跨越，也是党为共同富裕的实现指明的阶段性的方向和现实路径。围绕这一目标引领，全面从严治党提供了坚强的政治指向，全面深化改革才能有方向、有立场和有原则，全面依法治国才能走对路，我们的现代化强国建设才能持续向前发展，最终为实现共同富裕奠定坚实基础。

2. 必须加强社会主义民主政治建设

社会主义民主政治建设是马克思主义共同富裕思想的内在要求。中国特色社会主义政治发展道路要求党的领导、人民当家作主和依法治国的有机统一。共同富裕的实现不仅是以生产力的高度发展为前提，以丰富的社会物质财富为条件，同时对社会中居于领导地位的无产阶级本身也提出了要求。加强社会主义法治建设、坚定不移地走中国特色社会主义政治发展道路是社会主义民主实现的保障，更是践行共同富裕的必然要求。

社会主义民主法治的发展首先需要坚持以人民为中心的发展理念。社会主义民主法治的发展，要求我们必须要正确处理好法治与人治、法治与德治之间的关系。在社会发展过程中，人民群众是作为社会物质财富的占有者，同时也是社会物质财富的享有者。发展的社会主义民主政治是为了使社会中占主体地位的人民的诉求得到充分的回应。与封建社会和资本主义社会为处于"金字塔"顶层的少数人服务不同，推动社会主义民主建设本身就是人民至上的立场、观点在政治领域的充分体现，就是保障广大人民的政治、经济、社会、生活等各方面的权利不受侵犯。

新时代坚持和完善社会主义制度，包括社会主义经济、政治、社会、法律等方面的制度。只有在党的领导下，全面统筹社会中的各类生产资料，平衡社会发展过程中存在的各方利益，用法治规范人们的行动，才能促进公平正义的和谐发展。完善社会主义经济制度，贯彻新发展理念，建设现代化经济体系，是实现经济高质量发展、实现中国式现代化发展的制度保障。加强党的建设、完善社会主义政治制度有利于我们以科学谋略和先进的全局发展眼光为共同富裕的实现提供有效保障。完善社会主义法治有利于我们用法律来保障自己权利的使用，也能够更加准确科学地处理社会中存在的不公正的现象，提升人民群众对社会主义的政治认同。其他的如教育制度、医疗保障制度等社会制度也能够促使社会向着更加和谐公平的方向发展，为共同富裕的实现奠定制度基础。

3. 必须坚定对中华民族的文化自信

共同富裕作为中华民族实现伟大复兴中国梦的重要内容，同时也是新时代中国特色社会主义的具体发展目标。这一目标的实现，一方面需要我们不断汲取马克思主义理论的思想精华，将其运用到新时代中国特色社会主义的建设与发展中，另一方面，中华民族五千年的优秀传统文化是一笔巨大的精神财富，对新时代社会主义先进文化的涵育功能也是不可小觑的。我们要实现的共同富裕，是具有中国特色的共同富裕，中华民族优秀文化给养是中华民族得以紧密团结，由文化认同走向政治认同、最终促进共同富裕的重要条件。

首先，文化是统治阶级用来维护自身统治与发展的重要工具。意识形态领域的工作是党在国家社会发展中的一项重要工作。新时代中国特色社会主义建设必须坚持马克思主义在意识形态领域的领导地位。马克思在对未来社会的科学设想中指出，未来社会的发展需要先进文化作为支撑，精神层次的共同富裕是实现人的全面发展的前提。这就要求充分发挥人民群众的主体作用推进社会主义文化繁荣，建构中国特色社会主义文化强国。

其次，先进思想的指引和理论创新，是时代发展的必然要求，更是党的自我发展和长期执政的必要条件。只有创新才能使中华优秀传统文化、革命文化和社会主义先进文化具有蓬勃旺盛的生命力，始终为我国的社会主义建设服务、为实现共同富裕的目标服务。坚定文化自信，需要创新发展文化产业，大力推动文化体制改革。新时代民间博物馆、艺术馆、非遗文化保护项目的发展，不仅使得区域历史文化得到了有效的保存与传承，也使得社会相关文创产业得到了发展。中华文化是一种极具包容力、亲和性的文化，这一特征在"一带一路"生态文化产业的发展中亦得到充分的体现，不仅在加强中外文化交流与合作、提升我国的国际形象中发挥了重要作用，也更让我们坚定了文化自信。

第二章　中国共产党人关于
共同富裕的重要论述

　　中国共产党是马克思主义最坚定的支持者和最忠实的继承者。中国共产党领导全国各族人民进行革命、建设和改革，在马克思主义指导下，坚持将其与中国具体实际相结合，领导中国人民实现了民族独立、人民解放和国家富强，从而为共同富裕的形成奠定了坚实的政治基础和物质基础。中国共产党一代又一代领导集体始终将共同富裕作为奋斗目标，将实现人民需求与期盼作为基本立场和指向，与时俱进，在实践中不断积累经验，不懈探索。

　　中国共产党人关于共同富裕的重要论述，有一个发生发展、不断演进的过程，并且由于受特定历史社会条件和思想文化条件的影响，在不同阶段具有不同的内涵和特点。深厚的中华优秀传统文化蕴含着中华民族的精神基因，是中华民族最深层的精神标示，也是中华民族的价值共识，其中蕴含了丰富的共同富裕思想对中国共产党人产生了重要的影响。本章在梳理中华优秀传统文化所蕴含的共同富裕思想的基础上，将分别对中国共产党历代领导人关于共同富裕的重要论述展开分析。

一、中华传统文化蕴含的共同富裕思想

　　马克思主义传入中国，要想被中国人民理解、接受和发展，并在实践中发挥指导作用，就必须和中国的文化和民族特点相结合，积极汲取中华优秀传统文化的精华，是马克思主义中国化过程中的重要一环。吸收中华传统文化的优秀成果，既有利于丰富和发展马克思主义，也有利于科学的

理论被人民群众所掌握，从而发挥出巨大的力量，促进马克思主义大众化的实现。"在历史上出现的一切社会关系和国家关系，一切宗教制度和法律制度，一切理论观点，只有理解了每一个与之相应的时代的物质生活条件，并且从这些物质条件中被引申出来的时候，才能理解。"① 中华传统文化中的共同富裕思想是在小农经济的基础上产生的，其出发点是维护统治阶级的地位，保持社会的长治久安，这一阶级局限性极大地阻碍了这一思想变为现实，只能屡屡以失败告终。但传统文化中蕴含的共同富裕思想对于中国共产党共同富裕思想的形成、发展到不断成熟均提供了重要的养分，具有一定的借鉴意义。

（一）富民思想

我国传统文化中蕴含着丰富的富民思想，其中不仅提出了富民对于维护社会稳定的重要意义，也指出了实现富民的手段和路径。

1. 富民是治国安邦的重要途径

将富民视为治国安邦的重要途径是中国传统文化中较为常见的观点，认为民众富裕，是实现统治阶级"修身、齐家、治国、平天下"政治理想的重要条件。

（1）追求富裕是人的本性

"人之情，食欲有刍豢，衣欲有文绣，行欲有舆马，又欲夫馀财蓄积之富也。"（《荀子·荣辱》）即为政要顺应民意，满足人的求富天性，才能巩固自己的统治地位。齐国政治家管仲特别重视富民的重要性，他指出："凡治国之道，必先富民。民富则易治也，民贫则难治也。奚以知其然也？民富则安乡重家，安乡重家则敬上畏罪，敬上畏罪则易治也。民贫则危乡轻家，危乡轻家则敢陵上犯禁，陵上犯禁则难治也。故治国常富，而乱国常贫。是以善为国者，必先富民，然后治之。"（《管子·治国第四十八》）孟子也持有相似的观点："民之为道也，有恒产者有恒心，无恒产者无恒心。苟无恒心，放辟邪侈，无不为已。及陷乎罪，然后从而刑之，是罔民也。"（《孟子·滕文公上》）

---

① 中共中央马克思恩格斯列宁斯大林著作编译局编译. 马克思恩格斯选集（第二卷）[M]. 北京：人民出版社，1995：38.

（2）富裕是道德教化的前提

中国传统文化非常重视人的道德修养，"三纲五常"是中国儒家伦理文化的基本构架，从加强道德修养的角度要求人的行为规范符合"三纲五常"的伦理要求。朴素唯物主义阐述了提高人的道德修养与富民之间的关系，认为只有先富民，才能为提高人的道德修养创造条件，即"仓廪实，则知礼节；衣食足，则知荣辱"（《管子·牧民》）。

（3）民众富裕是富国的重要内容

将富国的目标置于富民的基础之上，是孔子及儒家学派的一贯主张：在富国与富民的关系上，强调富国必先富民，藏富于民。国家的富足，取决于百姓所拥有的财富总量。"百姓足，君孰与不足？百姓不足，君孰与足？"（《论语·颜渊》）"君足"即是富国，"百姓足"即是富民。那时富国的标志无非是钱粮布帛充盈府库，而这些全都是来自百姓生活、生产的剩余。过度的盘剥一方面必将使百姓的生活、生产难以为继，另一方面，也使百姓没有余粮余财进行扩大再生产，使以后的赋税征收难以为继，从而使富国不具有可持续性。

2. 提出了实现富民的具体手段

传统文化中不仅对富民的重要意义多有论述，对于富民何以实现这一更深层次的问题也多有涉及。

（1）以农为本

中国传统社会是农业社会，农业生产是人们赖以生存和发展的经济基础，在国家经济中处于绝对主导地位。农业生产的成功与否直接影响到国力的强弱，直接影响着百姓的温饱和社会的安定。孟子在描绘理想的富民生活时指出："五亩之宅，树之以桑，五十者可以衣帛矣。鸡豚狗彘之畜，无失其时，七十者可以食肉矣。百亩之田，勿夺其时，数口之家可以无饥矣。"（《孟子·梁惠王上》）因此，在传统富民思想中，农业总是被视为提高人民生活水平，增强国家力量的根本性因素。

（2）制民恒产

传统富民思想认为，要富民就必须保证人民能够具备基本的生产资料，拥有起码的生活条件。孟子在其仁政思想中阐述了制民恒产的措施。"是故明君制民之产，必使仰足以事父母，俯足以畜妻子，乐岁终身饱，凶年免于死亡；然后驱而之善，故民之从之也轻。"（《孟子·梁惠王上》）他主张为民制产，实行井田制，在拥有这些基本的物质生产资料的基础上，注意发展农副业，让人们丰衣足食，拥有一种相对富足的生活。"故家五亩宅，百亩田，务其业而勿夺其时，所以富之也。"（《荀子·大略》）

（3）轻徭薄赋

实行轻徭薄赋，降低对生产者的盘剥程度，减轻人民的徭赋负担，是富民的重要手段之一。"施取其厚，事举其中，敛从其薄。"（《左传·哀公十一年》）孟子提出："易其田畴，薄其税敛，民可使富也。食之以时，用之以礼，财不可胜用也。"（《孟子·尽心上》）他甚至还提倡免税："耕者，助而不税。"（《孟子·公孙丑上》）荀子提出："轻田野之税，平关市之征，省商贾之数，罕兴力役，勿夺农时，如是则国富矣。夫是之谓以政裕民罕兴力役，勿夺农时。"（《荀子·富国》）这些思想多主张减轻人民的徭赋负担，合理役使人民，认为如果徭赋剥削过于繁重，会直接减少人民直接占有的财富，造成过于贫困而失去再生产的能力。

（二）均贫富思想

"木秀于林，风必摧之；堆出于岸，流必湍之；行高于人，众必非之。"（魏李康《运命论》）中国传统文化中的平均思想、中庸之道源远流长，这种平均思想、中庸之道体现在财富的分配与占有上，集中体现为均贫富思想。

1. 均贫富是维持社会秩序的手段

这一观点认为，贫富不均是社会秩序不稳定的根本原因，要实现社会的安定有序，必须实现均贫富。

（1）贫富不均比贫穷还要可怕，危害更大

孔子讲："丘也闻有国有家者，不患寡而患不均，不患贫而患不安，盖均无贫，和无寡，安无倾。"（《论语·季氏》）在寡和不均、贫和不安的取舍之间，更为可怕的不是寡和贫，而是不均和不安。痛苦来自比较，贫困者与富有者之间容易形成强烈的对比，这种对比会给贫困者带来深深的痛苦，容易给社会带来不安定因素。在一个均贫富的社会里，就不容易产生由于比较而带来的痛苦。

（2）贫富不均会使国家制度不易推行

"夫民富则不可以禄使也，贫则不可以罚威也。法令之不行，万民之不治，贫富之不齐也。"（《管子·国蓄》）俸禄会对富裕者失去激励效果，惩罚会对贫穷者失去威慑效果，在贫富不均的社会里，社会制度由于不能同时对富裕者和贫穷者产生效果，就会法令不行、万民不治。

（3）贫富不均要维持在一定的限度内

"故圣人之制富贵也，使民富不足以骄，贫不至于约，贵不慊于上，故乱益亡。"（《礼记·坊记》）汉代董仲舒极力抨击贫富极度不均现象："富者奢侈羡溢，贫者穷急愁苦；穷急愁苦而上不救，则民不乐生；民不乐生，尚不避死，安能避罪？"（西汉董仲舒《举贤良对策》）他提出贫富之间的差距要有一个限度，然后在这一幅度内进行调节。董仲舒说："孔子曰，不患贫而患不均。故有所积重则有所空虚矣。大富则骄，大贫则忧。忧则为盗，骄则为暴，此众人之情也。圣者则于众人之情见乱之所从生，故其制人道而差上下也，使富者足以示贵而不至于骄，贫者足以养生而不至于忧。以此为度而调均之，是以财不匮而上下相安，故易治也。"（西汉董仲舒《春秋繁露·制度篇》）

2. 均贫富是普通民众的社会理想和基本诉求

贫富两极分化是封建社会无法解决的现实问题。唐代诗人杜甫的千古名句"朱门酒肉臭，路有冻死骨"深刻而又生动地描述了这种贫富严重不均的情况。在社会财富有限的条件下，统治者如果过多地积累财富，造成贫富差距过大，超过了人们的心理承受能力，特别是满足不了人的生存需要，就会引起人民的不满，甚至揭竿而起，导致社会动荡。中国历史上历次农民起义几乎都以均贫富为口号和宗旨。北宋淳化四年（公元993年），王小波、李顺在四川青城起义，第一次明确提出了"吾疾贫富不均，今为汝辈均之"的口号。南宋建炎四年（公元1130年）爆发的钟相、杨幺起义，进一步提出了"等贵贱、均贫富"的纲领。明朝末年的李自成起义提出了"均田免粮"的口号。清咸丰元年（公元1851年）洪秀全在广西桂平金田村宣布起义，建号太平天国，开始了太平天国运动。在他制定的《天朝田亩制度》中，提出了"有田同耕，有饭同食，有衣同穿，有钱同使，无处不均匀，无处不保暖"的理想。

（三）重义轻利思想

实现共同富裕的过程，就是人们经济利益需求不断被满足的过程。这一过程涉及人们看待自己的利益的基本观点，以及在追求利益满足的过程中有无必要以及如何践行道德规范的问题。人们对这些问题的基本认识便形成了义利观。义利观是中国传统文化中的一个重要范畴。在义利之辨中，虽然有"拔一毛而利天下，不为也"（《孟子·尽心上》）、"天下熙熙，皆为利来；天下攘攘，皆为利往"（《六韬引谚》）的重利轻义思想，但并没有在传统文化中占据主导地位。儒家作为传统文化中的正统思想，提出了重义轻利的思想，将义放在第一位，强调义对利的主导作用和支配地位。

1. 义利统一的重义轻利思想

一方面，义和利都是人的追求。"义"是五常之一，是君子的追求。先秦儒家把义看得比个人生命还重要，为了追求道德上的完善，即使是牺牲个人生命也在所不惜。"志士仁人，无求生以害仁，有杀身以成仁。"（《论语·卫灵公》）"生，亦我所欲也；义，亦我所欲也，二者不可得兼，舍生而取义者也。"（《孟子·告子上》）追求利也符合人之常情。追求富裕是人的天性，在传统文化中，义和利都是人的正当追求。"义与利者，人之所两有也。"（《荀子·大略》）人既有好义的本能，也具有好利的本能。

另一方面，追求财富要符合道义要求。既然义和利都是人的追求，那么在追求义和利的过程中，就涉及如何处理二者之间关系的问题。首先，无论贫富，都不可丧失道义。"穷不失义，达不离道"（《孟子·尽心上》），"穷则独善其身，达则兼济天下"（《孟子·尽心上》）。无论是贫还是富，都不能丧失做人应有的道德节操，应当"贫而无谄，富而无骄""贫而乐道，富而好礼"（《论语·学而》）。无论是贫还是富，都应该去成就理想的道德人格，虽然贫富在行善的范围上有所不同，穷只能惠及自身，富则能惠及天下，但在求善这一点上是共同的。其次，取利要符合义的要求。"君子爱财，取之有道。"（《增广贤文》）如何做到取财有道，是区分君子与小人的一大准则。孔子云："富与贵，是人之所欲也；不以其道得之，不处也。贫与贱，是人之所恶也；不以其道得之，不去也。"（《论语·里仁》）如何脱贫致富，显示出一个人的德性的有无与高下。"富而可求也，虽执鞭之士，吾亦为之。如不可求，从吾所好。"（《论语·述而》）即使从事的是诸如执鞭之士这种低层次劳动，但在道德上依然是高尚的。最后，不符合"义"要求的利宁可不取。不能见利忘义，不符合道德要求的财富宁可不取。"饭疏食饮水，曲肱而枕之，乐亦在其中矣。不义而富且贵，于我如浮云。"（《论语·述而》）宁可安贫乐道，也不取不义之财。在追求一己之利时，要符合道德规范，体现仁爱之心，不能损害他人的利益。

2. 义利对立的重义轻利思想

汉朝以后，孔子的义利观为儒者们所改造，重义轻利被推向极端，由义利可以并存转向义利对立，把义和利割裂开来。汉代董仲舒将重义轻利演绎为贵义贱利，在很大程度上忽视了人们追求物质利益的合理性。宋明儒家，把重义轻利推向极端。二程与朱熹把义利对立起来。二程说："大凡出义则入利，出利则入义。天下之事，唯义和利而已。"（《河南程氏遗书》卷十一）朱熹说："义者，宜也。君子见得这事合当如此，却那事合当如彼，但裁处其宜而为之，则何不利之有。君子只理会义，下一截利处更不理认。小人只理会下一截利，更不理会上一截义。盖是君子之心，虚明洞彻，见得义分明。小人只管计较利，虽丝毫底利，也自理会得。"（南宋黎靖德《朱子语类》）义与利如同水火两不相容，非义即利，非利即义。朱熹还提出了"存天理，灭人欲"，理与欲、义与利不可并行、并用的思想，认为只有人欲净尽，天理才可流行，具有明显的禁欲主义色彩。

二、中国共产党历代领导人关于共同富裕的重要论述

（一）毛泽东关于共同富裕的重要论述

毛泽东思想是马克思主义中国化的第一个重大理论成果。毛泽东思想中关于共同富裕的相关论述继承并发展了马克思主义的共同富裕思想的合理内核，在夺取新民主主义革命的胜利、完成社会主义改造和对社会主义建设道路的初步探索中不断丰富和完善。1949 年新中国的成立以推翻帝国主义、封建主义和官僚资本主义三座大山为标志，结束了旧中国半殖民地半封建的社会性质，为实现共同富裕创造了政治前提。1956 年底完成的对农业、手工业和资本主义工商业的社会主义改造，结束了存在于中国两千多年的阶级剥削制度，在我国初步确立了社会主义基本制度，为实现发展

和践行共同富裕奠定了制度基础。党的十一届三中全会以前，党在社会主义建设的探索过程中取得过成就、也遭受过挫折，这些都为中国共产党人对共同富裕思想的完善和践行提供了宝贵的经验教训。

1. 新民主主义革命时期毛泽东关于共同富裕思想的最初践行和萌芽

毛泽东同志是在我国首倡"共同富裕"的马克思主义者。早在新民主主义革命时期，毛泽东就对社会主义共同富裕之路进行了探索。第二次国内革命战争时期，毛泽东在革命根据地进行土地革命，开展打土豪、分田地运动，废除封建剥削和债务，满足农民对土地的基本要求。1931年春，毛泽东总结土地革命的经验，制定了依靠贫农、雇农，联合中农，限制富农，保护中小工商业者，消灭地主阶级，变封建半封建的土地所有制为农民的土地所有制的土地革命路线，给广大农民分了土地，给富农以经济出路，给地主以生活出路，团结最大多数的人，调动了一切反封建的因素。1947年12月，毛泽东在《目前形势与我们的任务》中阐述了新民主主义革命的基本经济纲领："没收封建阶级的土地归农民所有，没收蒋介石、宋子文、孔祥熙、陈立夫为首的垄断资本归新民主主义的国家所有，保护民族工商业。"① 其中，建立的"归新民主主义国家所有"的经济形态，实质上是建立了最初的公有制经济，为社会主义共同富裕的实现奠定了经济基础。毛泽东阐述的新民主主义革命基本经济纲领也包含着引导我国走社会主义共同富裕道路的重要内容和最初尝试。

2. 新中国成立到社会主义改造完成前毛泽东关于共同富裕思想的初步形成

新中国成立后，毛泽东开始在《共同纲领》的基础上实践"在革命胜利以后，迅速地恢复和发展生产，对付国外的帝国主义，使中国稳步地由农业国转变为工业国，把中国建设成一个伟大的社会主义国家"② 的理想社会蓝图。1953年，党内开始酝酿向社会主义过渡的问题，毛泽东起草了《中共中央关于发展农业生产合作社的决议》，指出要逐步实行农业的社会主义改造，使农民能够逐步完全摆脱贫困的状况而取得共同富裕和普遍繁荣的生活。1955年10月，毛泽东在《关于农业合作化和资本主义工商业改

① 毛泽东选集（第四卷）[M]. 北京：人民出版社，1991：1253.

② 毛泽东选集（第四卷）[M]. 北京：人民出版社，1991：1437.

造的关系问题》的讲话中指出："使农民群众共同富裕起来，穷的要富裕，所有农民都要富裕，并且富裕的程度要大大地超过现在的富裕农民。"[①]上述论述表明了毛泽东重点关注的是农民的共同富裕问题，也表明了我国的社会主义进程一开始就与"共同富裕"紧密联系在了一起。在党中央制定的过渡时期总路线的指引下，社会主义工业化建设与社会主义改造全面推进，促进了生产力的发展、改善了全体人民的生活、保证了社会稳定，对践行和发展共同富裕具有重要意义。

3. 社会主义初步建设时期毛泽东关于共同富裕思想的发展及挫折

社会主义改造基本完成以后，我国步入全面建设社会主义时期。至党的十一届三中全会召开以前，我国经济建设取得了不少成就，在社会主义共同富裕道路上前进。1959 年 6 月，毛泽东在同秘鲁议员团谈话时说："我们这样一个大国要提高经济、文化水平，建设现代化的工业、农业和文化教育，需要一个过程。"[②]根据毛泽东的这一思想，党中央于 1963 年 9 月在北京举行的工作会议明确提出了"两步走"的战略构想。可见，毛泽东也认识到了实现社会主义共同富裕需要一个过程。但是，在这一时期囿于国际国内形势的变化，以及对社会主义认识的局限性，对于实现国家富强、人民富裕的探索也出现了严重的挫折。工作的重心逐渐偏离了发展生产力这一中心任务，没有把实现共同富裕建立在高度发展的生产力基础之上，采取了不切合实际的方式方法，延缓甚至阻碍了党对实现共同富裕探索的进程。

总的来看，毛泽东在探索共同富裕的过程中，坚持走社会主义道路是实现共同富裕的必由之路，开展农民的互助合作运动，充分发挥集体经济的优越性，利用集体的力量办大事；主张实现共同富裕的根本途径是大力发展生产力，将实现国家的工业化作为过渡时期的主要任务；指出了实现共同富裕需要经过一个过程，并提出"两步走"的战略。这些都是马克思主义共同富裕思想中国化的第一次伟大尝试，为中国特色社会主义共同富裕思想的形成和实践提供了前提条件。

---

① 中共中央文献研究室编. 建国以来重要文献选编（第七册）[M]. 北京：中央文献出版社，1993：308.

② 中共中央文献研究室编. 毛泽东文集（第八卷）[M]. 北京：人民出版社，1999：71.

（二）邓小平关于共同富裕的重要论述

党的十一届三中全会以来，以邓小平为代表的党的第二代中央领导集体继承了毛泽东关于共同富裕思想的合理成分，开创了中国特色社会主义理论。在总结多年来离开生产力抽象地谈论社会主义共同富裕这一经验教训的基础上，邓小平同志将解放、发展生产力视为实现共同富裕的前提，并将二者联系起来作为社会主义的本质属性进行探索，开始了探索和践行共同富裕的新阶段。

1. 邓小平关于共同富裕理思想的提出和确立过程

1975 年，邓小平开始主持党中央和国务院日常工作。他批驳了"四人帮"鼓吹的贫穷社会主义论，指出贫穷不是社会主义，致富不是罪过。在《全党讲大局，把国民经济搞上去》的讲话中，邓小平继承并发展了毛泽东关于大力发展生产力，力求实现国家工业化的思想，将发展生产力视为实现共同富裕的根本途径。1978 年，邓小平在《解放思想，实事求是，团结一致向前看》的重要讲话中指出："在经济政策上，我认为要允许一部分地区、一部分企业、一部分工人农民，由于辛勤努力成绩大而收入先多一些，生活先好起来。一部分人生活先好起来，就必然产生极大的示范力量，影响左邻右舍，带动其他地区、其他单位的人们向他们学习。这样，就会使整个国民经济不断地波浪式地向前发展，使全国各族人民都能比较快地富裕起来。"[1]这为探索共同富裕提供了一种新的视角，即先富共富理论。党的十一届三中全会把实事求是确立成为党的指导思想，这一思想路线的确立推动了全党和全国人民的思想获得空前解放，开始了真正把工作中心"从以阶级斗争为纲转到以发展生产力为中心"[2]的新探索。1979 年 12 月，在会见日本首相大平正芳的谈话中，邓小平首次提出"小康"的概念，指出"我们要实现的四个现代化，是中国式的四个现代化。我们的四个现代化的概念，不是像你们那样的现代化的概念，而是'小康之家'"[3]。这里的"小康"，正是马克思主义共同富裕思想中国化的重要成果。1980 年 1 月，他把到 20世纪末的 20 年分为两个 10 年，初步提出分"两步走"达到"小康水平"

---

① 邓小平. 邓小平文选（第二卷）[M]. 北京：人民出版社，1994：152.

② 邓小平. 邓小平文选（第三卷）[M]. 北京：人民出版社，1993：269.

③ 邓小平. 邓小平文选（第二卷）[M]. 北京：人民出版社，1994：237.

的战略构想，并在党的十二大报告中得到肯定。1984年6月，他在会见第二次中日民间人士会议日方委员会代表团时又指出"到本世纪末达到小康水平"（指20世纪），"所谓小康，从国民生产总值来说，就是年人均达到八百美元。……，按社会主义的分配原则，就可以使全国人民普遍过上小康生活。……不坚持社会主义，中国的小康社会形成不了。"①

邓小平通过"小康"和"两步走"的论述将共同富裕的目标具象化，指出了必须坚持社会主义这一实现共同富裕的制度基础，并将其优越性反映在改善人民生活和增加收入的层面上。1987年4月，邓小平会见香港特别行政区基本法起草委员会委员时进一步明确了这一认识："我们社会主义制度是以公有制为基础的，是共同富裕，那时候我们叫小康社会，是人民生活普遍提高的小康社会。"②1987年党的十三大召开，邓小平系统地提出了社会主义的初级阶段论，发展了毛泽东的"两步走"战略，提出通过"三步走"战略部署来实现中华民族的伟大复兴，基本实现现代化。这是对毛泽东"两步走"的共同富裕战略构想的继承，并赋予了其现实性和可操作性。"三步走"发展战略即解决人民温饱问题—达到小康水平—达到中等发达国家水平，将走向共同富裕目标通过三个阶段来实施，从提高人民生活水平角度规划了实现共同富裕的现代化发展战略，体现了把实现人民共同富裕与发展生产力相统一。1988年，针对由我国区域发展不平衡带来的贫富不均问题，邓小平提出了"两个大局"的思想，即"'一个大局'，就是沿海地区要充分利用有利条件加快对外开放，较快地先发展起来，从而带动内地更好地发展，内地要顾全这个大局；另'一个大局'，就是发展到一定的时候，可以设想在本世纪末全国达到小康水平时，就要拿出更多的力量来帮助内地加快发展，沿海地区也要服从这个大局"③。"两个大局"的提出既立足现实，又面向未来，对促进东西部地区经济合理布局和协调发展，最终实现共同富裕具有重要意义。1990年，邓小平在同几位中央负责同志谈话时指出："社会主义最大的优越性就是共同富裕，这是体

① 邓小平. 邓小平文选（第三卷）[M]. 北京：人民出版社，1993：64.

② 邓小平. 邓小平文选（第三卷）[M]. 北京：人民出版社，1993：216.

③ 中共中央文献研究室编. 十五大以来重要文献选编（中）[M]. 北京：中央文献出版社，2001：1124.

现社会主义本质的一个东西。"①1992 年，邓小平在南方谈话中提出了社会主义本质论："社会主义的本质，是解放生产力，发展生产力，消灭剥削，消除两极分化，最终达到共同富裕。"②不仅指明了共同富裕的实现前提，更是把共同富裕目标作为社会主义的基本原则，从社会主义本质的高度确定下来。

2. 对邓小平关于共同富裕思想的创新之处

邓小平对共同富裕思想有很多独到的见解，在很多方面都有创新之处。他以一位改革家的胆略和睿智指出了共同富裕的实现前提，详细设定了共同富裕所要追求的目标，探索了实践共同富裕的路径，并对当时存在于人们头脑中的疑虑以及认识的不足做出了令人信服的解答，对继承和发展马克思主义共同富裕思想具有重大意义，并对后来的中国化马克思主义者们继续践行共同富裕奠定了理论基础和物质基础，极大地解放了人们的思想，对社会主义的认识迈入了新阶段。

（1）指出了共同富裕的实现前提

邓小平总结了社会主义各国离开生产力空谈社会主义的历史经验教训，指出大力发展生产力是实现共同富裕的前提条件。他一再强调："……社会主义原则，第一是发展生产，第二是共同富裕。"③1992 年，邓小平在南方谈话中又进一步强调"社会主义的本质，是解放生产力，发展生产力，消灭剥削，消除两极分化，最终达到共同富裕"④。社会主义本质论的提出完善了共同富裕的实现前提，解放生产力，发展生产力，消灭剥削，消除两极分化成为共同富裕的实现前提。

"解放生产力，发展生产力，消灭剥削，消除两极分化"体现了邓小平从生产力和生产关系的统一中来揭示共同富裕的实现前提。第一，从生产力角度出发，他讲的是"解放生产力，发展生产力"。邓小平把生产力问题摆在首位，突出了"社会主义的第一要务就是发展社会生产力"⑤。从

---

① 邓小平. 邓小平文选（第三卷）[M]. 北京：人民出版社，1993：364.
② 邓小平. 邓小平文选（第三卷）[M]. 北京：人民出版社，1993：373.
③ 邓小平. 邓小平文选（第三卷）[M]. 北京：人民出版社，1993：172.
④ 邓小平. 邓小平文选（第三卷）[M]. 北京：人民出版社，1993：373.
⑤ 邓小平. 邓小平文选（第三卷）[M]. 北京：人民出版社，1993：227.

马克思主义基本原理来讲，历史唯物主义认为，物质资料的生产是一切社会生存和发展的基础，生产力的发展水平是社会进步的重要标志。所以，"在社会主义国家，一个真正的马克思主义政党在执政以后，一定要致力于发展生产力，并在这个基础上逐步提高人民的生活水平"①。"解放生产力"在社会主义革命时期是指推翻旧政权，消灭阻碍生产力发展的剥削阶级；在社会主义制度建立以后，主要是指改革束缚生产力发展的地方。邓小平指出："社会主义基本制度确立以后，还要从根本上改变束缚生产力发展的经济体制，建立起充满生机和活力的社会主义经济体制，促进生产力的发展，这是改革，所以改革也是解放生产力。过去，只讲在社会主义条件下发展生产力，没有讲还要通过改革解放生产力，不完全。应该把解放生产力和发展生产力两个讲全了。"②第二，从生产关系角度出发，他讲的是"消灭剥削，消除两极分化"。共同富裕，是社会主义的一条根本原则，是区别于资本主义的根本特征、主要特征。如果单纯讲发展生产力，就难以同资本主义区分开来。资本主义社会也在追求生产力的发展，但是他们没有也不可能将共同富裕作为自己的价值诉求和现实目标，他们的富裕只是少数人的富裕。"消灭剥削，消除两极分化"就是要使创造的财富归全体人民共享，当然，这是一个随着生产力的发展而逐步实现的比较长的动态过程，所以在我国社会主义初级阶段，社会生产力还没有充分发展以前，既要允许在一定时间内、一定范围内和一定程度上的收入分配差距的存在，也不要被资本主义生产力发展之快、水平发展之高蒙蔽，从而忽略了社会主义制度的优越性。

（2）详细设定了共同富裕所要追求的目标

第一，邓小平从我国现在处于并将长期处于社会主义初级阶段这一基本国情出发，设定了实现共同富裕的阶段性目标，提出了"三步走"的战略构想，即解决人民温饱问题—达到小康水平—达到中等发达国家水平，为最终走向共同富裕提供了可行性方案。第二，邓小平指出社会主义所要追求的共同富裕不是搞平均主义，也不是同步富裕，而是全民共同富裕。因为平均主义最终只能导致共同贫穷，而两极分化根本背离了共同富裕的社会主义本质。

---

① 邓小平. 邓小平文选（第三卷）[M]. 北京：人民出版社，1993：28.

② 邓小平. 邓小平文选（第三卷）[M]. 北京：人民出版社，1993：370.

邓小平指出："我们坚持走社会主义道路，根本目标是实现共同富裕，然而平均发展是不可能的。过去搞平均主义，吃'大锅饭'，实际上是共同落后，共同贫穷，我们就是吃了这个亏。"①邓小平通过否定平均主义，也就批判了我国长期存在的小农意识，从而清除了长期存在于人们潜意识中的将平均主义与社会主义联系的错误思想。同时，邓小平又根据我国各地情况千差万别，特别是东部、中部、西部三个地区自然、社会和历史条件的明显差异，以及劳动者自身条件和能力的不同，指出要通过先富地区带动后富地区，先富裕起来的人带动后富裕起来的人。共同富裕要经历一个过程，应有先后快慢之分，只能通过各个局部的量变，逐步实现总体的质变。第三，邓小平讲全民共同富裕，超越了毛泽东关注的范围目标。毛泽东单纯关注农民群众共同富裕的问题，至于其他阶级、阶层是否也要富裕起来，抑或已经富裕起来了却未曾论及。邓小平认为，社会主义的致富是全民共同富裕，农民、工人、知识分子以及全社会各个阶层，都要富裕起来。这样，邓小平就将共同富裕的外延从农民扩展到全民，由部分发展到整体，第一次体现了社会主义共同富裕的目标所在。第四，邓小平的共同富裕目标包括物质富裕和精神富裕两方面内容。邓小平指出："我们要在建设高度物质文明的同时，提高全民族的科学文化水平，发展高尚的丰富多彩的文化生活，建设高度的社会主义精神文明。"②早在改革开放新时期，邓小平就指出要一手抓物质文明，一手抓精神文明，"要两手抓，两手都要硬"③。如果只是片面强调发展生产力，把共同富裕界定为单纯的数字指标和经济概念，认为只要是经济增长了，人们的物质生活水平总体上有所提高，就是坚持了共同富裕，这必然会导致物质生活充裕，精神生活匮乏，就会使许多消极的思想和文化泛滥成灾，从而影响社会的全面进步。

（3）探索了实践共同富裕的路径

邓小平对共同富裕路径的探索，是围绕其著名的"猫论"和"摸论"展开的。党的十一届三中全会胜利闭幕后，中国特色社会主义进入了改革开放的新阶段，以邓小平为代表的党的第二代中央领导集体在改革实践中

① 邓小平. 邓小平文选（第三卷）[M]. 北京：人民出版社，1993：155.

② 邓小平. 邓小平文选（第二卷）[M]. 北京：人民出版社，1994：208.

③ 邓小平. 邓小平文选（第二卷）[M]. 北京：人民出版社，1994：208.

探索出，在中国这样一个经济文化相对落后的国家发展社会主义经济，实现共同富裕必须建立社会主义市场经济体制。他指出，社会主义市场经济是我国现代化建设和实现共同富裕的根本途径，不管姓"社"姓"资"，只要"有利于发展社会主义社会的生产力、有利于增强社会主义国家的综合国力、有利于提高人民生活水平的事情，就大胆去干"①，这就从根本上解除了把计划经济和市场经济看作属于社会基本制度范畴的思想束缚，为共同富裕奠定了制度基础。邓小平吸取了我国历史上闭关锁国的惨痛教训，把改革作为实现共同富裕的根本动力，强调"中国不走这条路，就没有别的路可走。只有这条路才是通往富裕和繁荣之路"②，还把对外开放作为我国的基本国策，作为经济建设的长期方针来坚持。此外，针对存在的"市场失灵"和过去我国经济管理体制权力过于集中的弊端，邓小平指出，"过去我们是穷管，现在不同了，是走向小康社会的宏观管理"③，强调要转变政府职能，建立社会主义市场经济新型的宏观调控机制，通过经济手段、法律手段和计划手段来实施宏观调控。随着社会主义市场经济体制改革目标的明确，与之相适应的所有制结构和分配制度相应建立起来，实行以公有制为主体、多种所有制并存，促进了生产力的发展，使劳动者收入来源多样化且普遍增加；实行按劳分配为主体、多种分配方式并存，并把按生产要素进行分配纳入总原则中，充分发挥了劳动者的积极性和创造性，对于引导广大人民群众勤劳致富，早日实现共同富裕具有重要意义。

（三）江泽民关于共同富裕的重要论述

20世纪80年代末以来，东欧剧变、苏联解体，世界社会主义运动面临严重挫折，使我国实现共同富裕的社会主义制度保障受到冲击；就国内发展而言，随着改革开放和社会主义市场经济的发展，社会经济成分、利益关系和分配方式日益多样化，使我国在探索实现共同富裕的路径上也出现了新的难题和考验。正是在探索共同富裕实践过程中出现了这些新形势、新问题、新任务的背景下，以江泽民为代表的党的第三代中央领导集体，

① 中共中央文献研究室编. 十三大以来重要文献选编（下）[M]. 北京：人民出版社，1993：2187.

② 邓小平. 邓小平文选（第三卷）[M]. 北京：人民出版社，1993：149–150.

③ 邓小平. 邓小平文选（第三卷）[M]. 北京：人民出版社，1993：278.

提出了"三个代表"重要思想。在党的十六大报告中,江泽民在强调贯彻"三个代表"重要思想时指出:"制定和贯彻党的方针政策,基本着眼点是要代表最广大人民的根本利益,正确反映和兼顾不同方面群众的利益,使全体人民朝着共同富裕的方向稳步前进。"①"三个代表"重要思想是江泽民关于共同富裕思想的集中体现,涵盖了江泽民探索共同富裕的理论知识和实践创新,为探索和实现共同富裕提供了科学原理和方法指导。

1. 发展先进生产力是实现共同富裕的建设内容和物质基础

在邓小平理论相关论述的基础上,江泽民提出社会主义市场经济体制改革的目标。1992年6月,江泽民第一次提出了使用"社会主义市场经济体制"这一概念,并将其作为建立新经济体制的建议,得到了邓小平同志的赞同和认可;党的十四大最终确立了建立社会主义市场经济体制的改革目标,为进一步解放和发展生产力,促进经济的快速发展,从而为早日实现共同富裕提供了制度保障。在提出建立社会主义市场经济体制的同时,党的十五大把"公有制为主体、多种所有制经济共同发展"确立为社会主义初级阶段的基本经济制度,党的十六大报告进一步将其概括为"两个毫不动摇",即"毫不动摇地巩固和发展公有制经济;毫不动摇地鼓励、支持和引导非公有制经济发展"②。与基本经济制度相适应,进一步提出"坚持按劳分配为主体,多种分配方式并存的制度。把按劳分配与按生产要素分配结合起来"③。此外,针对原来分配领域存在的平均主义倾向,以及如何在提高效率的前提下更好地实现社会公平这一现实问题,1993年党的十四届三中全会通过的《中共中央关于建立社会主义市场经济体制若干问题的决定》指出:"个人收入分配要坚持以按劳分配为主体、多种分配方式并存的制度,体现效率优先、兼顾公平的原则。劳动者的个人劳动报酬要引入竞争机制,打破平均主义,实行多劳多得,合理拉开差距。坚持鼓励一部分地区一部分人通过诚实劳动和合法经营先富起来的政策,提倡先

---

① 江泽民. 江泽民文选(第三卷)[M]. 北京:人民出版社,2006:540.

② 中共中央文献研究室编. 十六大以来重要文献选编(中)[M]. 北京:中央文献出版社,2006:684.

③ 中共中央文献研究室编. 十五大以来重要文献选编(上)[M]. 北京:中央文献出版社,2000:24.

富带动和帮助后富，逐步实现共同富裕。"①20世纪末，我国提前实现了邓小平部署的"三步走"战略的前两步，为了更好地把第二步和第三步战略衔接起来，江泽民在党的十五大提出了"新三步走"战略："展望下世纪，我们的目标是，第一个十年实现国民生产总值比二〇〇〇年翻一番，使人民的小康生活更加宽裕，形成比较完善的社会主义市场经济体制；再经过十年的努力，到建党一百年时，使国民经济更加发展，各项制度更加完善；到本世纪中叶建国一百年时，基本实现现代化，建成富强民主文明的社会主义国家。"②党的十六大深刻分析了党和国家面临的新形势和新任务，从我国总体上实现的小康还是低水平、不全面、发展很不平衡的小康的实际出发，提出了全面建设小康社会这一实现共同富裕的最新阶段目标。江泽民指出："我们要在本世纪头二十年，集中力量，全面建设惠及十几亿人口的更高水平的小康社会，使经济更加发展、民主更加健全、科教更加进步、文化更加繁荣、社会更加和谐、人民生活更加殷实。"③江泽民"新三步走"的发展战略和全面建设小康社会新阶段目标，继承并发展了邓小平关于共同富裕的思想精髓，突出了党对我国国情认识的深化，把我国社会主义共同富裕目标具体化为切实可行的步骤，是指导全党和全国人民建设共同富裕的行动纲领奋斗目标。

为了解决在实现共同富裕过程中出现的由于地区差异而导致的区域经济发展不协调问题，江泽民继承并发展了邓小平的"两个大局"发展战略，在1999年6月9日召开的中央扶贫工作会议上指出："加快中西部地区发展步伐的条件已经具备，时机已经成熟。……必须不失时机地加快中西部的发展。从现在起，这要作为党和国家一项重大的战略任务，摆到更加突出的位置。"④1999年9月22日召开的党的十五届四中全会把"国家要实施西部大开发战略"明确下来。西部大开发战略拓展了共同富裕的发展路径，缓解了由于东南沿海地区在各种优惠政策的扶持下经济持续快速发展使东

① 中共中央关于建立社会主义市场经济体制若干问题的决定[M]. 北京：人民出版社，1993：19.

② 江泽民. 江泽民文选（第二卷）[M]. 北京：人民出版社，2006：4.

③ 江泽民. 江泽民文选（第三卷）[M]. 北京：人民出版社，2006：543.

④ 中共中央文献研究室编. 江泽民论有中国特色社会主义（专题摘编）[M]. 北京：中央文献出版社，2002：176-177.

西部的差距进一步拉大的新形势，认识到了西部的落后造成的闲置资源浪费、产业结构和就业问题突出、消费能力低下的问题，这些问题反过来必将制约东部的进一步发展，也将拖累整个国民经济乃至整个国家的共同富裕建设。正如江泽民所强调的："没有西部地区的稳定就没有全国的稳定，没有西部地区的小康就没有全国的小康，没有西部地区的现代化就不能说实现了全国的现代化。"①

2. 发展先进文化是共同富裕的重要内容和文化基础

先进文化是指面向现代化、面向世界、面向未来的，民族的科学的大众的社会主义文化，它能够促进全民思想道德素质和科学文化素质的提高，为经济发展和社会进步提供精神动力和智力支持，因此也是共同富裕的重要内容和文化基础。

共同富裕是物质富裕和精神富裕的统一。江泽民继承邓小平"两手抓，两手都要硬"的思想，指出："必须坚持物质文明与精神文明的共同进步。……经济、政治、文化协调发展，两个文明都搞好，才是有中国特色社会主义。"②江泽民充分认识到文化在实现共同富裕这一目标中的重要作用，指出："当今世界，文化与经济和政治相互交融，在综合国力竞争中的地位和作用越来越突出。文化的力量，深深熔铸在民族的生命力、创造力和凝聚力之中。"③基于此，他提出了"科教兴国"战略。1991 年，中国共产党成立七十周年，江泽民在庆祝大会上发表讲话，"要充分认识，科学技术是第一生产力，是推动经济和社会发展的强大力量。我们一定要最大限度地发挥科学技术的作用，尊重知识，尊重人才，更加自觉地把经济建设转到依靠科技进步和提高劳动者素质的轨道上来"。④1993 年，中共中央、国务院印发了《中国教育改革与发展纲要》，在关于建设中国特色社会主义教育体系的主要原则中明确提出："教育是社会主义现代化建设的基础，必须坚持把教育

① 中共中央文献研究室编. 江泽民论有中国特色社会主义（专题摘编）[M]. 北京：中央文献出版社，2002：177.

② 中共中央文献研究室编. 江泽民论有中国特色社会主义（专题摘编）[M]. 北京：中央文献出版社，2002：383.

③ 江泽民. 江泽民文选（第三卷）[M]. 北京：人民出版社，2006：558.

④ 江泽民. 江泽民文选（第一卷）[M]. 北京：人民出版社，2006：161-162.

摆在优先发展的战略地位。"① 并且提出了落实教育战略地位的重大举措。1995年,全国科技大会召开,首次正式提出实施科教兴国发展战略。1996年,全国人大八届四次会议规划了2010年远景目标,科教兴国成为我们的基本国策。科学技术是第一生产力,教育是民族振兴的基石。科教兴国战略的提出把科技和教育摆在经济、社会发展的重要位置,对早日实现共同富裕具有重要意义。

3. 实现最广大人民的根本利益是共同富裕的目标所在

社会主义共同富裕不是少数人的富裕,而是全民共同富裕。党的十三届四中全会后,江泽民根据国内外形势的变化,强调"要充分调动各个方面的积极性,努力形成全体人民各尽其能、各得其所而又和谐相处的局面;……要正确处理新形势下的人民内部矛盾,正确反映和兼顾不同方面群众的利益,使全体人民朝着共同富裕的方向稳步前进。"② 1998年,在党的十一届三中全会召开二十周年之际,江泽民对于更好地实现全民共同富裕的问题作出了这样的阐述:"在整个改革开放和现代化建设的过程中,都要努力使工人、农民、知识分子和其他群众共同享受到经济社会发展的成果。"③ 实现改革发展成果由人民共享,是共同富裕的最基本要求。党的十六大提出了建设小康社会的奋斗目标,这种"小康"是惠及十几亿人口的更高水平的小康社会,是使最广大人民实现共同富裕的目标所在。

为了实现最广大人民的根本利益,实现全民共同富裕,党和政府加大扶贫开发力度,加快建立社会保障体系。1994年,党中央、国务院颁布了《"八七"扶贫攻坚计划》,把解决贫困人口、贫困地区作为首要任务,努力帮助贫困地区和贫困人口脱贫致富,共同享受发展成果。到20世纪末,我国基本解决了全国农村贫困人口的温饱问题。针对国有企业改革中出现的职工下岗问题,党中央明确把就业作为民生之本,着力构筑国有企业下岗职工基本生活保障制度、失业保险制度和城市居民最低生活保障制度这"三条保障线"。在以江泽民同志为核心的党中央领导下,我国顺利解决

① 中共中央文献研究室编. 十四大以来重要文献选编(上)[M]. 北京:人民出版社,1996:61.

② 中共中央文献研究室编. 十六大以来重要文献选编(中)[M]. 北京:中央文献出版社,2008:697.

③ 江泽民. 江泽民文选(第二卷)[M]. 北京:人民出版社,2006:262.

了两亿多农村贫困人口的温饱问题。我国在扶贫开发工作方面取得的举世瞩目的巨大成就，在中国历史乃至世界范围内都是了不起的奇迹。

（四）胡锦涛关于共同富裕的重要论述

新世纪新阶段，以胡锦涛为总书记的第四代领导集体在探索共同富裕的道路上进一步迈开步伐。具体来看，我国经济实力显著增强，社会主义市场经济体制日趋完善，人民生活总体上达到小康水平。但是，我们也必须清楚地认识并且预见我国经济社会面临的前所未有的困难和挑战。我国的生产力水平还不高，自主创新能力还不够，影响社会主义市场经济体制机制发展的障碍依然存在，长期形成的粗放型增长方式和结构性矛盾尚未根本改变，来自人口资源环境的压力巨大，贫富差距拉大，实现共同富裕依然面临诸多问题。正是在我国共同富裕探索呈现出一系列新的阶段性特征的前提下，胡锦涛创立了与马克思列宁主义、毛泽东思想、邓小平理论和"三个代表"重要思想既一脉相承又与时俱进的科学理论——科学发展观，丰富和发展了马克思主义经典作家的共同富裕思想。早在 2003 年 10 月，胡锦涛在党的十六届三中全会就指出："坚持以人为本，树立全面、协调、可持续的发展观，促进经济社会和人的全面发展。"[1]2007 年 10 月，胡锦涛在党的十七大报告中进一步阐述了科学发展观的内涵和要求，科学发展观被写入党章。

1. 共同富裕是"以人为本"的共同富裕

"以人为本"就是要以人民群众的根本利益为本，它是科学发展观的核心。这和马克思、恩格斯对未来理想社会根本特征的描述，即未来社会要实现"人的自由而全面的发展"具有高度一致性。胡锦涛在党的十七大报告中明确指出："要始终把实现好、维护好、发展好最广大人民的根本利益作为党和国家一切工作的出发点和落脚点，尊重人民主体地位，发挥人民首创精神，保障人民各项权益，走共同富裕道路，促进人的全面发展，做到发展为了人民、发展依靠人民、发展成果由人民共享。"[2]新世纪新阶段，

---

① 中共中央文献研究室编. 十六大以来重要文献选编（上）[M]. 北京：中央文献出版社，2005：465.

② 胡锦涛. 高举中国特色社会主义伟大旗帜 为夺取全面建设小康社会新胜利而奋斗——在中国共产党第十七次全国代表大会上的报告 [M]. 北京：人民出版社，2007：15.

社会转型期的矛盾进一步凸显，良好的教育、稳定的就业、公正的收入分配、安全的社会保障网、健康的生活环境、自由平等的发展空间，乃至民主的政治、文明的法制、个人的尊严与体面，日益成为广大人民的普遍追求，进而成为国家发展进程中必须考虑的重大民生问题，也是践行和实现党的共同富裕目标的重要内容。2012 年 3 月 4 日，胡锦涛在全国政协医药卫生界、社会福利和社会保障界委员联组讨论现场强调："要把保障和改善民生放在更加突出的位置，……"[1]2012 年 7 月 23 日，在北京举行的省部级主要领导干部专题研讨班上，胡锦涛发表重要讲话，再次强调多解民生之忧，保证人民过上更好生活。[2]胡锦涛的"以人为本"思想是党的领导集体追求和践行共同富裕的核心理念，并通过一系列的民生工程建设徐徐展开。通过加大力度解决教育、就业、收入分配、社会保障、医疗卫生和社会管理等与人民群众根本利益直接相关的问题，努力使全体人民学有所教、劳有所得、病有所医、老有所养、住有所居，从而推动和谐社会建设。以人为本，从与人民群众息息相关的切身利益出发，关注人的多方面需求和全面发展，从而极大地扩展和丰富了共同富裕的内涵。

2. 共同富裕是全面、协调、可持续发展的共同富裕

"全面"是指全方位、多层次、多领域。共同富裕不单指经济富裕，也包括政治、文化、社会等各个方面的完善和发展，这与中国特色社会主义事业的总体布局相得益彰，具像化了马克思主义共同富裕思想的内容，构成了新世纪我国建设共同富裕的着力点。"协调"是指各个方面的发展要相互适应。要使共同富裕建设过程中的各个方面、各个环节相协调，促进生产关系与生产力、上层建筑与经济基础相协调、实现速度和结构质量效益、经济发展与人口资源环境相协调，推动城乡发展，东、中、西部地区发展，经济社会发展，人与自然和谐发展相协调。"可持续"是指发展进程要有持久性、连续性。既要看到当前利益，又要看到长远利益；既要满足当代人需求，又不损害后代人的需求。

---

① 胡锦涛. 胡锦涛文选（第三卷）[M]. 北京：人民出版社，2016：624.

② 胡锦涛在省部级主要领导干部专题研讨班开班式上发表重要讲话强调：全党全国各族人民更加紧密地团结起来 沿着中国特色社会主义伟大道路奋勇前进 [N]. 光明日报，2012-07-24.

（五）习近平关于共同富裕的重要论述

党的十八大以来，以习近平同志为核心的党中央对中国式现代化新道路进行了创造性发展，再次提出党要带领人民实现共同富裕的目标和诉求。2012 年至今，中国特色社会主义进入新时代，随着社会主要矛盾发生转化，面对我国经济社会发展出现的新形势和新机遇，针对贫富差距大、城乡发展不协调等新问题，党中央提出了"建设现代化经济体系"[①]"把包容共享理念融入发展战略"[②]和"收入分配制度改革"[③]等新对策，在治国理政的实践中，形成了极具时代特色的习近平新时代中国特色社会主义思想，将实现共同富裕的目标作为中国式现代化新道路的基本特征，为其创造了进一步的发展空间和实现的现实基础。

1. 提出建设现代化经济体系

习近平在党的十九大报告中指出，中国特色社会主义已经进入新时代，我国社会的主要矛盾已经转变为人民日益增长的美好生活需要和不平衡、不充分的发展之间的矛盾。面对制约人民美好生活需要的、社会发展过程中存在的不平衡和不充分问题以及实现共同富裕的重要使命，以习近平同志为核心的党中央明确提出要建设现代化经济体系，从而实现经济的高质量发展。现代化经济体系是由多个部分、多个层面构成的有机整体，包括建设创新引领、协同发展的产业体系，统一开放、竞争有序的现代市场体系。实现全体人民共同富裕的宏伟目标最终还是要靠发展，唯有发展才是共同富裕道路的正确方向。习近平指出，要"充分调动人民群众的积极性、主动性、创造性，举全民之力推进中国特色社会主义事业，不断把蛋糕做大"[④]。要坚持创新、协调、绿色、开放、共享的新发展理念，加快构建现代化产业体系、市场体系、收入分配体系、城乡区域发展体系、绿色发展体系和全面开放体系，进一步完善创新体系、公共服务体系、监管体系、风险防控体系和

① 习近平. 论坚持全面深化改革 [M]. 北京：人民出版社，2018：358.

② 中共中央党史和文献研究院编. 习近平扶贫论述摘编 [M]. 北京：中央文献出版社，2018：161.

③ 中共中央文献研究室编. 习近平关于全面深化改革论述摘编 [M]. 北京：中央文献出版社，2014：92.

④ 中共中央党史和文献研究院编. 习近平扶贫论述摘编 [M]. 北京：中央文献出版社，2018：17.

对外开放体系，打造国际、国内双循环的新发展格局，促使现代化经济体系的快速建立与发展。

2. 提出"共享发展"战略

2015 年 10 月 29 日，习近平在党的十八届五中全会第二次全体会议上的讲话中鲜明地提出了创新、协调、绿色、开放、共享的发展理念。新发展理念是针对当时发展中存在的问题，顺应时代发展要求而提出的，对破解发展难题、增强发展动力、厚植发展优势具有重大指导意义。从整体上看，这五大理念对发展的各个方面都有涉及，既相互贯通，又紧密相连。共享发展注重的是解决在分配中存在的公平正义问题。随着经济发展，我国在做大"蛋糕"的过程中，如何分好"蛋糕"依然是分配领域需要重点关注和解决的问题。共享理念从这一问题导向出发，着重强调发展的目的，是"以人民为中心"在发展的最终目的和归宿上的目标体现。

习近平总书记指出："共享发展是人人享有、各得其所，不是少数人共享、一部分人共享。"[1]强调共享发展要惠及全体人民，包括全民共享，全面共享，共建共享和渐进共享。党的十八大以来，我国实行了"一带一路建设""京津冀协同发展""长江经济带发展""长江三角洲区域一体化发展"和"粤港澳大湾区建设"等一系列开放发展战略，基础设施、交通、通信、就业、文化、教育、环境、卫生等诸多方面都较之前有了很大改善，在缩小地区间贫富差距和城乡间贫富差距问题上都有了较大进步。高质量的共享发展要求更高水平的资源分配制度，我们要进一步完善医疗保障制度、教育制度、社会保障制度和产权分配制度，打造更高水平和更高质量的共享发展，努力降低地区之间、城乡之间和人民之间的贫富差距，实现共同发展、共同富裕。

3. 提出改革完善收入分配制度

党的十九大提出："坚持按劳分配原则，完善按要素分配的体制机制，促进收入分配更合理、更有序。……坚持在经济增长的同时实现居民收入同步增长、在劳动生产率提高的同时实现劳动报酬同步提高。"[2]长期以来，

---

① 习近平. 习近平谈治国理政（第二卷）[M]. 北京：外文出版社，2017：215.

② 习近平. 决胜全面建成小康社会 夺取新时代中国特色社会主义伟大胜利——在中国共产党第十九次全国代表大会上的报告 [N]. 人民日报，2017-10-28.

我国经济发展一直在处理"效率"和"公平"的关系，经济发展不只是单纯注重做大"蛋糕"，更重要的是分好"蛋糕"。在处理收入分配问题时，要始终坚持以按劳分配为主的社会主义分配原则，在推动发展的过程中，不断完善按要素分配的体制机制，从而增加低收入者收入，扩大中等收入群体收入，实现构建橄榄型的社会阶层结构的目标。

习近平指出："我们必须坚持发展为了人民、发展依靠人民、发展成果由人民共享，作出更有效的制度安排，使全体人民朝着共同富裕方向稳步前进，绝不能出现'富者累巨万，而贫者食糟糠'的现象。"①在经济快速发展的今天，城乡间、地区间、人群间贫富差距也随之拉大，我国的收入分配结构要随经济发展结构同步调整。要不断打破城乡之间的二元化结构，缩小城乡贫富发展差距，通过"先富带后富"和"共享发展"战略逐步缩小地区和人群之间的差距。"把不断做大的'蛋糕'分好，让社会主义制度的优越性得到更充分体现，让人民群众有更多获得感。"②通过刺激需求，提高就业水平和质量，逐步提高居民收入水平，尤其是要处理好初次分配和再分配的关系，注重在再分配的过程中彰显公平正义，从而实现全体人民共同富裕。

三、中国共产党历代领导人关于共同富裕的重要论述的启示

中国共产党自成立之日起，对共同富裕的探索和实践就从未停止过，这是科学社会主义的基本原则，也是党的初心和使命的要求和体现。今天，中国作为世界上第一大发展中国家，经济发展进入新常态状态，中国特色社会主义已经进入了新时代，通过对中国共产党历代领导人关于共同富裕重要论述的梳理和研究，总结他们对共同富裕的守正创新，对于今天人们在党的领导下正确认识共同富裕，在自觉践行共同富裕的目标上达成基本共识具有重要的指导意义，也为中国式现代化新道路提供重大理论支撑。

（一）共同富裕是一个动态的发展过程

通过研究中国共产党历代领导人关于共同富裕的重要论述，不难发现，

---

① 习近平. 习近平谈治国理政（第二卷）[M]. 北京：外文出版社，2017：200.

② 习近平. 习近平谈治国理政（第二卷）[M]. 北京：外文出版社，2017：216.

他们对共同富裕的认识都是一个变化发展的过程，之间存在着内在的逻辑与联系，表现为既一脉相承又不断创新。例如，他们都曾明确地提出实现共同富裕的制度基础是社会主义制度，都认识到实现共同富裕是社会主义的目标，且强调发展生产力是实现共同富裕的根本途径，等等。但细化他们的认识，不难发现，他们对同一问题的认识程度又存在区别。对同一问题的不同认识既囿于时代及认识的局限，又是不同社会历史条件下主要矛盾发展的必然要求，也是党坚持实事求是思想路线的具体体现，同时也充分表明对共同富裕思想的认识是一个不断发展、持续深入的动态过程。例如，对于公平与效率问题，毛泽东关心的重点是公平，他认为仅仅依靠社会公平就可以带来经济生产效率。可是，实践证明只依靠社会公平，忽视发展效率是不够的，脱离现实生产力发展状况而追求绝对的公平可能反而会阻碍社会和经济的发展。邓小平在处理这个问题时强调效率优先，是基于打破当时分配领域普遍存在的平均主义，其根本目的是通过分配领域的改革解放发展生产力，在此基础上鼓励一部分人和地区先富起来，以先富带动后富就成为邓小平理论的重要组成部分。但随着时代的变化发展，效率优先可能导致社会公平的缺失，进而导致不同群体、行业和地区之间的收入差距越来越大。江泽民意识到了这些问题，所以他强调在发展的过程中要坚持"效率优先，兼顾公平"，这是对邓小平"先富理论"的进一步发展。国民贫富差距的拉大，分配的不公平，尤其是部分群体通过非正当途径致富，大大阻碍了人民对发展成果的共享，造成了部分人对改革开放政策和社会的失望不满，从而对社会稳定产生影响，在一定程度上会"反噬"经济的发展成果。面对国内出现的这些新问题新矛盾，胡锦涛在多个场合多次强调要加大对社会公平的重视程度，认为效率和公平同等重要，要在发展的过程中坚持把二者结合起来，要让全体人民共享改革发展成果。他在继承前人理论贡献的基础上提出了科学发展观等一系列重大战略思想，为促进社会公平，保障人民的最根本利益，更好地实现共同富裕开辟了新的途径。而习近平则将共同富裕作为中国式现代化新道路的核心内容和基本特征明确表述出来，围绕这一战略目标多项措施并举，强调要全面深化改革，从各个方面来完善社会制度；全面依法治国，用法制来促进公平的实现；全面从严治党，把党的坚强领导作为实现这一目标的核心，从而为新时代实现共同富裕创造了无限可能。

总之，共同富裕是人类对美好社会的设想与追求，还处于不断发展和完善的阶段，科学地认识共同富裕是一个动态发展的过程，对于这一目标的最终实现有着重要的现实意义和理论价值。

（二）要始终把共同富裕作为社会主义的根本原则和本质特征

通过对中国共产党历代领导人关于共同富裕的重要论述的分析研究，不难发现，他们始终都坚持把共同富裕作为社会主义的本质特征和根本原则。中国共产党自建党以来就始终坚持把保障人民的根本利益、维护社会公正公平、实现民族伟大复兴作为一切工作的中心和出发点。毛泽东一生都致力追求民族解放和人民幸福的伟大事业，虽然他没有明确地提出共同富裕是社会主义的根本原则和本质特征，但他的立场、主张、原则和行动无一不体现出为全体人民谋幸福、谋富裕的追求。毛泽东带领全国人民建立了新中国，实现了"站起来"的历史性飞跃；通过社会主义革命完成了社会主义制度的伟大变革，为共同富裕的实现奠定了坚实的制度基础。邓小平直接提出社会主义的根本原则有两个，即"一个是公有制，一个是共同富裕"[1]。他对社会主义原则的认识随着改革开放的进行而不断发展深化。从社会主义本质高度来研究、探讨共同富裕是他的一大突破，这一认识更加坚定了全国人民走中国特色社会主义道路、实现共同富裕的目标的信念。在南方谈话中邓小平更是以简短精练的语言创造性地提出了什么是社会主义的本质。邓小平对社会主义本质的深刻认识，从根本上来讲，其实是明确了生产力与共同富裕在社会主义社会中的地位，这种精炼的概括对人们正确认识和把握共同富裕理论的精髓有着重要的意义，起着关键性作用。江泽民也一再强调："实现共同富裕是社会主义的根本原则和本质特征，绝不能动摇"[2]，等等。新时代，习近平是这一思想的坚定继承者和发展者，他在讲话中多次强调坚持共同富裕就是社会主义，同时在对社会主要矛盾作出准确判断的基础上，作出新的战略部署和安排，这是新时代新的领导集体发展和践行党的共同富裕思想的现实体现。

① 邓小平. 邓小平文选（第三卷）[M]. 北京：人民出版社，1993：111.
② 江泽民. 江泽民文选（第一卷）[M]. 北京：人民出版社，2006：466.

共同富裕的实现不是一朝一夕的事情，而是一个长期性的目标和追求，实现共同富裕的过程实际上就是中国特色社会主义道路的实现过程。只有把共同富裕放在社会主义根本原则和本质特征的高度，才能在社会主义建设实践中始终如一的坚定走共同富裕道路，才能保证全国人民朝着中国特色社会主义道路的正确方向迈进。

（三）实现共同富裕必须坚持社会主义公有制的主体地位

处于并将长期处于社会主义初级阶段，仍是当前中国最基本的国情。在这一背景下，保证社会主义公有制经济的主体地位，是我国社会主义的性质和社会历史条件决定的；而要促进生产力的快速发展，推动社会主义现代化进程的脚步，支持和鼓励多种所有制经济的共同发展也是我国基本经济制度的重要内容。这两个方面中，坚持公有制的主体地位是前提和基础。邓小平指出："我们在改革中坚持了两条，一条是公有制经济始终占主体地位，一条是发展经济要走共同富裕的道路，始终避免两极分化。"[①]"只有坚持公有制经济的主体地位，从根本上克服资本主义生产方式中生产的社会化与生产资料资本主义私人占有制的基本矛盾，才能对整个社会生产进行合理有效的调控，防止两极分化，让发展成果更多更公平地惠及全体人民，实现共同富裕。需要强调的是，即便是在以公有制为基础的社会主义社会，共同富裕也不会自发、自动地实现，必须沿着正确道路积极加以推进。"[②]

在当前环境下，中国非公经济发展迅速，各种混合所有制经济形式日益增长。从生产力发展角度来看，这是有利于资本的积累和经济的发展，是快速实现人民富裕的有效途径。而公有制经济是国家宏观把握国内经济发展布局的依靠力量，是国家发挥"有形的手"的重要凭借。坚持公有制经济的主体地位，对于解决国内贫富差距、两极分化问题，具有无可替代的作用，是全体人民能共享发展成果，最终实现共同富裕的前提和基础。所以要想最终实现共同富裕目标，就必须始终保持社会主义公有制的主体

① 邓小平. 邓小平文选（第三卷）[M]. 北京：人民出版社，1993. 149.

② 于成文，王敏. 论共同富裕内涵及其实现路径新探 [J]. 中国矿业大学学报（社会科学版），2015（03）：11.

地位不动摇。

（四）走共同富裕道路和实现共同富裕目标是一个有机整体

通过对中国共产党历代领导人关于共同富裕的重要论述的探讨分析，不难看出，走共同富裕道路和实现共同富裕目标是相互依存的一个有机整体，这两者统一于中国特色社会主义理论之中。走共同富裕道路是作为一个社会主义国家不可避免的历史选择，是走中国特色社会主义道路的主要组成部分，是实现共同富裕目标的唯一方式；而共同富裕目标的实现又标志着中国特色社会主义实践的最终完成。走共同富裕道路的终极目标就是实现共同富裕，二者不可分割，所以在社会实践中必须始终坚持把两者统一起来。只有正确把握住这二者的逻辑关系，才能在实践的过程中更加矢志不渝地走中国特色社会主义道路，才能源源不断地创造出丰富的物质财富和精神财富，满足人民日渐增多的物质文化需求，才能真正实现改革发展成果由全体人民共享的目标。

第三章　共同富裕的时代内涵与现实意义

　　共同富裕是社会主义的本质要求，是中国式现代化的重要特征。党的十九届六中全会通过的《中共中央关于党的百年奋斗重大成就和历史经验的决议》强调指出："坚定不移走全体人民共同富裕道路，……"①中国共产党在百年历程中为推动实现社会共同富裕付出了巨大努力并取得骄人成就。党的十八大以来，习近平同志坚持以人民为中心，在新时代治国理政实践中开启了全面推进共同富裕的新探索。如何正确认识和实现共同富裕是习近平新时代中国特色社会主义思想的重要理论命题和实践命题。本章坚持以辩证唯物主义和历史唯物主义为指导，重点对共同富裕的时代内涵、基本特征和现实意义进行了探索性研究。

一、共同富裕的内涵与实质

（一）相关概念辨析

　　1. 关于贫穷和富裕、部分富裕和共同富裕的概念辨析

　　关于贫穷和富裕、部分富裕和共同富裕的概念辨析涉及谁是财富主体这一问题。我们不能把贫穷和富裕、部分富裕和共同富裕的主体仅仅理解为单个自然人。任何自然人、家庭、阶层、地区甚至国家，都可以是财富主体，都依赖一定量的财富才能维持生存、持续发展和享有幸福。基于此，笔者用"财富主体"这一概念来统称财富主体意义上的自然人、家庭、阶层、地区和国家。

　　作为财富主体，要持续生存下去、发展起来和享有幸福，其根本前提

---

① 中共中央关于党的百年奋斗重大成就和历史经验的决议 [M]. 北京：人民出版社，2021：66.

是占有、拥有和消耗一定数量和质量的物质和精神产品①。所谓占有，是指财富主体对既有财富的独占行为；所谓拥有，是指财富主体在财富占有行为基础上对财富权利的界定、约定和规定（没有财富占有，财富主体们就没必要拥有财富权利；反过来，没有财富权利，财富占有也就得不到权利保障）；所谓享用，是指财富主体们及其成员因为消费这些财富而获得的物质和精神上的满足。通过这些消费，使人们"有更多、更直接、更实在的获得感、幸福感、安全感"②，这也是中国特色社会主义的生产目的。

正因为此，不同财富主体，因为占有、拥有和享用的财富在数量和质量上的差异，区分为贫穷和富裕；整个社会，因为财富在不同主体之间的分布状况，区分为部分富裕和共同富裕。由此可见，无论是贫穷和富裕、部分富裕和共同富裕，都是指财富主体占有、拥有和享用可供自己消费的财富状态，因此，财富状态并不仅仅指财富创造的结果，而是指财富创造的行为、过程和结果三个方面。具体来说，所谓贫穷和富裕就是财富主体创造、占有、拥有和享用财富的多寡。从单个财富主体来看，财富主体创造、占有、拥有和享用的财富不能满足其基本生存需求，就是贫穷；如果刚能够满足自己的消费但没有剩余用于再生产（即投资，下同），就是温饱；不仅能够满足自己基本生存需求还绰绰有余可用来进行再生产，从而满足自己发展需求甚至享受需求，就是富裕。从整个社会财富分布来看，还存在着部分富裕和共同富裕两种情况，分别指全体成员中仅有部分人、部分地区实现了富裕和全体成员、全部地区都实现了富裕。如果一部分财富主体创造、占有、拥有、享用的财富不仅能够满足自己的消费而且还有余量可用来进行再生产，而另一部分财富主体创造、占有、拥有、享用的财富不能或者仅仅能满足自己的消费并且除了自己的劳动力再没有任何东西可用来进行再生产，这就是贫富差距。如果这种贫富差距极大，就是贫富两极分化。如果全体成员的财富都达到了能够满足自己的消费且绰绰有余可用来进行再生产，这就是共同富裕。

当然，共同，不是同时、同步、同等、平均，因此，共同富裕绝不是

---

① 物质和精神产品的总和，就价值形态来说，就是财富总量，因此，以下将用"财富"一词来特指物质和精神产品的总和。——笔者注

② 习近平. 在庆祝改革开放 40 周年大会上的讲话 [N]. 人民日报，2018-12-19.

同时富裕、同步富裕、同等富裕、平均富裕；共同富裕不是单单描述和追求结果上的财富状态，而是对财富创造行为、财富创造过程和财富创造成果的总体状态的描述和要求。共同富裕不是在财富成果上的劫富济贫，更不是归结为生产成果上的绝对同等富裕，而是全体成员通过自己的"勤劳＋创新"，你追我赶，共同竞争、共同竞赛、共同劳动、共同创新，进而共同创造财富过程中通过努力和奋斗迈向富裕和享有富裕的过程、行为和结果的总和。其重点，首先在于全体成员通过"勤劳＋创新"创造财富的共同行为、共同过程，其次才是财富的科学合理分配并且使之公平化、公正化而不是平均化，更不是"养懒汉"。总之，基于财富视角，全体成员的财富状态可以区分为部分富裕（但另一部分贫穷）和共同富裕两种情况。

无论是贫穷和富裕还是部分富裕和共同富裕，首先取决于财富的创造行为、创造过程，其次取决于财富被占有、拥有和享用即财富的分配。如果财富创造的总量严重不足，那么，即使最公平公正的财富分配，也不能够保证全体成员的富裕，只能是共同贫穷，最多是极少数人富裕；如果财富创造总量有所提高，那么，由于实行不公平不公正的分配，就会造成少数人富裕多数人贫穷，甚至两极分化；如果财富总量进一步提高，再加上实行相对公平和公正的分配，就可能出现多数人富裕少数人贫穷；当然，如果财富总量极大提高，能够满足全体成员的物质和精神需要、需求，再实行公平公正的财富分配，那么，就会实现全体成员的共同富裕。如何实现财富创造的持续增加、持续增长？又如何实现并保证财富分配的公平公正？马克思主义政治经济学原理告诉我们，要实现这两个方面，从根本上看，既需要全社会全部生产资料的全面动员和优化配置组合，更需要各项制度的完善，要同时实现这两个方面，就必须设计出效率最优的制度体系。

2. 关于贫穷和富裕、部分富裕和共同富裕的制度辨析

从制度层面上来讲，基于财富创造和财富分配的现实需要，共同富裕的制度保障应当包含财富创造制度、财富分配制度两个方面。

马克思主义认为，财富创造的实质就是生产力的解放和发展。在现代社会生产力解放和发展过程中，需要把体现整个社会财富的社会总产品分为公共产品和私有产品，这就必然使得财富制度分为公共产品和私有产品的创造及相关制度保障。

公共产品具有外部性、公益性和非独占的特征，而私有产品则具有内部性、私利性和独占性的特征。产品特征不同，意味着制度需求、制度设计、制度效率的不同。由于公共产品的上述特征，在价值形态上就难以实现公共产品生产结果的内部化、私有化和独占化，因此，必须设计和实施适应、适合公共产品外部性、公益性和非独占特征的财富创造和分配制度。由于私有产品的上述特征，在价值形态上很容易实现私有产品结果的内部化、私有化和独占化，因此，必须设计和实施适应、适合私有产品内部化、私有化和独占化特征的财富创造和分配制度。由于社会总产品＝公共产品总和＋私有产品总和，因此，社会总产品中公共产品的分布差异和公共产品与私有产品占比及其变化也对财富分配结果起着至关重要的功能和作用，而这一分布和占比也是由社会制度决定的。上述"生产关系的全部制度总和"就是财富的全部制度总和，两者是同一个制度，只不过是从不同角度的概括。

（1）社会总产品的财富创造和分配制度

就社会总产品的财富创造和分配制度来说，首先是关于生产资料归谁所有的制度，即所有制，其次是关于生产资料如何配置的制度，即经济运行制度，最后是生产成果如何分配的制度，即收入分配制度。由于财富创造既取决于不同所有者拥有的各种生产资料的数量和质量（这取决于所有制），也取决于这些生产资料是否、能否实现优化配置和优化组合（这取决于经济运行制度），更取决于生产资料所有者们是否、能否受到最大化的激励（这取决于收入分配制度），因此，私有产品的财富创造制度是由所有制、经济运行制度和收入分配制度共同构成的。其中，所有制决定了生产资料是否进入生产领域并且投入生产过程，因为这取决于所有者们是否愿意把自己的生产资料投入生产；经济运行制度决定了生产资料能否被最优配置和最优组合，因为这决定了生产和流通是否实现了效率最大化；由于生产成果即财富是由不同生产资料所有者共同创造的，因此，财富不能被单个生产资料所有者独家占有和拥有，必须在这些生产资料所有者之间进行经济领域内部的分配，从而使得收入初次分配制度成为激励生产资料所有者们进一步投资并且进行再生产的内在动力；在全部生产资料所有者进行财富分配的同时国家及其政府基于公共需求参与收入初次分配，从而使得收入初次分配制度能够保证国家及其政府创造公共产品和公共服务的资金需求。总之，社会总产品的财富制度总和＝财富创造制度总和＋财富分配制度总和。

再从整个社会视角来看，在整个社会的财富创造基础上形成了社会总产品。这些产品仅仅是在经济领域之内分配就公平公正吗？答案显然是否定的。因为经济领域并不是孤立的，而是整个社会的组成部分，因此，经济领域创造财富的正常进行需要整个社会各个领域的系统推进、协调运转，而社会其他领域的系统推进、协调运转同样需要资源、资金和资本，这些资源、资金和资本只能来自经济领域。由此出发，社会总产品既需要拿出一部分在经济领域内部分配，也需要留下剩余部分在公共部门和社会领域分配。因此，社会总产品的财富分配制度的设计理念可以从由小到大的三个层级来形成。第一层级是局限于经济领域内部，强调激励生产资料所有者进一步从事简单和扩大再生产以创造更多财富和保障政府通过征税获得用于公共产品投资的资源、资金和资本；第二层级是从国家安全、社会稳定和经济可持续发展考虑，强调有为政府通过财政支出以便创造全社会需要的公共产品并且保障整个社会全部经济和社会活动的持续开展；第三层级是从人文关怀、家国情怀着眼，强调每个社会成员（尤其是富人）的政治责任、社会责任、文化责任、生态文明责任，鼓励公益和慈善行为。

基于以上三个层级，社会总产品的财富分配制度就超越了社会总产品财富创造制度这个层级（即经济领域内部），而上升为涉及经济、社会、人文三个层级，形成三次分配制度，分别是：第一层级是由经济领域内部参与生产和销售的各种生产资料贡献率（即各生产要素的边际生产力）来决定的，确保全部生产要素贡献率的最大化和政府通过征税获得必要的财政收入。前者激励生产资料所有者们进一步进行简单和扩大再生产，以便创造更多、更好的社会财富；后者确保政府税收，以便保证、保障整个社会公共产品制造需求的资源、资金和资本供给。总体来说，当社会财富被创造出来后，首先在劳动者、生产资料所有者和政府之间进行分配，劳动者获得劳动报酬（即工资），生产资料所有者获得资本收益（即利润，在资本主义社会表现为剩余价值），政府获得税收，这就是初次分配。由此可见，初次分配制度是按照边际生产力和征税原则，对全部社会私有产品进行分配的制度。第二层级是初次分配制度基础上在社会领域基于公共产品创造和社会保障理念而设计的制度，是政府既依据财政支出创造社会公共产品的需要也对全体成员提供社会保障（尤其是对穷人的救济）的分配方式来实施的，建立公共产品投资制度，健全社会保障、转移支付等制度，从而形成第二次分配制度。第三层级是在第一、第二次分配制度基础上基于富人的家国情怀、道德力量、人文关怀和慈善公益而设计的制度，从而形成第三次分配制度。总之，社会总产品的财富分配制度总和＝基于边际生产力和征税原则的分配制度＋基于公共产品创造的政府财政支出制度＋基于社会公益和慈善的财富主体们捐赠制度的总和。

（2）私有产品和公共产品的创造和分配制度上的差异

就私有产品创造和分配的制度来说，由于私有产品的内部性、私益性和独占性特征，所以，如果通过市场机制能够激励供给者的积极性、主动性和创造性，就能够保障社会总私有产品最有效、最大化供给。为此，设置资本主义或者社会主义市场经济制度，打造有效市场，就能够保证、保障私有产品的持续而有效的供给。私有产品生产出来之后，基于私有产品的内部性、私益性和独占性特征而设置排他性的私有产权制度体系，确保这些私有产品由私人消费和享用。由此可见，私有产品创造和分配的基本制度只能是市场经济制度＋基于生产资料边际贡献的分配制度。

就公共产品创造和分配的制度来说，由于公共产品的外部性、公益性和非独占性特征，所以，如果通过市场机制来保障和促进社会公共产品的供给，就会导致微观生产和销售组织的得不偿失，从而抑制了供给者的积极性、主动性和创造性，进而导致公共产品进一步供给的萎缩，甚至出现断供。为此，只有创设政府公共产品供给制度，打造有为政府，由政府参与私有产品成果的初次分配（即征税），从而获得公共产品投资的资金、资本，再由政府通过财政支出方式把这些资金、资本用于公共产品的生产，这样才能保证、保障公共产品的持续而有效的供给。公共产品生产出来之后，基于公共产品的外部性、公益性和非独占性特征而设置非排他性的公共制度体系，确保这些公共产品由全体成员无须支付任何私人费用而消费和享用。由此可见，公共产品创造和分配的基本制度只能是公共财政制度和公共产品分享制度，而公共财政制度和公共产品分享制度的效率取决于政府是否有为，有为政府取决于国家治理体系和治理能力的现代化程度。总之，私有产品创造和分配的制度总和 = 所有制 + 市场经济制度 + 分配制度；公共产品创造和分配的制度总和 = 公共财政制度 + 国家治理体系制度。

（3）公共产品的分布和公共产品与私有产品占比的制度

在上述社会总产品、公共产品和私有产品的财富创造和分配制度既定基础上，就整个社会制度安排来说，不同的社会制度安排既可能导致社会总产品中公共产品在不同地区、不同阶层分布上的差异，也可能导致社会总产品中公共产品与私有产品占比上的差异。这两个差异进而会导致不同地区、不同阶层的成员在财富分享上的差异，从而造成贫富隐形差距甚至贫富隐形两极分化。这种贫富隐形差距、隐形两极分化与贫富显形差距、显形两极分化的总和，才是整个社会贫富差距、贫富两极分化的真实写照。而一般说来，人们只关注了不同地区、不同阶层的成员之间收入和财富的实际差距和两极分化，即私有产品分配、占有和享用上的差距和两极分化。这种流行看法是不全面的。

就公共产品在不同地区、不同阶层分布来看，城市与乡村、东部与中西部、不同阶层拥有不同比例、不同数量和不同质量的公共产品。总的来看，我国城市和东部地区拥有数量更多、质量更高的公共产品，这就使得生活在城市和东部地区的人们享用着数量更多、质量更高的公共产品，其实质是无形之中增加了城市和东部地区人们实际享用的财富总量；反之，因为乡村和中西部地区的公共产品数量较少、质量较差，就使得生活在乡村和中西部地区的人们享用着数量更少、质量更低的公共产品，其实质是无形之中减少了乡村和中西部地区人们实际享用的财富总量。这种地区间公共产品分布上的差异造成了城市与乡村、东部与中西部之间的财富隐形差距。此外，当前我国还仍然存在着阶层区分，不同阶层拥有不同比例、不同数量和不同质量的公共产品，而这同样也造成了阶层之间的财富隐形差距。

再就社会总产品中公共产品与私有产品占比差异来看，如果公共产品为零，则社会总产品 = 私有产品总和，那么，这个社会的贫穷和富裕、部分富裕和共同富裕状态就是由社会总私有产品在既定创造制度和既定分配制度下经济运行结果决定的；如果公共产品大于零而不等于全部社会总产品，则社会总产品 = 公共产品总和 + 私有产品总和，那么，这个社会的贫穷和富裕、部分富裕和共同富裕状态就是由社会总产品中的公共产品在不同地区不同阶层分布的差异、社会总私有产品的分配制度和社会总产品中公共产品与私有产品占比差异决定的；如果私有产品为零，则社会总产品=社会公共产品总和，那么，这个社会的贫穷和富裕、部分富裕和共同富裕状态就是由既定公共产品创造和分配制度下在不同地区不同阶层分布的差异决定的。由于任何现代社会的总产品中都存在一定比例的公共产品和私有产品，因此，整个社会的财富创造和分配制度的第一层级是确保社会总产品中私有产品与公共产品占比的适度、适合和适中，从而能够根据社会经济发展需要进行适当、适度、适时的调节、调整和优化，既逐步减缓财富显形差距也逐步减缓财富隐形差距，从而就有可能达到更高水平、更高质量的共同富裕。总之，决定社会财富隐形差距的制度等于公共产品的分布和公共产品与私有产品占比的制度总和。两者的比例决定了社会总财富中公共产品和私有产品的创造和分配比例，进而决定了不同空间、不同阶层中人们对实际财富（显形财富＋隐形财富）的占有、拥有和享用。对这两者的比例关系的制度调整取决于社会制度的性质，其中，只有社会主义才能够按照共同富裕理念来有效、有为地调整这两者的比例关系。

总结以上的制度辨析，我们可以把社会总产品的财富创造和分配制度概括为：社会总产品的财富创造和分配制度＝创造制度（所有制＋经济运行制度＋收入分配制度的总和）＋分配制度（私有产品创造和分配的制度总和＋公共产品创造和分配的制度总和）及其占比制度（而占比制度由社会性质及其社会制度决定）。

3. 共同富裕与社会主义关系的辨析

综观人类历史，社会形态不同，富裕状态就不同。自从阶级社会形成以来，奴隶社会、封建社会和资本主义社会条件下都是"部分人富裕＋部分人贫穷"的财富制度，其中，大多数情况是"少数人富裕＋多数人贫穷"，甚至不可避免地出现贫富两极分化。不仅如此，这些社会形态下少有政府自觉地把共同富裕作为价值诉求和目标追求，这就使得贫富差距乃至分化现象持续存在，两极分化趋势愈演愈烈。

马克思主义诞生以来，首次提出实现全人类解放的伟大历史使命，并把共同富裕作为实现人的全面而自由发展的必然路径选择。由此，共同富裕就与社会主义紧密地联系起来，成为马克思主义者们追求的共同目标。

马克思主义语境中的共同富裕是消除贫穷和两极分化基础之上的全体人民共同富裕。这就意味着，共同富裕不能仅仅从收入、财富分配以及消费的角度来考察，还需要从财富创造行为和过程来考察，更需要从社会主义国家及其政府的职能和治国理政来考察。共同富裕的实质是全体人民在马克思主义政党及其政府领导组织下共同创造和分配财富的行为、过程和结果。

在世界各国的社会经济发展过程中，由于现实生产力发展水平存在较大差异，但不管哪种社会形态下，贫富差距乃至两极分化的现象仍然普遍存在。只有中国共产党领导下的中国特色社会主义道路，才确定了将共同富裕作为全党全国人民的奋斗目标；只有在开启全面建设社会主义现代化国家新征程中，在中国共产党领导下共同富裕的道路和实践才越走越宽阔，共同富裕制度的建构才越发完善。因此，人类历史上并不存在共同富裕的普遍规律、道路、实践和制度，只存在中国特色社会主义条件下独有的规律、道路、实践和制度，共同富裕与社会主义之间是相互依存、相互印证、你中有我、我中有你的辩证统一关系。为此，邓小平早就做了深刻阐述："社会主义的特点不是穷，而是富，但这种富是人民共同富裕。"①"我们坚持走社会主义道路，根本目标是实现共同富裕，然而平均发展是不可能的。过去搞平均主义，吃'大锅饭'，实际上是共同落后，共同贫穷，我们就是吃了这个亏。"②"社会主义的本质，是解放生产力，发展生产力，消灭剥削，消除两极分化，最终达到共同富裕。"③

总体来看，共同富裕并不是自古以来所有国家、所有政府的施政纲领和奋斗目标，而是马克思主义理论逻辑演进的必然结论和奋斗目标。党领导的中国特色共同富裕的伟大实践是向着中国共产党百年奋斗的阶段性目标以及中国特色社会主义实践的阶段性目标作出的现实努力和积极探索。新时代中国特色社会主义建设在全面完成脱贫攻坚伟大任务和全面建成小康社会基础上，开启了全面建设社会主义现代化国家新征程，这一新征程就是中国特色共同富裕的新征程。共同富裕与社会主义之间是辩证统一关系，中国特色共同富裕与中国特色社会主义之间同样是辩证统一关系。

① 邓小平. 邓小平文选（第三卷）[M]. 北京：人民出版社，1993：265.

② 邓小平. 邓小平文选（第三卷）[M]. 北京：人民出版社，1993：155.

③ 邓小平. 邓小平文选（第三卷）[M]. 北京：人民出版社，1993：373.

（二）共同富裕的内涵与实质

1. 共同富裕的内涵

（1）共同富裕首先是人类自由、全面发展的物质根基

"共产主义对我们来说不是应当确立的状况，不是现实应当与之相适应的理想。我们所称为共产主义的是那种消灭现存状况的现实的运动。"①这种现实的运动揭示了社会发展的客观规律和人的自由、全面发展的现实道路。人的自由全面发展主要指每个人摆脱和超越各种外在的和内在的限制和束缚，在关系、素质、能力、活动与个性等方面所获得的协调发展的过程和境界。②人的发展不仅是反照社会历史活动的明镜，也是社会发展程度的评价尺度。然而，在私有制为基础的阶级社会中，人的发展与社会进步并不同步，只有那些掌握和控制生产资料，在生产关系中拥有绝对支配权的少数群体才能自由、全面地实现发展其能力、个性的愿望，那些失去生存和发展条件支配权的多数群体则丧失了其全面自由发展的权利。这一境况，并不因生产力的发达和物质资料的丰富而发生本质改变。资本主义固有的基本矛盾是其难以跨越的障碍，这也导致其只能在周而复始的资本噩梦中残喘，永远将多数社会个体置于物的奴役之中，个人能力、个性的自由全面发展被碾压于资本主义体制之中。

因此，把生产力从资本主义生产关系的桎梏下解放出来，则是生产力得以持续加速发展的先决条件，也是人类全面实现共同富裕的先决物质基础。正如马克思、恩格斯在《共产党宣言》中所言："让统治阶级在共产主义革命面前发抖吧。无产者在这个革命中失去的只是锁链。他们获得的将是整个世界。"③被无产阶级从资本主义胎体中解放出来的生产力，将不再是"魔鬼"和"灾难"，而真正成为人类解放和自由全面发展的物质根基。社会化大生产同生产资料社会化的高度融合，将会创造出包括资本主义在

---

① 中共中央马克思恩格斯列宁斯大林著作编译局编译. 马克思恩格斯选集（第一卷）[M]. 北京：人民出版社，2012：166.

② 靳辉明，李崇富. 马克思主义若干重大问题研究 [M]. 北京：社会科学文献出版社，2010：538-539.

③ 中共中央马克思恩格斯列宁斯大林著作编译局编译. 马克思恩格斯选集（第一卷）[M]. 北京：人民出版社，2012：435.

内的一切社会形态所无法创造出的生产力，物质财富将极大丰富、富裕。这种富裕不同于资本主义私有制基础上的少数人的富裕，而是在生产资料社会化基础上的共同富裕。在消灭资本私有制、消灭剥削、共同享有富裕物质财富的基础上，才能真正实现人类能力与个性的自由全面发展，才能从根本上改变个体社会关系，从而实现由"必然王国"向"自由王国"的飞跃。但这一历史性的飞跃注定不是一蹴而就的，马克思、恩格斯视其为人类解放的运动，并要经历一个漫长的历史过程。

（2）共同富裕是生产力和生产关系高度和谐统一的结果

资本主义的本质是利润的追逐及资本家个人财富的无限积聚。在资本主义体制下实现共同富裕只能是南辕北辙，无论在现实层面还是在理论层面，资本主义带来的永远是披着温情外衣的"赤裸裸的剥削"，它的终极导向必然为贫富的两极分化，而这也正是推动资本主义向社会主义变革的否定力量。资本主义国家采取的宏观和微观的缓和调整措施，只能在一定程度上缓解资本主义的矛盾，却无法从根本上扭转资本主义私有制最终向社会主义公有制转变的人类历史发展趋势。马克思的唯物史观所揭示出的资本主义生产力和生产关系的矛盾运动，必然成为推动人类社会向前发展的根本动力。人类社会正是在"肯定—否定—否定之否定"的斗争过程中实现生产力和生产关系的和谐发展。共同富裕首先是个经济问题，作为人类美好的社会理想，这一目标的实现必须依赖于生产力的高度发达，社会创造出能满足人类对美好生活向往所需要的物质生产资料。马克思设想的共产主义固然是对资本主义种种沉疴痼疾的纠偏，但它必然地诞生于资本主义生产力高度发达的物质基础之上，当资本主义基本矛盾彻底尖锐爆发，共产主义作为一种新的、适应生产力发展的生产关系从旧胎体中应运而生。这种新的生产关系与生产力在新的基础上达到相对均衡的发展状态，社会经济基础也随之发生深刻变革。生产资料重新回归社会，服务于全体社会成员，社会个体真正摆脱被奴役、受压迫的异化状态。人类生产的目的不再是为满足生存之需要，而是为能力发展及自由个性实现之需要。这一目标的实现过程包含两个主要的阶段：作为初级阶段的共产主义和作为高级阶段的共产主义。初级阶段的共产主义是共同富裕实现的长期的、必要的过渡性准备阶段。现实社会主义必须在初级阶段进一步解放和发展生产力，为高级阶段的财富的极大丰富创造物质条件。同时，改造从旧的社会形态中脱胎的新生产关系，摒除旧社会的痕迹。"在共产主义社会高级阶段，在迫使个人奴隶般地服从分工的情形已经消失，从而脑力劳动和体力劳动的对立也随之消失之后；……在随着个人的全面发展，他们的生产力也增长起来，而集体财富的一切源泉都充分涌流之后，——只有在那个时候，才能完全超出资产阶级权利的狭隘境界，社会才能在自己的旗帜上写上：各尽所能，按需分配！"①

（3）共同富裕是在消灭私有制、消灭剥削基础上的最优分配状态

在马克思科学社会主义的理论视域中，共同富裕不仅是生产力问题，在某种程度上，更凸显为生产关系问题。它涉及社会财富如何涌流、社会关系何以平等以及社会产品如何分配等等，所以问题的根源归结为一点：生产资料归谁所有。私有制社会形态下，生产资料归少数个体私人所有，正是凭借对生产资料的私人所有权实现了对其他社会群体的剥削，更凭借私有制堂而皇之地享有社会产品分配的绝对主动权与控制权。私有制正是出现剥削及财富占有两极分化的制度基础，消灭剥削必然以消灭私有制为基础和前提。在社会成员摆脱物的依赖，实现平等、自由的条件下，商品转化为社会产品，对社会产品的分配将由共产主义初级阶段的按劳分配逐步发展为按需分配。在现实情况下，消灭私有制、消灭剥削并非极端地一蹴而就，而是在立足国情、坚持社会主义公有制占主导地位的基础上，逐步消灭剥削和消除两极分化的过程。社会主义的实践证明，很多社会主义国家在建立之初采取的单一公有制形式和高度集权的计划经济体制，非但未能促进生产力的发展，反而损害了社会主义优越性的发挥。因而，对共同富裕的追求正如共产主义的实现一样，作为人类为之奋斗的终极目标，具有历史性和阶段性。这一目标的最终实现，是在科学社会主义指导下人民追求自身解放运动，在不断改造现实生产关系和提升生产力的过程中历史性积累的结果。

（4）共同富裕的终极指向：人的自由全面发展

共同富裕问题不仅仅是经济问题、政治问题，归根到底为人的发展问题。

---

① 中共中央马克思恩格斯列宁斯大林著作编译局编译. 马克思恩格斯全集（第二十五卷）[M]. 北京：人民出版社，2001：20.

人类进行物质生产活动的终极目的正是生存和满足生存后的自由全面发展。生产资料私人占有，尤其是资本主义商品经济的发达，异化了人类作为自由体的基本权利，使人类个体沦为物化的"活商品"。历史的发展是自然的过程，每一个发展阶段都有其存在的必然性，但在其存在的肯定性之中也蕴含着消亡的否定性。这一消亡的过程正是在旧形态中孕育着新生形态的否定之否定的发展过程，这一过程深刻体现了马克思"两个必然""两个决不会"的科学论断。

共同富裕将人的自由全面发展视为其终极指向的科学性，体现于其建立在生产力和生产关系和谐统一的基础上。一方面，"生产力本身以日益增长的威力要求消除这种矛盾，要求摆脱它作为资本的那种属性，要求在事实上承认它作为社会生产力的那种属性"①；另一方面，马克思所主张的共同富裕是消灭私有制、消灭剥削后的生产力和生产关系的反映。它不仅充分满足了人的物质需求，而且使人摆脱、超越各种外在和内在的限制束缚，从而在关系、素质、能力、个性等方面达到协调发展的境界。

2. 共同富裕的实质

（1）共同富裕的实质表现在生产关系上首先是经济地位的平等

因生产资料占有的差别所造成的人们在经济地位上的差别，是产生社会各方面权利不公的根本原因。剩余价值所揭开的正是资本主义平等面纱下掩盖的一部分人对另一部分人的剥削和经济地位上的不平等。人类在从事物质生产活动时，如果社会关系上的区别仅仅是社会分工的不同，而非一部分人借助对生产资料的占有，在生产过程中攫取他人的剩余劳动，且以劳动力工资的形式掩盖实质的剥削和不平等，那么，经济地位上的不平等也会随之消失，其所直接辐射的政治、文化、社会领域的不平等也会因此而消除。因此，共同富裕所追求的平等，首先应是消灭剥削，实现经济地位的平等。

（2）共同富裕本质上是物质富裕和精神富裕内在的和谐统一

人类除了基本生存需求之外还追求更高层次的精神需求。这种需求除了信仰、文化、艺术、哲学，还体现为人对自由和解放的向往与追求。物

---

① 中共中央马克思恩格斯列宁斯大林著作编译局编译. 马克思恩格斯选集（第三卷）[M]. 北京：人民出版社，2012：808.

质富裕和精神富裕的内在和谐统一是人类在探寻人的终极本质时，所提出的最高目标，也是照亮未来世界人类发展道路的明灯。无论是"人性本善"或"人性本恶"都不能从根本上改变人类发展进步的演进历程。全人类的自由和解放，而不是一部分人的自由，正是人类社会向前发展的目标、动力。仅以维护一部分人的利益为目标的社会制度势必与人类社会内在发展规律相悖，其必然为符合人类社会内在规律的社会制度取代，而这种新的社会制度必然以追求物质和精神的双重富裕及内在和谐统一为自身的目标和使命。

（3）共同富裕是历史性的追求

马克思对共同富裕的设想和追求，具有明确的阶段性特征。作为共产主义社会第一阶段即社会主义社会的共同富裕，建立在生产资料社会所有制基础之上，是通过按劳分配实现的消费品平等占有状态，而共产主义社会高级阶段的共同富裕则是建立在生产资料社会所有制基础之上，通过按需分配实现个人的自由发展。

共同富裕的历史性和阶段性，取决于社会生产力的发展程度及因此形成的分配方式，也取决于共产主义不同发展阶段的社会文化发展程度。在马克思看来，在共产主义的第一阶段，由按劳分配实现的共同富裕仍然是不平等的。因原生环境和先天生理条件造成的不平等，使得按劳分配对个体的劳动者来说不具备起点的公平性，过程的公平并不能完全实现结果的公平。因此，只有在共产主义社会的高级阶段，共同富裕才是在生产资料社会所有制和生产力高度发达的基础上，通过按需分配实现的一切人的自由发展。

二、共同富裕的时代内涵与现实意义

（一）共同富裕的时代内涵

党的十八大以来，习近平多次对新时代共同富裕的基本规定性进行论述，深刻阐明了"什么是共同富裕"，这充分体现了中国共产党的人民利益观，丰富和发展了 21 世纪马克思主义共同富裕思想。正确理解和把握新时代共同富裕的内涵，有助于在前进路上更好坚持共同富裕的价值追求，科学应对共同富裕面临的现实挑战。

1. 共同富裕是全体人民的富裕

人民是中国共产党奋斗的逻辑起点和价值归宿。社会主义制度优越性在分配领域就体现为全民共享。在不同历史时期，中国共产党始终把为全体人民谋幸福作为工作的出发点和落脚点，注重将人民在个体层面的富裕和国家总体层面的富裕辩证结合起来。在新民主主义革命时期，李大钊就提出社会主义是"人人均能享受平均的供给"①的观点。党的一大也提出了发展社会所有制的主张。中国共产党领导人民开展土地革命，实现"耕者有其田"，满足占社会绝大多数的农民对土地的基本需求；以此为基础极大地团结了同盟者，在革命根据地实现了在保障战争供给的同时极大地改善了百姓生活水平。在社会主义革命和建设时期，毛泽东带领全党在新中国大力推动"一化三改"运动，提出"四个现代化"目标，为全民共同富裕的实现奠定了政治、经济和制度基础，并强调"这个富，是共同的富，这个强，是共同的强，大家都有份"②。在改革开放和社会主义现代化建设时期，邓小平提出先富带动后富、实现共同富裕的思想，强调"走社会主义道路，就是要逐步实现共同富裕"③。以建设小康社会来让全体人民从改革开放中获益。江泽民提出"三个代表"重要思想，强调党的方针政策应当"正确反映和兼顾不同方面群众的利益，使全体人民朝着共同富裕的方向稳步前进"④，并顺利解决了2亿多贫困人口的温饱问题。胡锦涛把"以人为本"作为共同富裕的重要价值原则，提出"使全体人民共享改革发展成果"⑤，以科学发展观来促进全体人民自由全面发展。进入新时代，习近平将全体人民共同富裕作为现代化建设的基本目标之一，强调"我们说的共同富裕是全体人民共同富裕"⑥，"共同富裕路上，一个也不能掉队"⑦。

① 李大钊文集（下）[M]. 北京：人民出版社，1984：375.

② 中共中央文献研究室编. 毛泽东文集（第六卷）[M]. 北京：人民出版社，1999：495.

③ 邓小平. 邓小平文选（第三卷）[M]. 北京：人民出版社，1993：373.

④ 江泽民. 江泽民文选（第三卷）[M]. 北京：人民出版社，2006：540.

⑤ 胡锦涛. 胡锦涛文选（第二卷）[M]. 北京：人民出版社，2016：291.

⑥ 习近平. 习近平谈治国理政（第四卷）[M]. 北京：外文出版社，2022：142.

⑦ 中共中央党史和文献研究院编. 习近平扶贫论述摘编[M]. 北京：中央文献出版社，2018：23.

由此可见，在中国共产党领导下推动共同富裕始终是以全体人民为主体的共同富裕，而绝不是社会某些特殊阶层或者少数人的富裕。所谓共同富裕是全体人民的富裕，强调的是在不断做大发展"蛋糕"的同时，要通过有效的制度安排让全体人民都参与到分"蛋糕"之中。中国在全面建成惠及14多亿人口的小康社会后，已经将发展目标转向了如何实现全体人民的共同富裕。

2. 共同富裕是全面的富裕

共同富裕首先是物质财富的富裕，但人民物质生活获得极大改善提高仅仅是富裕的一个方面。马克思、恩格斯在预想未来社会时指出："人人也都将同等地、愈益丰富地得到生活资料、享受资料、发展和表现一切体力和智力所需的资料。"① 共同富裕是以人为主体，"人的全面发展水平是衡量共同富裕成败的核心指标和根本标志"②。所以共同富裕还必须从物质层面拓展到精神、环境、社会和公共服务等层面，实现人的全面提高、全面富裕，精神生活共同富足就成为新时代人民美好生活的重要内涵之一。精神生活的富足并不能够从物质富裕中自动产生，这一点从近年来国内出现的道德滑坡、价值感缺失等现象中可以得到证实。这就需要我们抓好新时代舆论宣传、文艺创作等工作，以社会主义核心价值观来引领精神文化建设，为人民群众提供更加丰富多样的精神文化产品和服务，积极构建新时代精神家园。此外，共同富裕还意味着社会不同主体间在政治上的平等关系，即"所有受政府公共政策影响的公民在政府公共政策的制定、执行、评估中享有平等的机会，具有大致相同的影响力"③。经济基础和上层建筑的辩证关系决定了政治和经济之间存在共生和互动关系。解决不平衡不充分的发展矛盾不仅要依托经济的高质量发展，同时还要求发展中国特色社会主义政治，让人民能够平等享有政治权利，建立完善的社会主义协商民主体系，建构和发展全过程人民民主，把人民当家作主的原则真正落实到

---

① 中共中央马克思恩格斯列宁斯大林著作编译局编译. 马克思恩格斯选集（第一卷）[M]. 北京：人民出版社，2012：326.
② 袁银传，高君. 习近平关于共同富裕重要论述的历史背景、科学内涵和时代价值[J]. 思想理论教育，2021（11）：36.
③ 殷冬水. 政治平等：神话还是现实——政治平等的内在逻辑与实现路径的规范分析[J]. 江海学刊，2015（02）：108.

治国理政的具体实践中，找到实现人民政治诉求的最大公约数。另外，人民对美好生态需求的满足、对公共产品服务供给平衡的期盼等也同样是共同富裕的重要内涵。因而，把共同富裕理解为任何某一方面的富裕，都是片面的、狭隘的。

3. 共同富裕是全民共建的富裕

共建就意味着主体多元，如果共同富裕只有单一主体，那么就谈不上共建。具体来看，共建的主体范围应当包括政府、市场、社会组织和公民四个主体，缺一不可。从共建的运作机制来看，四个主体在实现共同富裕的全过程中有着明确的角色定位和权责分工，不同主体会通过互动协作来提升富裕水平。政府要在推动共同富裕中发挥主导作用，提供制度支撑、输出公共政策、创建法治环境，依法规范权力部门运行，坚持全面深化改革，不断激活市场、社会组织和公民的活力，为共同富裕创造更大空间和更好环境。市场要调动配置各类生产要素来创造更多社会财富，引导各类主体合法追求利益，积极承担责任，同时要为不同主体参与财富创造提供资金和技术支持。社会组织要积极弘扬正确价值理念，为公众提供与政府部门协商对话的平台渠道，调动社会富裕群体参与慈善活动的积极性，适时组织开展各类捐赠救助活动，进一步推动财富在社会成员中合理流动。但仅仅依靠政府的调控、市场的作用或者社会组织的慈善救助等是不可能实现共同富裕的，每个公民必须要通过劳动创造来达到共同富裕。人民群众创造历史的原理同样适用于共同富裕。"人民群众依靠自己的力量实现自己的共同富裕，这是天经地义的，也是社会发展的客观规律。"① 共同富裕的实践主体和力量源泉是全体人民，美好社会的达成需要全体人民共同参与与奋斗。"共建"的关键就在于参与，社会主义共同富裕绝对不是一部分人通过劳动去创造财富，而另一部分人则只负责享受，每一个人都是共同富裕的参与者和推动者。政府、市场、社会组织和公民四个主体共同构成了新时代推动共同富裕的重要力量，只有所有主体都参与到共同富裕建设中来，才能够不断提高全民共享的质量。

---

① 吴文新，程恩富. 新时代的共同富裕：实现的前提与四维逻辑[J]. 上海经济研究，2021（11）：6.

4. 共同富裕是实事求是的富裕

"共同"并不等于"同时"或者"同等"，而是历史的、具体的。首先，共同富裕是有个体差别的。中国的共同富裕不是搞"等富贵、均贫富"或者"大锅饭"，而是通过有效的政策制度来逐步缩小社会各阶层和家庭之间的财富占有和收入差距。不同社会成员的劳动能力、质量和绩效的差别是客观存在的，实行社会主义按劳分配制度，是允许个体收入存在合理差距的。同时由于国内不同区域在自然资源、交通设施、产业分布等方面的差异，会使共同富裕的起点和发展程度也不尽相同。当然，这种富裕上的差别会随着社会主义的发展而逐渐缩小并最终消亡。其次，共同富裕是有先后顺序的。从中国现实国情出发，由于部分社会成员存在胆识魄力、知识技能等优势，有可能率先创造和收获更多财富，并在政策允许的范围内依法先富起来。"共同富裕具有逐步实现的特征，特别是在中国经济社会现实发展中，在逐步实现共同富裕中，要有步骤也要有重点。"①先富带动后富模式是中国共产党在执政中探索出的促进共同富裕的一条科学路径，未来应继续鼓励社会部分群体依靠知识和劳动依法先富起来，先富群体利用资源的辐射效应带动帮助后富群体，后富群体通过创造新的生产要素和资源来回馈先富群体。最后，共同富裕是逐步实现的。共同富裕的目标随着实践的发展而不断演进，因而共同富裕不是一蹴而就的，不可能仅仅在一个五年规划内就能够实现。党中央将促进共同富裕纳入"十四五"规划和2035年远景目标中，体现了对共同富裕长期性、艰巨性的充分估计。党中央对推进共同富裕的安排与党的十九大"两步走"的战略安排是相匹配的，共同富裕要在"第一个阶段"取得明显的实质性进展，人均收入要达到中等发达国家水平，并在"第二个阶段"基本实现共同富裕。我们必须充分认清实现共同富裕的循序渐进性，坚持稳中求进，一步一个脚印来推动共同富裕目标的实现。

（二）共同富裕的现实意义

新时代，我国正处在新的历史方位，国内国际环境都发生了巨大的变化。但是中国共产党自成立以来就确定的实现共同富裕的目标任务始终没有变，

---

① 顾海良. 共同富裕是社会主义的本质要求 [J]. 红旗文稿，2021（20）：8.

这是社会主义的本质要求和中国共产党人的初心和使命，任何时候任何条件下都不能动摇。以习近平同志为核心的党中央在继承马克思主义共同富裕思想的基础上守正创新，坚定地践行并推动着我国共同富裕的实践走向深入，这对新时代中国特色社会主义建设和实现中华民族伟大复兴中国梦具有巨大的理论意义和现实价值。

1. 社会主义的本质要求

社会主义的产生是对资本主义的积极扬弃：它既吸收了资本主义所创造的高度发达的生产力和社会化大生产的积极因素，也抛弃了资本主义两极分化的不合理因素。资本主义的基本矛盾是生产社会化与资本主义生产资料私有制之间的矛盾，这个矛盾表现在财富的占有上就是少数资产阶级占有大量财富，广大无产阶级占有少量财富。"第一种人积累财富，而第二种人最后除了自己的皮以外没有可出卖的东西。大多数人的贫穷和少数人的富有就是从这种原罪开始的；前者无论怎样劳动，除了自己本身以外仍然没有可出卖的东西，而后者虽然早就不再劳动，但他们的财富却不断增加。"[①]资本主义制度自身的局限性使得贫富的巨大差距不可避免，人的物质、精神活动本身及其产物变成一种外在的异己力量，转过来反对、支配和统治人本身。作为更高社会形态的社会主义，对资本主义的这种弊端进行了扬弃。"社会主义的本质，是解放生产力，发展生产力，消灭剥削，消除两极分化，最终达到共同富裕。"[②]共同富裕之所以成为社会主义的本质要求，是由以下几个因素决定的。

第一，共同富裕体现了比资本主义更高的生产力发展速度。实现共同富裕，需要有坚实的物质基础。在剥削社会里，特别是在资本主义社会里，生产力的发展是从维护统治阶级的利益出发的。在社会主义社会，解放和发展生产力，是为了创造共同富裕的物质条件。虽然中国特色社会主义是在没有经过资本主义充分发展的条件下建立起来的，还处于社会主义初级阶段，但对共同富裕的追求，要求中国特色社会主义要比资本主义有更高的劳动生产率，更能促进生产力的发展。"社会主义同资本主义比较，它

① 中共中央马克思恩格斯列宁斯大林著作编译局编译. 马克思恩格斯选集（第二卷）[M]. 北京：人民出版社，2012：291.

② 邓小平. 邓小平文选（第三卷）[M]. 北京：人民出版社，1993：373.

的优越性就在于能做到全国一盘棋，集中力量，保证重点。"①共同富裕所体现的社会主义优越性，就是劳动生产率的提高。"所以社会主义阶段的最根本任务就是发展生产力，社会主义的优越性归根到底要体现在它的生产力比资本主义发展得更快一些、更高一些"②。

第二，共同富裕有效避免了两极分化。社会主义的优越性就在于共同富裕，少数人富裕、多数人贫穷不是社会主义。我国"现在还处于落后状态，如果走资本主义道路，可能在某些局部地区少数人更快地富起来，形成一个新的资产阶级，产生一批百万富翁，但顶多也不会达到人口的百分之一，而大量的人仍然摆脱不了贫穷，甚至连温饱问题都不可能解决。只有社会主义制度才能从根本上解决摆脱贫穷的问题"③。实现共同富裕，这是社会主义最大的优越性，它既是社会主义的核心价值所在，也是社会主义的本质所在。

第三，共同富裕符合社会主义的政治发展和意识形态。发展社会主义民主政治，最根本的是要把坚持党的领导、人民当家作主和依法治国有机统一起来。全心全意为人民服务是我们党的根本宗旨，共产党领导意味着不是为少数人谋利益，而是让全体人民都过上美好、充裕的生活。人民当家作主意味着不允许少数人无偿占有广大人民群众创造的财富，不允许社会物质财富仅仅为少数人服务，而必须用于不断满足广大人民群众的物质需要，用于全体人民群众共同致富。以马克思主义为指导的社会主义的意识形态，包括共产主义理想、集体主义的道德规范、精神文明建设等等，都要求并且促进着实现共同富裕。

第四，共同富裕为真正实现人类公平奠定了基础。公平是一个历史的范畴。资产阶级的公平是对旧的封建经济政治的冲击，它将人从天然尊长的形形色色的封建羁绊中解放出来，以一个独立、平等的身份参与市场交换。资本主义的公平观，是以往的奴隶社会、封建社会所无法比拟的。然而，由于经济地位的不同，资本主义公平不可能真正实现。"富有和贫穷的对立并没有化为普遍的幸福，反而由于沟通这种对立的行会特权和其他特权

---

① 邓小平. 邓小平文选（第三卷）[M]. 北京：人民出版社，1993：16-17.

② 邓小平. 邓小平文选（第三卷）[M]. 北京：人民出版社，1993：63.

③ 邓小平. 邓小平文选（第三卷）[M]. 北京：人民出版社，1993：207-208.

的废除，由于缓和这种对立的教会慈善设施的取消而更加尖锐化了；现在已经实现的摆脱封建桎梏的'财产自由'，对小资产者和小农说来，就是把他们的被大资本和大地产的强大竞争所压垮的小财产出卖给这些大财主的自由，于是这种'自由'对小资产者和小农说来就变成了失去财产的自由；工业在资本主义基础上的迅速发展，使劳动群众的贫穷和困苦成了社会的生存条件。"①社会公平只有通过消灭经济上的不平等,在共同富裕的条件下,才能真正达到。只有在这个前提下，每个人才能真正得到自由全面的发展，整个社会才能在公平的氛围中得以良好运转。

2. 共产党人的初心和使命

共同富裕是社会主义的本质要求，也是中国共产党人的初心和使命的具体体现。面对近代饱受屈辱的中华民族，尽管农民阶级、地主阶级、新兴资产阶级的无数爱国志士为实现民族复兴而尽洒热血，但最终都由于自身的根本局限性以失败告终。中国共产党自成立伊始，就明确了以马克思主义为指导，以实现共产主义为最高目标，担负起了中华民族伟大复兴的历史使命。经过 28 年浴血奋战，彻底终结了民族屈辱史，建立了新中国，中国人民从此站了起来。又经过社会主义改造，确立了社会主义基本制度，为实现共同富裕奠定了根本政治前提和制度保证。党的十一届三中全会后，结合当时的国际环境和我国的具体实际，我国进行改革开放，确立了社会主义市场经济体制，中国人民在党的领导下完成了从站起来到富起来的历史性飞跃。党的十八大以来，以习近平同志为核心的党中央怀着中国共产党人的强烈使命感和责任感，不忘初心，牢记使命，将共同富裕与满足人民对美好生活向往的目标紧密联系，将其放在新时代中国特色社会主义发展目标的层面上考量和推进。从习近平在 2016 年"七一讲话"中向中国共产党人提出"不忘初心、继续前进"②的深切希望，到党的十九大报告中提出的"中国共产党人的初心和使命，就是为中国人民谋幸福，为中华民族

① 中共中央马克思恩格斯列宁斯大林著作编译局编译. 马克思恩格斯选集（第三卷）. 北京：人民出版社，1995：722-723.

② 习近平. 习近平谈治国理政（第二卷）[M]. 北京：外文出版社，2017：32.

谋复兴"①，不断激励广大党员继续践行初心和使命，切实推动新时代我国社会主义建设的目标向共同富裕迈进。在践行初心和使命的过程中，我们可以看到，不管时代如何变迁，人民群众始终是中国共产党人的出发点和落脚点，人民至上始终是党的最高原则和立场。在中国共产党的领导下，实现共同富裕已经成为全体社会成员的共识。

3. 夯实中国共产党长期执政的基础

基础不牢，地动山摇。我们党的血脉在人民、力量也在人民。习近平强调："中国共产党在中国执政就是要为民造福，而只有做到为民造福，我们党的执政基础才能坚如磐石。"② 推进共同富裕，实施精准扶贫，决胜脱贫攻坚，说到底就是要让人民安心、让人民有信心。只有心系百姓，知其安危冷暖，帮其困难所需，为其担当使命，中国共产党的执政地位才能在风云变幻的时代禁得起任何风浪的考验，执政基础才能坚不可摧。中国扶贫事业的伟大成就正是在党的坚强领导下，积极发挥广大人民群众的主体作用所取得的，是党领导全国各族人民创造的又一个崭新的历史奇迹。党的十八大以来，中国共产党人的足迹踏遍了全国贫困地区，努力做好人民的勤务员，全面小康路上的张张灿烂笑脸，正是源自中国共产党人初心如磐、奋进致远的为民情怀，源自中国共产党领导下的脱贫攻坚迸发出的耀眼光芒，更源自以人民性为鲜明特质的一系列制度和政策安排。新时代中国共产党推进共同富裕的历程，始终践行"来自人民、植根人民、服务人民"③ 的使命担当，更加坚定了全体人民永远跟党走的信心和齐心向党的决心，这一实践对坚持和加强党的全面领导、巩固和夯实党的长期执政基础、持续推进党的建设新的伟大工程具有重要意义。

4. 彰显中国特色社会主义制度的优越性

党的十八大以来，我国在全面建成小康社会、推进共同富裕实践中取得的成绩充分展现了坚持全国一盘棋、集中力量办大事的社会主义制度优

---

① 习近平. 决胜全面建成小康社会 夺取新时代中国特色社会主义伟大胜利——在中国共产党第十九次全国代表大会上的报告（2017年10月18日）[M]. 北京：人民出版社，2017：1.

② 中共中央党史和文献研究院编. 习近平扶贫论述摘编[M]. 北京：中央文献出版社，2018：14.

③ 习近平. 在纪念周恩来同志诞辰120周年座谈会上的讲话（2018年3月1日）[M]. 北京：人民出版社，2018：13.

势。习近平指出："我们最大的优势是我国社会主义制度能够集中力量办大事。这是我们成就事业的重要法宝。"①十八洞村是习近平首次提出"精准扶贫"的地方，这里曾是中国最贫困的地区之一，仅用四年时间蜕变成了全国小康示范村寨，全村 136 户 533 名贫困人口全部脱贫，人均增收已翻七倍之多。得益于各项精准扶贫措施和自身发展条件，多地在全国或区域率先脱贫，部分率先发展地区更是提出了率先基本实现现代化的伟大目标，铸就推进共同富裕的中坚力量，人民群众所表现出的坚实底气正是来自全面脱贫的可喜成就，展现了中国特色社会主义制度强大的资源整合能力和动员能力。除了中国，全球还没有哪一个国家能够动员全党全国全社会的力量投入脱贫攻坚这样一件民生大事上。我国推进共同富裕的实践为"中国之制"迈向"中国之治"更高境界不断夯实基础，赋予了中国特色社会主义制度新的时代课题。

5. 提升中国特色社会主义的国际影响力

和平发展、共同富裕是世界各国人民的共同期盼，联合国在《2030 年可持续发展议程》中所提出的首要目标就是要在全世界消除一切形式的贫困。目前，全球贫困人口减半目标已基本实现，全球贫困治理能力和治理体系不断提升和完善。习近平在决战决胜脱贫攻坚座谈会上的讲话中指出，我国将"提前 10 年实现联合国 2030 年可持续发展议程的减贫目标"②。作为世界上最大的发展中国家，中国第一个实现了联合国千年发展的减贫目标，成为世界减贫事业的一个缩影，鼓舞了世界上其他的社会主义国家，加快了世界减贫事业的脚步，大力推动了全球减贫事业的发展。我国精准扶贫、精准脱贫重大战略举措为世界贡献了中国智慧和中国方案，不仅切实地造福于中国人民，同时为其他发展中国家探索自己的脱贫道路提供了全新的经验。此外，在构建人类命运共同体理念的指导下，我国广泛利用双边多边合作机制，积极开展减贫领域的国际交流与合作，除了分享中国经验，还在力所能及地向发展中国家、欠发达国家提供无偿的扶贫援助。中国通过设立"南南合作援助基金"、减贫与发展高层论坛亚洲基础设施

---

① 习近平. 习近平谈治国理政（第二卷）[M]. 北京：外文出版社，2017：273.

② 习近平. 在决战决胜脱贫攻坚座谈会上的讲话（2020 年 3 月 6 日）[M]. 北京：人民出版社，2020：6.

投资银行、丝路基金和推进"一带一路"建设等重大项目，支持发展中国家开展基础设施互联互通建设，帮助全球贫困人口增强自身发展能力，为更快消除贫困创造重要条件，让国际减贫合作成果惠及更多国家和人民，为世界减贫事业的发展注入强大动能，彰显大国担当，极大地提升了中国特色社会主义的国际声誉和影响力。

三、中国式共同富裕道路的基本特征与探索历程

（一）中国式共同富裕道路的基本特征

中国共产党始终秉承着"以人民为中心"的发展思想，始终坚持中国特色社会主义道路，既坚持以马克思主义为指导又立足中国国情，赋予共同富裕中国特征。

1. 坚持以公有制为主体是中国式共同富裕道路的实现前提

《中华人民共和国宪法》第六条明确指出："中华人民共和国的社会主义经济制度的基础是生产资料的社会主义公有制，即全民所有制和劳动群众集体所有制。"这一规定明确了中国特色社会主义的基本经济制度，这是实现共同富裕的制度基础和基本保障。经济制度是一种生产关系，生产关系就必须适应并促进生产力的快速发展。当前，中国仍处于社会主义初级阶段，选择以公有制为主体的经济制度不仅是由我国的社会性质决定的，也是立足我国具体国情的产物。只有坚持以公有制为主体，才能彻底消灭剥削、消除两极分化。公有制为主体是保证共同富裕的经济制度的前提，也是实现最广大人民根本利益的根本保证。

自党的十八大以来，以习近平同志为核心的党中央多次强调，不管遇到什么困难，都应坚定不移地维护与发展公有制经济，并且不遗余力地支持引导非公有制经济快速发展。公有制经济为我国经济建设、国防安全、人民生活普遍改善作出了突出贡献，是全体人民的宝贵财富；非公有制经济对于我国现阶段稳定经济增长，促进科技水平提高，增加就业岗位，激发市场经济活力起到了重要的作用，是经济发展的内驱动力。非公有制经济为我国经济社会的健康稳定发展作出了具体贡献。公有制经济与非公有制经济相辅相成、相得益彰，共同构成社会主义初级阶段我国基本经济制度。

我国已进入中国特色社会主义新时代，社会主要矛盾业已发生变化，我国经济增长已经由高速发展转向高质量发展，市场经济建设、产业结构优化调整、经济增长动能转换已进入攻坚期。面对新的历史方位、新的发展形势，必须在坚持"两个毫不动摇"的基础上，深化国有企业改革、支持民营企业发展成为我国新时代背景下经济发展的重要方式。国有企业，作为我国公有制经济的重要组成部分和实现形式，其改革和发展是增强公有制经济的活力、是维护经济市场稳定的重要方式。深化国有企业改革，大力发展实体经济是提高我国经济发展质量、实现改革创新的关键所在，是健全和完善国有资产管理制度、不断优化产业布局，推动产业结构调整升级的重要组成部分。深化国企改革有利于促进国有资产保值增值，积极探索混合所有制经济，推动国有资本做强做大。这也是坚持公有制主体地位，实现共同富裕的必然要求。

马克思指出："分配关系本质上和生产关系是同一的，是生产关系的反面，所以二者都具有同样的历史的暂时的性质。"[①] "这些分配关系的历史性质就是生产关系的历史性质，分配关系不过表示生产关系的一个方面。"[②] 生产资料的所有制关系、财产占有关系决定着人与人在生产中的关系以及收入的分配关系。社会主义公有制决定着收入分配的按劳分配的基本原则。社会收入分配的差异、贫富差距等均取决于生产资料所有制与财产占有制的差别。要想实现共同富裕。必然要求对分配领域的不公平、不合理现象进行调整和变革，不断缩小由于分配导致的社会贫富差距问题，使其尽量控制在合理的范围以内。坚持以公有制为主体，在各种生产要素按产权与贡献分配的基础上，基本确保按劳分配的大原则与分配主渠道。在以公有制为主体的所有制结构中坚持以按劳分配为主体，劳动者通过辛勤劳作享受劳动果实，决定收入水平差距的关键因素在于劳动能力的差异，初次分配依据劳动者劳动能力的大小对劳动者的收入进行分配，为社会公平公正奠定良好的经济基础。

① 中共中央马克思恩格斯列宁斯大林著作编译局编译. 马克思恩格斯全集（第二十五卷）[M]. 北京：人民出版社，1974：993.
② 中共中央马克思恩格斯列宁斯大林著作编译局编译. 马克思恩格斯全集（第二十五卷）[M]. 北京：人民出版社，1974：998—999.

2. 社会主义市场经济体制是中国式共同富裕道路的必然要求

解放和发展生产力是实现共同富裕的根本要求，因为共同富裕必然建立在高度发达的物质生产力基础上。生产力的发展是有其内在逻辑的。邓小平同志多次强调不能简单将计划经济和社会主义等同，更不能盲目地将市场经济与资本主义等同，计划和市场都只是手段。只有在中国共产党的领导下，对经济体制进行改革和创新，才能解放生产力，发展生产力，才能使社会主义制度焕发出勃勃生机，才能彰显出社会主义制度的优越性。

社会主义市场经济体制，将社会主义与市场经济融合起来，不仅能最大限度地发挥市场优化资源配置的基本作用，还能克服市场"失灵"、外部性、公共品供给等造成的社会弊端。一方面，市场经济可以发挥其配置经济资源的合理性、高效性特征，确保人尽其才、物尽其用、地尽其力。市场经济可以极大地促进生产力的发展，充分调动市场主体的生产积极性，形成公平竞争的市场环境，从而带来物质财富的极大增长。另一方面，"看不见的手"在促进生产力发展的同时，也带有其自发性、盲目性与滞后性，有必要从制度层面加以宏观调控和干预。只有坚持社会主义与市场经济的有机结合，才能既发挥市场经济的优势，又克服市场经济的外部性、市场失灵等种种缺陷，才能充分发挥社会主义与市场经济各自的优势，为实现全体社会成员的共同富裕创造条件。

3. 中国式共同富裕道路有别于北欧"福利国家"的"第三条道路"

20世纪80年代末90年代初，北欧"福利国家"成为备受推崇的经济社会发展模式。社会民主主义思潮一时间风起云涌，簇拥者众。社会民主主义的基本主张为自由、公正与互助。究其根源，社会民主主义思潮是应缓和资本主义国家尖锐的阶级矛盾这一现实社会需求而产生的，充当了阶级矛盾与冲突的"润滑油"，但其本质并不是社会主义，而是改良了的资本主义。其显著特征表现在：较高的社会保障和福利，较高的就业率与税收。较高的社会保障程度体现在：较宽的社会保障领域，较广的社会保障覆盖面与较低的社会保障门槛。较高的就业率体现在：北欧福利国家综合运用多种手段保证社会的充分就业。为实现社会的高福利，北欧"福利国家"施行高额税收、严格的个人收入所得税的累进税制，以及收入均等化政策。

收入均等化政策充分发挥了工会的议价协商的作用，形成稳定一致的工资政策，一定程度上缩小了贫富差距，抑制了暴富阶层的扩张。

中国式共同富裕道路有别于社会民主主义的"第三条道路"。首先，中国特色共同富裕既包括每个人物质财富的丰裕，还包括精神财富的富有。其次，中国特色共同富裕社会不仅是实现国家富强，民族振兴，还应实现人民的幸福。再次，中国特色共同富裕不仅是部分群体的富裕，还是全体社会成员的富裕。最后，中国特色共同富裕不仅是人的富裕，还包含生态环境的文明与和谐。中国特色共同富裕的最突出特点是以人民为中心的立场和发展方向，以实现人民幸福为基本出发点和立足点。与北欧"福利国家"保障以中产阶层为中心的社会主体福利不同，我国共同富裕社会的最终目标是满足90%以上绝大多数人民对幸福生活的需求。我国的共同富裕力求消除由社会发展的不平衡不充分所导致的生存环境与生活条件等方面的不平等，比如城乡差别、地区发展差别、工农差别、脑力劳动和体力劳动差别，以及人们在享受公共服务、受教育程度、收入分配和就业机会等方面的不平等，追求的是更高程度和更高层次的公平。

4. 中国式共同富裕道路具有阶段性的特征

共同富裕是社会生产力和生产关系共同发展到高水平后社会全面综合发展所追求的高级形态，故而其实现是一个漫长的过程，不是一蹴而就的。中国式共同富裕道路，具有政治、经济、社会、文化、生态"五位一体"高度综合协调发展的本质特征。目前，我国的基本国情为我国仍处于并将长期处于社会主义初级阶段。我国共同富裕的阶段性与社会发展的程度相关，体现了共同富裕的渐进性与阶段性。我国实现共同富裕的阶段性目标分为三个阶段。一是至2020年，我国全面建成小康社会，为实现共同富裕奠定基础。二是自2020年到2035年，我国将基本建成共同富裕社会，实现由小康社会向富裕社会的过渡。三是自2035年到2050年，我国将全面建成共同富裕社会，完成第二个一百年的发展目标，成为富强、民主、文明、和谐、美丽的社会主义现代化国家，各地区经济发展水平、城乡居民收入水平和生活质量、各地区公共服务水平及衡量社会综合发展水平的人类发展指数将进一步提升，中国进入共同富裕的发展阶段。

（二）中国式共同富裕道路的探索历程

自中国共产党成立以来，实现全体人民的共同富裕已经内化为其坚定信念，并且通过具体实践外化为自觉行动。一百多年来中国共产党人始终坚持为中国人民谋求幸福生活而不懈奋斗，为更好实现全体人民的共同富裕而艰辛探索，走出一条中国式的共同富裕道路。一百多年来中国共产党人探索共同富裕的历程大致可分为以下几个阶段。

1. 新民主主义革命时期（1921—1949 年）

1921 年 7 月中国共产党一大召开，在通过的党纲中提出"废除资本私有制"的主张，这成为党探索共同富裕道路的开端。在党成立的初期，主要致力于改善工人阶级的待遇和生活，相继领导发动了陇海铁路大罢工、长辛店铁路工人罢工等工人运动，在一定程度上使工人阶级的利益得到了保障。但是随着革命形势的深刻变化，中国共产党人逐渐认识到，在农民占绝大多数的近代中国，只有真正让广大劳动人民过上幸福生活，才能充分展现无产阶级政党的性质，同时才能够得到他们的支持和拥护，从而不断壮大革命的力量。因此在新民主主义革命时期，党的主要工作和任务就是通过解决土地问题来帮助农民、发动农民。抗日战争时期，毛泽东指出："一切空话都是无用的，必须给人民以看得见的物质福利。"[1]为减轻人民负担，政治上实行"三三制"原则、精兵简政；经济上实行减租减息，以"发展经济，保障供给"为总的指导原则。这一时期的探索不仅支持了敌后抗战，更是加强了军民联系，获得人民支持。解放战争时期，党中央先后印发了《关于土地问题的指示》和《兴国土地法》等多部有关土地的文件和法律，让劳动人民得到了土地，凝聚起了广大劳动人民的力量，激发了人民的革命热情，最终经过艰苦卓绝的斗争建立了一个崭新的国家，为实现全体人民共同富裕创造了根本的政治基础和保障。

虽然在新民主主义革命时期中国共产党没有明确提出共同富裕的概念和目标，但是一系列为人民谋利益的思想和实践无不闪耀着共同富裕的光芒，尤其是在革命胜利后建立了新中国，这成为此后对共同富裕道路一切探索的前提和基础。

---

① 中共中央文献研究室编. 毛泽东文集（第二卷）[M]. 北京：人民出版社，1993：467.

2. 社会主义革命和建设时期（1949—1978 年）

新中国成立后，让人民群众过上富足的生活成为摆在中国共产党人面前的重大课题。党领导全国人民建立了一个新民主主义社会，在这一时期为恢复国民经济，主张"公私兼顾，劳资两利"①，以团结和领导各种经济成分"在国营经济的领导之下，分工合作、各得其所"②，积极参与到国家经济建设中来。在这一过渡时期，根据国民经济迅速恢复的现实状况以及国际国内形势的变化，党中央制定出"一化三改"的总路线，1953 年 12 月，在《中共中央关于发展农业生产合作社的决议》中首次提出了"共同富裕"的概念，明确指出要对农业进行社会主义改造，"使农民能够逐步完全摆脱贫困的状况而取得共同富裕和普遍繁荣的生活"③。在资本主义工商业社会主义改造问题座谈会上，毛泽东更是明确提出了共同富裕的目标，"现在我们实行这么一种制度，这么一种计划，是可以一年一年走向更富更强的，一年一年可以看到更富更强些。而这个富，是共同的富，这个强，是共同的强，大家都有份"④党中央对于如何实现共同富裕更是进行了艰辛的探索：一是认为只有建立社会主义制度才能实现共同富裕；二是认为实现现代化是实现共同富裕的必由之路，并在此基础上提出了四个现代化的奋斗目标；三是认为要调动一切积极因素，包括直接的和间接的因素为建设一个强大的社会主义国家奋斗。虽然囿于时代的限制以及对社会主义认识的局限，在具体实践中难免遇到挫折，也有过失误，但是这一时期，以毛泽东同志为代表的中国共产党人以对未来的无限憧憬和积极探索，在中国建立起的社会主义制度、初步形成的共同富裕思想等为后来者进一步探索和实践创造了必要的制度前提，提供了重要的借鉴和启示。

3. 社会主义改革开放新时期（1978—2012 年）

以党的十一届三中全会为标志，我国进入了改革开放的新时期。中国共产党带领全国各族人民开始了探索共同富裕的新征程。邓小平同志指出：

---

① 中共中央文献研究室编. 毛泽东文集（第五卷）[M]. 北京：人民出版社，1996：46.

② 中共中央文献研究室编. 毛泽东文集（第六卷）[M]. 北京：人民出版社，1999：52.

③ 中共中央文献研究室编. 建国以来重要文献选编（第四册）[M]. 北京：中央文献出版社，1993：662.

④ 中共中央文献研究室编. 毛泽东文集（第六卷）[M]. 北京：人民出版社，1999：495.

"贫穷不是社会主义，社会主义要消灭贫穷"①，明确"社会主义的目的就是要全国人民共同富裕，而不是两极分化"②。在对什么是社会主义这一基本问题的探索中，邓小平认为抓住其实质，必须坚持的社会主义的基本原则一是发展生产，二是共同富裕；与此相适应的，改革必须坚持的原则："一是以社会主义公有制经济为主体，一是共同富裕。"③如何实现这一目标呢？诚如党的十三大报告所指出的那样："商品经济的充分发展，是社会经济发展不可逾越的阶段，是实现生产社会化、现代化的必不可少的基本条件。在所有制和分配上，社会主义社会并不要求纯而又纯，绝对平均。在初级阶段，尤其要在以公有制为主体的前提下发展多种经济成分，在以按劳分配为主体的前提下实行多种分配方式，在共同富裕的目标下鼓励一部分人通过诚实劳动和合法经营先富起来。"④在这一过程中，党中央通过对所有制制度、分配制度和经济体制的改革以及对实现共同富裕路径的改革，对共同富裕进行了新的探索。特别重要的是，这一时期的探索既坚持了共同富裕理想的目标导向，又立足初级阶段的现实国情，对共同富裕目标实现的阶段性、现实性进行了理性的分析，"共同富裕决不等于也不可能是完全平均，决不等于也不可能是所有社会成员在同一时间以同等速度富裕起来。如果把共同富裕理解为完全平均和同步富裕，不但做不到，而且势必导致共同贫穷"⑤，并在此基础上形成了"先富带动后富，最终实现共同富裕"的设想。这是理想与现实的统一。

在整个改革开放的新时期，中国共产党人以敢为天下先的改革精神，锐意进取、大胆尝试，找到了一条符合中国现实国情的共同富裕之路，成功地实现了从解决温饱到基本实现小康，使广大人民群众的物质生活水平有了很大改善，为全体人民共同富裕宏伟目标的实现做出了卓越的贡献。

① 邓小平. 邓小平文选（第三卷）[M]. 北京：人民出版社，1993：116.
② 邓小平. 邓小平文选（第三卷）[M]. 北京：人民出版社，1993：110–111.
③ 邓小平. 邓小平文选（第三卷）[M]. 北京：人民出版社，1993：142.
④ 中国共产党第十三次全国代表大会文件汇编[M]. 北京：人民出版社，1987：14.
⑤ 中共中央文献研究室编. 十一届三中全会以来重要文献选读（下册）[M]. 北京：人民出版社，1987：786.

4. 中国特色社会主义新时代（2012 年至今）

进入新时代，面对前进道路上出现的一些新问题和新情况，以习近平同志为核心的党中央牢记初心和使命，始终坚持以人民为中心，全面贯彻新发展理念，推动经济实现高质量发展，以前所未有的勇气和智慧带领人民取得了脱贫攻坚的伟大胜利，实现了党的第一个百年奋斗目标，开启了实现全体人民共同富裕的新起点，激发了广大人民群众为实现共同富裕而奋斗的热情，在推进中国式共同富裕的道路上迈出了崭新一步。

实现覆盖全体人民的共同富裕，需要在接续奋斗中扎实推进。党的十九大报告提出：到 2035 年，基本实现社会主义现代化，到 21 世纪中叶，把我国建成富强民主文明和谐美丽的社会主义现代化强国。全面建设社会主义现代化国家不仅涉及政治、经济、文化、生态等多个领域，也涵盖国家治理体系的进步以及人的全面发展等方面，这些都与共同富裕的目标指向同向同行。

共同富裕目标的实现，首先要着力于夯实物质基础，构建现代化经济体系助推我国经济高质量发展，这是推进实现共同富裕必须坚持和遵循的发展指向。中国共产党一百多年来带领中国人民创造了经济社会发展的"中国奇迹"，为我国迈向第二个百年奋斗目标提供了坚实的物质保障，但"我国仍处于并将长期处于社会主义初级阶段的基本国情没有变，……我国是世界最大发展中国家的国际地位没有变"[1]。尤其是城乡发展不平衡不充分、农业农村现代化程度低等现实问题，仍是实现共同富裕的重要障碍。习近平指出："现代化经济体系，是由社会经济活动各个环节、各个层面、各个领域的相互关系和内在联系构成的一个有机整体。"[2] 因此，我们要构建现代化经济体系，推动我国经济高质量发展，为推进共同富裕夯实物质基础。这就要求在发展理念上，要科学把握新发展理念及新发展阶段和新发展格局的内在关联，既要深刻贯彻新发展理念，加强战略谋划和顶层设计，也要构建新发展格局，在深刻分析国内外发展大势的同时，统筹协调城乡、地区间的差异，以实现国家经济社会各领域协同发展。在发展动力上，以创新解决发展动力转化问题，实现生产效率改进、生活品质提高和国家竞

---

① 习近平. 习近平谈治国理政 [M]. 北京：外文出版社，2014：93.

② 习近平. 论坚持全面深化改革 [M]. 北京：中央文献出版社，2018：421.

争力提升，克服和解决中国经济发展的"阿喀琉斯之踵"。

其次，发挥制度优势，构建推动共同富裕的分配体系。这就要求我们要求我们深化对社会主义收入分配的认识，深刻总结改革开放伟大历史实践中收入分配的重要经验。在这一过程中，既强调收入分配制度和基本经济制度的统一，将分配制度列为基本经济制度的有机组成部分，也强调做大"蛋糕"与分好"蛋糕"的历史统一，对发展和分配关系作出深刻的辩证历史唯物主义的阐释。"一是充分调动人民群众的积极性、主动性、创造性，举全民之力推进中国特色社会主义事业，不断把'蛋糕'做大。二是把不断做大的'蛋糕'分好，让社会主义制度的优越性得到充分体现，让人民群众有更多获得感。"[①]中国特色社会主义分配制度是实现共同富裕的实践指向，充分彰显了社会主义制度的最大优越性。我国经济发展进入新常态，收入逆向下滑的"棘轮效应"所带来的社会风险不断增加。由此，完善收入分配格局，持续深化共享发展理念的认识，提升人民群众的获得感、幸福感、安全感，是实现共同富裕的进阶之路。这其中，正确处理公平与效率的关系是关键；不仅要还要完善要素市场化配置、完善初次分配，还要更好发挥政府作用、优化再次分配和三次分配。

最后，最重要的是要秉持"以人民为中心"的发展理念，在改善人民生活品质的进程中扎实推进共同富裕。"中国特色社会主义事业是全国各族人民在中国共产党领导下创造自己美好生活的事业"[②]，中国共产党在一百多年的实践中积极求解和探索广大民众生存与发展问题，广大人民群众摆脱了贫困，实现基本温饱、总体小康、宽裕小康、全面小康的阶梯式民生发展。党的十八大以来，以习近平同志为核心的党中央进一步围绕民生幸福问题展开探索，将民生幸福作为党的执政理念与目标，系统回答了在当代中国"建设什么样的民生、怎样建设民生"等重大理论与实践问题，既明确了"民"的范畴——全体人民及子孙后代，也明确了"生"的内容——物质生活、民主法治等政治生活、精神文化生活、"教保医养"[③]等社会生

---

① 习近平. 习近平谈治国理政（第二卷）[M]. 北京：外文出版社，2017：216.

② 胡锦涛. 在庆祝中国人民政治协商会议成立60周年大会上的讲话（2009年9月20日）[M].
　　北京：人民出版社，2009：9.

③ 即教育、住房保障、医疗卫生、养老。——笔者注

活、天蓝地绿水清等自然生活。这既是中国共产党秉持"以人民为中心"的基本价值取向与理论品质，也是实现共同富裕的内在要求。正如习近平所指出的："人民对美好生活的向往，就是我们的奋斗目标。"①

---

① 习近平. 习近平谈治国理政 [M]. 北京：外文出版社，2014：4.

第四章　新中国成立后到改革开放前
中国走向共同富裕的实践探索

1949 年 10 月 1 日，中华人民共和国成立，中国共产党带领全国人民实现了民族独立和人民解放。脱胎于半殖民地半封建社会的新中国一穷二白，如何回应广大人民对新生活的期盼，带领他们走上富裕的道路，是中国共产党面临的重大课题。本章按照新中国成立后到改革开放前这一时段，从相关思想和历史经验两个维度集中探讨中国共产党对中国式共同富裕道路的实践与探索。

一、新中国成立后到改革开放前中国共产党对共同富裕道路的实践探索

（一）新中国成立初期中国共产党在共同富裕道路探索中的具体实践

新中国成立初期，为了回应广大人民对美好新生活的期盼，中国共产党所要解决的基本问题是如何在经济文化基础非常薄弱的历史条件下带领人民走上共同富裕的发展道路。这一基本政策问题在农村和城镇又有具体的差别：在农村，表现为带领广大农民如何摆脱小农经济状态获得解放而走上共同富裕的道路；在城镇，表现为如何使工人阶级和其他各阶层的劳动者从私人资本主义经济的剥削状态中解放出来，走上共同富裕的道路。而在解决这两个不同领域的基本政策问题时，又都面临着需要获得工业化支持的问题，以及完全实现共同富裕远大目标的长期性问题。对此，党中央将马克思主义基本原理同我国的具体实际相结合，针对人民群众追求新

生活的目标诉求,提出并进行了一系列关于如何实现共同富裕的具体实践。

1. 组织起来,走合作化道路

新中国成立初期,为了把广大农民引领到共同富裕的发展道路上,党中央鼓励农民组织起来,走合作化道路。从这一政策形成的历史过程看,它是中国共产党人把当时中国的农村和农民实际与马克思主义关于农民的理论相结合的认识成果。

农民阶级不仅不可能自发地走上共同富裕的发展道路,相反地,自发地朝着个体富裕的方向发展、从而导致农村社会发生贫富阶层分化具有更大的可能。因此,在无产阶级在取得政权后,"就应当促进土地的私有制向集体所有制过渡,让农民通过经济的道路来实现这种过渡"[①]。当时的农民,在经济上不仅属于劳动者,受到资产阶级剥削;又是小私有者,面临破产的境地。他们要走上社会主义道路,需要经过一个过渡环节,就是先进行农业合作化,让他们走上农业合作化道路,这样才能从小农经济转变为社会主义经济。

首先,毛泽东客观准确地分析了中国农民的现实情况。他指出:"在农民群众方面,几千年来都是个体经济,一家一户就是一个生产单位,这种分散的个体生产,就是封建统治的经济基础,而使农民自己陷于永远的穷苦。克服这种状况的唯一办法,就是逐渐地集体化,而达到集体化的唯一道路,依据列宁所说,就是经过合作社。"[②]在中国农村组织农民办生产合作社的可行性如何呢?党中央通过广泛而深入的调查研究,了解到一些地方把农民组织起来试办合作社以后实现了粮食增产的情况,毛泽东认为互助合作"是一条由穷变富的道路"[③],农民是愿意通过走这条道路实现共同富裕的。其次,以毛泽东为代表的党中央认识到中国的农民在建设社会主义制度的过程中走上共同富裕道路是可以预期的。毛泽东指出:"我们还是一个农业国。在农业国的基础上,是谈不上什么强的,也谈不上什么

---

① 中共中央马克思恩格斯列宁斯大林著作编译局编译. 马克思恩格斯选集(第三卷)[M]. 北京:人民出版社,2012:338.

② 毛泽东选集(第三卷)[M]. 北京:人民出版社,1991:931.

③ 中共中央文献研究室编. 毛泽东年谱(一九四九——一九七六)(第二卷)[M]. 北京:中央文献出版社,2013:29.

富的。但是，现在我们实行这么一种制度，这么一种计划，是可以一年一年走向更富更强的，一年一年可以看到更富更强些。而这个富，是共同的富，这个强，是共同的强，……农民这个阶级还是有的，……不再是个体私有制的农民，而变成合作社集体所有制的农民了。这种共同富裕，是有把握的，不是什么今天不晓得明天的事。"① 他还提出："要巩固工农联盟，我们就得领导农民走社会主义道路，使农民群众共同富裕起来，穷的要富裕，所有农民都要富裕，并且富裕的程度要大大地超过现在的富裕农民。"② 最后，党中央认为，中国农民在尚不完全具备获得工业化支持的条件下，可以通过组织起来建设农业生产合作社的途径，走上共同富裕的发展道路。

2. 变革生产资料私有制为社会主义公有制

在解决如何使农民走上共同富裕道路问题的同时，为了使城市的工人阶级和其他劳动者从私人资本主义经济的剥削状态中解放出来、也走上共同富裕道路，党中央提出了坚持国营经济的领导地位、变革生产资料私有制为社会主义公有制的政策。从这一政策形成的历史过程看，它是党将中国城市经济建设的实际情况和需要与马克思、恩格斯的科学社会主义理论相结合的认识成果。

首先，依据马克思主义的科学社会主义理论，通往社会主义的重要路径之一就是实现生产资料公有制。掌握国家经济命脉，首先要保证国营经济的领导地位。社会主义改造完成后，国家经济发展水平有了明显改观，国营经济在国民经济中占有绝对优势，社会主义国营经济的领导地位也不断增强，这为社会主义建设奠定了坚实的物质基础。这一背景之下，社会主义制度确立，国内经济局势稳定，为人民群众大规模的社会建设提供了有利的环境，为共同富裕目标的实现提供了坚实保障。

依据马克思建立社会主义所有制构想，以及 1952 年年底国内经济形势的好转与发展，1953 年年底，党中央根据国家经济建设的形势要求和初步具备的基本条件，正式提出了过渡时期总路线。经过改造，生产资料私有制变成了以国有制和集体所有制为主要形式的社会主义公有制。社会主义

---

① 中共中央文献研究室编. 毛泽东文集（第六卷）[M]. 北京：人民出版社，1999：495-496.

② 中共中央文献研究室编. 毛泽东年谱（一九四九——一九七六）（第二卷）[M]. 北京：中央文献出版社，2013：449.

公有制的建立为社会生产力的迅速发展和劳动人民生活水平的提高发挥了巨大作用，广大劳动者摆脱了私有制的"枷锁"，以主人翁的全新姿态和高涨热情投入社会主义建设，劳动积极性被大大激发。劳动者共同享有社会生产资料，大大促进了社会生产力的解放，使得当时的社会生产力迅速增长。

3. 社会革命和技术革命同时并举

在解决农村和城镇两个领域如何带领人民走上共同富裕道路这一基本问题的过程中，党中央又面临着需要获得工业化支持的问题。在当时的社会经济条件下，是不是一定要等有了工业化支持的条件后再进行社会主义改造呢？对此，党中央提出了社会革命和技术革命同时并举的政策。

经过三年的努力，国民经济在恢复建设发展中形势走好，社会主义性质的国营经济所占比重大幅上升，其领导地位进一步增强，在现代工业中初步占据优势，为进行有计划的经济建设创造了必要条件，但是也出现和积累了一些新的矛盾，突出的问题是：一方面是国营经济要开始有计划地建设，另一方面是私人资本主义经济要求扩大自由生产和自由贸易来发展自己，这个矛盾和冲突已经不可避免。对此，党内展开讨论：是继续按照原有的设想由原来那种新民主主义充分发展后再"采取相当严重的社会主义的步骤"[①]向社会主义过渡？即先行建设好新民主主义，尔后再一举进入社会主义。还是从现在就开始向社会主义逐步过渡？这对于党带领人民走上共同富裕的道路来说是一个新的抉择。

社会革命和技术革命要结合起来，采取工农并举的思想。一方面是开展社会革命，进行社会主义改造；另一方面是进行技术革命，实现国家工业化。"这种有计划地大量增产的要求和小农经济分散私有的性质以及农业技术的落后性质之间的矛盾是越来越明显了，困难越来越多了。这是两个带根本性质的矛盾。解决这些矛盾的第一个方针，就是实行社会革命，即农业合作化，就必须把劳动农民个人所有制逐步过渡到集体所有制，逐步过渡到社会主义。第二个方针，就是实行技术革命，即在农业中逐步使

---

① 刘少奇. 刘少奇选集（上卷）[M]. 北京：人民出版社，1981：435.

用机器和实行其他技术改革。"①实行社会革命的同时，进行技术革命是解决矛盾的根本。两种革命同时并举的政策思想，使生产力得到了解放和发展，促进了经济发展。只有在这样不断解放生产力、发展生产力的基础上，我国贫穷落后的面貌才会不断改观，才能带领人民走上共同富裕的道路。

4. 长期艰苦奋斗

党中央在带领人民走向富裕道路的过程中，根据国情实际清醒地认识到：走上富裕的道路只是为实现共同富裕的目标开辟了一条有保障的途径，并不意味着共同富裕的目标就能很快达到。于是，党中央提出了需要长期艰苦奋斗的思想。

新中国成立初期，国民经济极其落后，进行经济社会建设的任务极其艰巨，要在经济文化基础非常薄弱的国家实现全体国民的共同富裕并非短时期就能够达到的。我国人口多，底子薄，生产力水平不发达。"我们要建成一个伟大的社会主义国家，大概经过五十年即十个五年计划，……"②在我们这样一个人口大国，经济水平要想实现一个大的提高，需要一个不断积累的过程，现代化的工业、农业和文化教育等各个方面的发展和进步，也都不是一蹴而就的。实现共同富裕需要艰苦奋斗，需要不懈努力，持之以恒。

（二）中国共产党在社会主义道路初步探索时期的共同富裕实践

在社会主义道路初步探索时期，党的共同富裕思想的基本政策目标是：为实现人民的共同富裕而在各方面都快速地建设和发展起来。为实现这一政策目标，所要解决的基本政策问题是：怎样使国家工业化的任务加快完成，建构怎样的社会基本单位为走好共同富裕道路提供可靠的组织保障。对此，依据当时我国初步建设的基本实际，党带领人民进行了一系列的奔向共同富裕的实践探索。

1. 组织建设人民公社

在全面建设社会主义时期，如何更快更早地进入共产主义是党和人民

---

① 中共中央文献研究室编. 毛泽东年谱（一九四九——一九七六）（第二卷）[M]. 北京：中央文献出版社，2013：246.

② 中共中央文献研究室编. 建国以来重要文献选编（第五册）[M]. 北京：中央文献出版社，1993：292.

都迫切关注的问题。当时的党中央和人民群众将人民公社视作通向共产主义的桥梁，认为工、农、商、学、兵全面包含了社会的各个阶层，是全面建设人民公社的主力，通过他们组织建设人民公社，最终将会实现共产主义。人民公社集工、农、商、学、兵为一体，不论是在农村还是在城市，只要经过全面发展、高度发展，是符合共同富裕初衷的，也是朝着共同富裕目标前进的。它是通往共产主义，实现共同富裕的最好的组织形式。党中央认为，先在农村实行人民公社，农村人民公社"是我们的农村由社会主义的集体所有制过渡到社会主义的全民所有制的最好的形式"①，然后采取积极的态度，在城市中试行人民公社。要"逐步地有次序地把'工（工业）、农（农业）、商（交换）、学（文化教育）、民（民兵，即全民武装）'组成为一个大公社"②，"在这样的公社里面，工业、农业和交换是人们的物质生活；文化教育是反映这种物质生活的人们的精神生活；全民武装是为着保卫这种物质生活和精神生活"③。在人民公社内部，政治、经济和文化是协调统一的，人民公社的发展将会促进整个社会的全面发展。"人民公社基本上是集体所有制的经济组织。"④虽然离共产主义的经济组织形式还有很大差距，但组织建设人民公社的发展思路是为了更好地实现人们心目中的未来共产主义，为共产主义社会的到来做好准备。

2. 提出"两步走"战略，快速赶超西方

面对人民群众建设社会主义的高涨热情，为了早日实现共同富裕的目标，实现共产主义。党中央积极回应人民群众的呼声和期盼，着眼于把国家建设成为强大的社会主义国家，提出了"两步走"战略，目的是快速赶超、不落后于西方国家。

1953 年，党中央提出过渡时期的总路线，对社会主义建设进行规划，

---

① 中共中央文献研究室编. 建国以来重要文献选编（第十二册）[M]. 北京：中央文献出版社，1996：127.
② 中共中央文献研究室编. 毛泽东年谱（一九四九——一九七六）（第三卷）[M]. 北京：中央文献出版社，2013：387.
③ 中共中央文献研究室编. 建国以来毛泽东文稿（第七册）[M]. 北京：中央文献出版社，1990：317.
④ 中共中央文献研究室编. 建国以来毛泽东文稿（第七册）[M]. 北京：中央文献出版社，1990：317.

之后，又不断地完善对社会主义发展道路的种种设想。"要实现社会主义工业化，要实现农业的社会主义化、机械化，要建成一个伟大的社会主义国家，究竟需要多少时间？现在不讲死，大概是三个五年计划，即十五年左右，可以打下一个基础。到那时，是不是就很伟大了呢？不一定。我看，我们要建成一个伟大的社会主义国家，大概经过五十年即十个五年计划，就差不多了，就像个样子了，就同现在大不一样了。"① 为了实现快速发展，到 1955 春季，毛泽东有了进一步的设想："我们可能经过三个五年计划建成社会主义社会，但要建成为一个强大的高度社会主义工业化的国家，就需要几十年的艰苦努力，比如说，要有五十年的时间，即本世纪的整个下半世纪。"② 到 1956 年社会主义改造基本完成的时候，"两步走"的发展战略已跃然纸上，清晰可见。

完成社会主义的总目标的第一步是走上社会主义道路，建设社会主义。如何建设社会主义？要用三个五年计划的时间，对农业、手工业、资本主义工商业改造之后，走上社会主义道路，完善国家的工业体系和经济体系。第二步是建成社会主义。如何建成社会主义？要用八到十个五年计划左右的时间，解放和发展社会主义国家的生产力，实现工业、农业、国防和科学技术的现代化，快速建成一个伟大的社会主义国家。

3. 统筹兼顾，适当安排

全面建设社会主义时期，为了实现共同富裕的目标，减小人与人之间的差距，在社会主义改造完成以后，毛泽东在《论十大关系》一文中指出："必须兼顾国家、集体和个人三个方面。"③ 统筹各方利益，才能实现共同富裕的初衷，不能只顾城市发展，不顾农村发展，更不能只顾个人利益，忽视集体利益和国家利益。在统筹各方利益的基础上，调动社会的一切积极因素建设社会主义，为实现共同富裕，实现共产主义这一目标服务。

"统筹兼顾，各得其所。这是我们历来的方针。"④ 让社会主义建设中的每一分子不掉队，不落后，这才是人们愿望中的共产主义。在建设社会

---

① 中共中央文献研究室编. 毛泽东文集（第六卷）[M]. 北京：人民出版社，1999：329.
② 中共中央文献研究室编. 毛泽东文集（第六卷）[M]. 北京：人民出版社，1999：390.
③ 中共中央文献研究室编. 毛泽东文集（第七卷）[M]. 北京：人民出版社，1999：28.
④ 中共中央文献研究室编. 毛泽东文集（第七卷）[M]. 北京：人民出版社，1999：186.

主义的过程中，面对出现的各种矛盾，"我们的方针是统筹兼顾，适当安排。"① "这里所说的统筹兼顾，是指对于六亿人口的统筹兼顾。我们作计划、办事、想问题，都要从我国有六亿人口这一点出发，千万不要忘记这一点。"② "无论粮食问题，灾荒问题，就业问题，教育问题，知识分子问题，各种爱国力量的统一战线问题，少数民族问题，以及其他各项问题，都要从对全体人民的统筹兼顾这个观点出发，就当时当地的实际可能条件，同各方面的人协商，作出适当的安排。"③ 统筹才能照顾到不同群体、不同阶层的利益；适当安排，缩小各群体、阶层之间的差距，利于实现共同富裕，共同发展进步。统筹兼顾，适当安排的政策思想，在当时党内形成共识。

二、新中国成立后到改革开放前走共同富裕道路的历史经验

从新中国成立初期到改革开放前，党中央在带领人民走共同富裕的道路上历经了新民主主义过渡时期、社会主义道路的初步探索时期两个历史阶段，每个历史时期的实践都为我们实现共同富裕积累了丰富的经验。新中国成立初期的经验有：积极地消除走共同富裕道路的主客观障碍，积极地推进社会主义改造等。社会主义道路的初步探索时期的经验有：确立社会主义制度；建立"一大二公"的体制，平均主义、大锅饭阻碍了走好共同富裕道路等。

（一）新中国成立初期走共同富裕道路的历史经验

1. 积极地消除走共同富裕道路的主客观障碍

（1）积极地消除来自经济方面的客观性障碍

新中国成立后，党中央在广大农村进行了土地改革运动，将地主阶级封建剥削的土地所有制变革为农民土地所有制，极大地解放了农村的社会生产力，激发了广大农民的生产热情，农村经济建设得以恢复和发展，农

---

① 中共中央文献研究室编. 建国以来重要文献选编（第十册）[M]. 北京：中央文献出版社，1994：87.

② 中共中央文献研究室编. 建国以来重要文献选编（第十册）[M]. 北京：中央文献出版社，1994：87.

③ 中共中央文献研究室编. 建国以来重要文献选编（第十册）[M]. 北京：中央文献出版社，1994：87.

民的经济生活有了较大的改善。然而，在这个过程中，小生产者的自发力量也发展了起来，不过其发展的方向不是朝着走共同富裕道路的方向发展，甚至出现已有的农民互助组组织涣散的现象，一些乡村又出现了新的社会阶层分化。这和党带领广大农民走向共同富裕的目标背道而驰，并对这一目标的实现形成客观性障碍。对此，党内展开了激烈的讨论：一种主张认为，对于农民的自发倾向不能任其所为，否则历史将会重演，使农村出现两极分化，后果将会很严重。应当通过试办农业生产合作社，为互助组增添社会主义的因素，"把老区的互助组织提高一步"[1]，以这种方式来引领农民走向致富之路。另一种主张与之相反，认为对于农民的自发倾向引起的两极分化不可过分担忧，因为在新民主主义的商品经济建设中这是必然的结果，也是有利于推进生产力发展的。而如果为了避免农民的自主性和阶级分化，将组织起来的互助组提升到农业生产合作化层面，以此来作为战胜农民的自发因素，这便是一种空想的农业社会主义思想。因为中国的农业只有在获得了工业化的支持后才能进行农业合作化。对于这两种主张的争论，毛泽东支持了前者，随后全党形成共识：推动农业合作化，以消除广大人民走共同富裕道路的阻碍。

在农村实行土地改革和推动合作化的同时，在城镇经济的恢复和建设中，党中央和人民政府一方面通过没收官僚资本建立起来了社会主义性质的国营经济，使之成为引领全体人民走共同富裕道路的社会经济主导力量；另一方面，对当时在国民经济中占有很大比重的私人资本主义经济主要采取了利用、限制的政策。然而，资本主义的剥削本性和唯利是图的特质使得它必然要对限制进行反抗，即反限制。一些不法资本家和不法商人不择手段地拉拢和腐蚀革命队伍中的一些意志薄弱者；或搞资本投机，囤积商品，哄抬物价；或欺负同行业者，阻挠正常市场秩序，称霸市场，造成社会的无序和不稳定。这对于党带领人民走向共同富裕无疑造成了严重的负面影响。对此，党中央认为必须进行坚决的斗争。于是，1951年冬，党中央在国家机关、企事业单位、学校、人民团体等范围内发动了"三反"运动，接着在1952年年初又在资本主义工商业中开展了"五反"运动。这两场运

---

① 中共中央文献研究室编. 建国以来重要文献选编（第二册）[M]. 北京：中央文献出版社，1992：353.

动对不法资本家和不法商人给予了沉重的打击。然而，要想从根本上清除这一障碍，就必须适时地对私人资本主义经济进行社会主义改造。于是，伴随着客观条件的成熟，党中央在1952年下半年把私人资本主义经济的社会主义改造问题提上了日程，并在1953年开始逐步实施。

（2）积极地澄清来自认识方面的主观性障碍

党在带领和引导广大农民走共同富裕道路的过程中，不仅积极地去清除各种客观性的障碍，而且还十分清醒地认识，到必须帮助农民澄清在思想意识上的各种主观性障碍。当时影响和阻碍广大农民走共同富裕道路的主观性障碍主要有两种。第一种是在漫长的封建农业社会里生成的根深蒂固的小农经济意识（或曰小农意识），这种思想意识使得农民习惯并安于小生产的生活状态：小富即安、小进则止；以自足、患得患失、平均主义为价值观念取向，狭隘、愚昧、自私、保守、落后、散漫是基本的心理行为特点。第二种是农业社会主义思想，是以小农意识的眼界对于社会主义的企盼：即以为可以在小生产的基础上用平均主义的方式实行社会主义。由此而言，要引导广大农民走上以社会化大生产为基础的共同富裕道路，这两种观念无疑是严重的思想障碍。对此，党中央深刻地认识到对农民进行教育工作是很有必要的，于是运用和创造各种方式在广大农村开展了社会主义的思想教育运动。比如1951年提议关于"李四喜思想"的大讨论，就是一场对农民自私狭隘思想进行的经典式批评教育运动；又如1952年组织农业劳动模范到苏联去考察学习集体农庄建设的经验；再如向农民进行历史唯物主义的基本道理和中国革命远大目标的教育。这样的教育运动，使得广大农民对于农业发展的社会化与大生产方向获得了基本的认识，初步接受了科学社会主义的一般道理，开始有了一定的集体意识与合作观念，走共同富裕道路的热情和积极性被调动了起来。

2. 积极地推进社会主义改造

（1）积极地宣传、动员全党和各行各业学习和贯彻过渡时期总路线

1953年6月下旬至8月举行的全国财经工作会议积极动员党的高级干部进行学习和贯彻总路线。1953年9月8日，周恩来在第四十九次常委扩大会议上作了关于过渡时期总路线的报告，从此拉开了过渡时期总路线公开宣传的序幕；9月24日随着政协全国委员会发布的号召，全国城乡大张

旗鼓宣传总路线的活动随之展开；10 月 23 日，中华全国工商业联合会号召全国工商业人士要为实现国家总路线积极作出积极响应，随之广泛开展了学习宣传过渡时期总路线的活动。与此同时，党在工矿企业和农村也展开了总路线的宣传和教育活动，1953 年 11 月 25 日，中华全国总工会会下发了《关于学习、宣传与贯彻过渡时期的总路线的指示》，要求务必使每一个职工和家庭都懂得实行过渡时期总路线对于人民走上共同富裕道路的伟大意义，明确工人阶级的历史责任和担当。《人民日报》在 1953 年 11 月间，连续发表四篇社论，各级党委调派大批干部深入农村以各种生动活泼的方式向农民宣传总路线精神，帮助农民认识到只有建设社会主义才能走向共同富裕，决不能让资本主义占领农村这个阵地。1953 年 12 月，经中共中央批准，中共中央宣传部制定的《为动员一切力量把我国建设成为一个伟大的社会主义国家而斗争——关于党在过渡时期总路线的学习和宣传提纲》（以下简称《宣传和学习提纲》）正式下达，总路线的宣传教育进入高潮，在全国形成了浓厚的社会主义政治空气，唤起了广大干部和人民群众向往社会主义的意识，为过渡时期总路线的贯彻执行发挥了巨大的政治动员作用，对积极地推动社会主义"三大改造"奠定了良好的思想认识基础。

（2）积极地推动农业合作化掀起高潮

关于对农业的改造，《宣传和学习提纲》认为，基本途径是通过合作化的道路，将小规模生产变为大规模生产，实行合作经济模式。从 1953 年开始，党中央先后形成了两个关于农业合作化的决议：第一个是 1953 年春印发的《中共中央关于农业生产互助合作的决议》，提出了通过从方法上、认识上、原则上来指导农村工作；第二个是 1953 年底印发的《中共中央关于发展农业生产合作社的决议》，确定了具体方针，指明了引导个体农民经过初期的互助组，到逐步有规模的初级社，再到完全社会主义性的高级社的正确道路。第二个决议的颁布，推动了农业合作社由试办阶段进入了发展阶段，在农村掀起了大办合作社的热潮。1955 年春，农业合作化运动中出现了急躁冒进的问题，党中央及时提出整顿合作社的意见。可是在整顿过程中又出现了诸如"不该收缩的社也收缩了一些"的问题，对此，党内在农业合作化发展速度的问题上出现了不同的意见。1955 年 7 月，毛泽东在《关于农业合作化问题》的报告中，批评党内一些主张合作社要稳妥发展的同志，形容他们是跟在人民群众队伍后边冷言议论的"小脚女人"，必须反对之。紧接着在 10 月毛泽东又作了《关于农业合作化和资本主义工商业改造的关系问题》的报告，强调了合作社要大发展，彻底批判右倾机会主义。这次会议之后至 1955 年年底，全国初级社已发展到 109.5 万个，高级社在 1955 年下半年也有了突飞猛进的增长，跃升到一万多个。[①]1956 年 1 月，农业合作化运动又进入了一个新阶段：由办初级社为主转向办高级社为主。此后高级社迅猛发展。到 1956 年年底，在全国范围内，加入高级合作社的农户达到百分之九十以上。[②]这表明，我国的农业社会主义改造在全国范围内已经基本上完成，原来计划要用十几年来完成的农业合作化，仅仅用了 7 年时间就提前完成了。整个农业合作化运动，将广大农民的个体经营改造成了集体合作化经营，在很大程度上解放了生产力，调动了农民生产积极性，为走共同富裕的发展道路奠定了社会主义制度的根本保证。

（3）积极地推动手工业、资本主义工商业的社会主义改造掀起高潮

对资本主义工商业的社会主义改造，其中一个重要内容就是改变生产资料私有制。根据我国过渡时期的经济发展需要，党中央针对私人资本主义工商业实施了利用、限制、改造的政策，并经过对民族资产阶级的又团结又斗争，逐步实现了这个政策。1953 年 10 月，根据陈云的建议，国家开始对粮食、棉花等主要农产品实行统一收购、统一标准、统一价格的政策，以打击城乡资本主义的投机活动，切断资本家与农民的联系，保障人民生活的稳定和第一个五年计划的顺利进行。这极大促进了改造资本主义工商业的社会主义进程。1955 年夏季以后，为适应农业合作化高潮的形势，毛泽东在 10 月间，先是约谈工商界代表，随之又邀约民主建国会、全国工商联的领导人和出席全国工商联会议的全体执行委员举行座谈会，希望工商业者通过认清社会现实来真正地掌控自己的前途命运。于是，1955 年 11 月，全国工商联执行委员召开会议并通过了《告全国工商业界书》，号召工商界人士认清现实，积极配合社会主义改造，将自己的前途命运与国家的未来联系在一起。1955 年 11 月下旬，中共中央召开会议，毛泽东在会上特

① 陈果吉，崔建生. 辉煌与误区——建国以来五十件大事纪实 [M]. 呼和浩特: 内蒙古人民出版社，1995: 131–132.

② 李卫平. 浅析党在过渡时期总路线 [J]. 宜宾学院学报，2007（07）: 58.

别强调要加快改造资本主义工商业的步伐。会议讨论并通过了《中央关于资本主义工商业改造问题的决议（草案）》，确定有必要把对资本主义工商业的社会主义改造推进到一个新的阶段，即私营工商业的社会主义改造由个别企业的公私合营推广到全行业公私合营的阶段。从此，资本主义工商业社会主义改造进入高潮。在北京市率先宣布全部实现全行业公私合营影响下，许多城市陆续实现了全行业公私合营，到1956年年底，全国大中型城市基本实现了全行业公私合营。

在农业和资本主义工商业的社会主义改造掀起高潮期间，手工业的社会主义改造也迅速走向高潮。引导手工业者的个体经济走合作化、集体化的道路，是党的一贯方针。新中国成立后到1953年，国家集中发展了一批手工业的供销、生产合作社。1953年，党中央正式提出过渡时期总路线，手工业合作化由重点试办进入全面发展的新阶段；11月，党中央在第三次全国手工业生产合作会议上提出：要时刻以积极向上的态度来引导手工业发展，在平稳发展的同时不断前进，并通过思想教育、典型示范和国家帮助的方法，提高手工业者的觉悟，使他们自愿主动地组织起来。1954年年底，党中央在第四次全国手工业生产合作会议上确定了1955年手工业社会主义改造的中心任务是：提升现有的合作组织，在继续摸清主要行业基本概况的基础上，从供销入手，找寻合适机会来发展新社；之后又提出了在积极领导手工业发展的前提下，协调其他行业发展，在稳步进程中全面平衡发展。由于采取了一系列正确措施，手工业的社会主义改造顺利进行，1955年下半年，手工业社会主义改造进入了加速发展的阶段。同年，党中央召开座谈会，会议批评了手工业社会主义改造态度不积极，速度过于缓慢的情况，之后又将加快手工业发展作为一项可实施的具体任务来执行。毛泽东也提出要加快手工业改造的速度。到1956年年初，全国范围的手工业社会主义改造高潮开始出现；3月，毛泽东作了《加快手工业的社会主义改造》的指示之后，手工业合作化发展速度更猛、更快。在手工业社会主义改造迅速发展的影响下，到1956年4月，手工业从业人员总数达到90%。就这样，原计划在第二个五年计划的中期在全国范围内基本完成的手工业合作化，在农业和资本主义工商业的社会主义改造推动下，也基本完成了。

（二）全面建设社会主义时期走共同富裕道路的历史经验

1. 社会主义制度的确立为走好共同富裕道路奠定制度基础

我国社会主义改造完成之后，面临着许多现实问题，于是1956年9月15日至27日在北京召开的党的八大客观地剖析了当时我国的具体情况，提出了党在今后的工作中的具体任务，确定了以经济建设为中心的建设社会主义现代化国家的基本指导思想和路线，使中国从一个半殖民地半封建社会，跨过漫长的资本主义发展进程，进入社会主义发展新阶段，为我国社会的进步和走好共同富裕道路打下了坚实的基础。

第一，确立社会主义制度，使广大劳动者成为真正意义上的国家的主人，极大地提升了工人阶级和广大劳动人民的生产主动性和创造性，使以工人阶级领导的、工农联盟为基础的人民民主专政的国家政权的阶级基础和经济基础得以巩固和发展。人民是国家的主人，在社会主义制度下，人民生活的明显提高，真正实现了当家作主。社会主义制度的确立带来的人民社会、经济、政治地位的改变是真正实现人民群众走向富裕生活的制度基础和根本保证。

第二，伴随着社会主义制度的正式确立和社会主义建设的有序进行，我国初步建立起一个比较完整的经济体系，农业生产整体发生变革，生产力大大提升，城乡商业和对外贸易有很大增长，在教育、科学、社会等方面都有了很大发展。在工业生产方面，从1958年到1965年，建成了531个大中型工业项目，新建扩建了大批重要企业，初步建成有相当规模和一定技术水平的工业体系。在工业布局方面，加强了原有的沿海地区工业，其他内地和边疆地区都新建了不同规模的现代工业。与十年前相比，内地工业产值在全国工业产值中的比重也有所提高。交通运输业和水利建设方面也取得了很大成绩，使国民交通生活更加便利，农业灌溉比重加大，相比新中国成立初期都有了明显改善。更重要的是科学技术成绩显著，在世界上处于领先地位：1964年10月16日，成功地爆炸了我国自行设计的第一颗原子弹……这些都集中代表了当时我国科学技术已达到的水平。社会主义制度的确立为新中国走共同富裕道路奠定了坚实的物质基础，符合最广大人民的根本利益；1965年，我国首先完成人工合成牛胰岛素结晶。

2. 建构"一大二公"的体制难以走好共同富裕道路

社会主义制度确立以后，党中央领导全国人民开始进行大范围的、具体的经济建设，为了尽早实现社会主义公有制，以体现社会主义优越性，中国效仿苏联集体农庄模式，迅速在农村建立起高度统一的人民公社。所谓的"一大二公"是指："一大"就是合并小社为大社，一个乡构成一个公社，甚至是几个乡并成一个公社；"二公"就是愈是公有愈好，消除一切私有。"一大二公"便成为人民公社化运动的指导方针，在具体的实施中，一些领导干部将"一大二公"又扩展为"一大二公三纯四平均"，即：人民群众中的组织范围尽可能地大，社会整体的公有化程度尽可能地高，整体经济成分尽可能地纯正，平均分配尽可能地恰当。在当时，将这些口号贯彻实施到人民群众当中，就变成盲目地追求公社组织的大范围、社会整体的大公有、经济成分的大纯正，将人民群众的所有个人劳动成果和生活资料归人民公社所有。

以当时中国社会经济发展的现实状况，单一的公有制框架在很大程度上逾越了生产力发展的客观要求，极大地限制了人民群众从事个人生产劳动的自主性和积极性，遏制了人民创造社会财富的可能，严重阻碍了社会经济的正常运转。从历史上看，我国农村经济只存在着短暂的稳定，更多的是较长时期的曲折与困难，因此纯粹的、脱离生产力发展实际的公有制体制抑制了生产主动性、创造性，致使致富效率大大降低。

3. 平均主义、"大锅饭"阻碍了走好共同富裕道路

所谓平均主义，就是指平均分享一切社会财富的思想。在1958年的人民公社化运动中，由公社、生产队来管理农民粮食，农民不在自己家里开火做饭，全社员不管家中劳动力多少，都按照人口免费供应粮食，一起到公共食堂吃用一个大锅煮的饭，并提出"放开肚皮吃饭"等口号。但是，这种看似有饭同吃的平均主义，事实上严重压抑了劳动者的生产积极性，吃"大锅饭"造成了：拼命干活劳动的人却得不到更多的实惠，不干活的人却能得到一样多。这种现象的出现损害了群众的自身利益，伤害了劳动者的劳动生产自主性，造成经济落后，严重制约了生产效率。

总之，历史经验一再证明，超越历史发展阶段的做法不仅与实现共同富裕无益，反而会阻断共同富裕道路。

第五章 改革开放新时期中国

走向共同富裕的实践

"文化大革命"结束后,中国面临着何去何从的困难境地,以邓小平同志为核心的党中央在总结前人经验教训的基础上,开辟出了一条通往共同富裕的康庄大道。此后党的历届中央领导集体在邓小平所开辟的共同富裕道路基础上又进行了深入、科学的探索,进一步改善了人民的生活,为推进全体人民共同富裕目标的实现做出了巨大贡献。

一、改革开放新时期中国走向共同富裕的政策措施

改革开放以来,针对共同富裕的目标,党和国家共同富裕政策不断进行调整,从时间节点上看,大体经历了三个时期。

(一)改革开放初期(1978—1989 年)的共同富裕政策和措施

1. 打破平均主义

平均主义、"大锅饭"就意味着共同落后、共同贫穷。打破平均主义的分配方式是从 1979 年的农村经济体制改革开始的,其标志是实行家庭联产承包责任制。1979 年 9 月,党的十一届四中全会通过的《中共中央关于加快农业发展若干问题的决定》突出强调,农村"……坚决纠正平均主义。可以按定额记工分,可以按时记工分加评议,也可以在生产队统一核算和分配的前提下,包工到作业组,联系产量计算劳动报酬,实行超产奖励"[1]。之后,自 1982 年到 1986 年连续 5 年,中央以"一号文件"的形式陆续颁

---

[1] 中共中央文献研究室编. 三中全会以来重要文献选编(上)[M]. 北京:中央文献出版社,1982:185.

布涉农政策，加快农村经济体制改革。1982 年的中央"一号文件"指出，包产到户是社会主义集体经济的生产责任制，进一步以"包"字把劳动者的劳动同生产成果紧密联系起来，把责、权、利联系起来，有效地克服了平均主义，推动了生产的发展，并就发展多种经营、商品生产和进行农业技术改造、农村建设等问题提出了新政策。1985 年的中央"一号文件"取消了农产品统购统销制度，大力调整农村产业结构，进一步放宽山、林区政策，积极兴办乡村交通，放活农村金融，扩大城乡交流，等等。

1984 年，经济体制改革的重心转入城市，1984 年党的十二届三中全会作出《中共中央关于经济体制改革的决定》，提出以责、权、利相结合，国家、集体、个人利益相统一，职工劳动所得同劳动成果相联系的原则建立以承包为主的多种形式的责任制；企业有权自主决定内部职工的奖金发放，国家只适当征收超限额奖金税；要求企业内部工资要拉开档次、扩大差距，充分体现多劳多得、少劳少得。1984 年 4 月，国务院印发《关于国营企业发放奖金有关问题的通知》，指出发放奖金要同企业的经济效益挂钩，从而扩大了企业的财权和利润留成。1985 年 1 月，国务院印发《关于国营企业工资改革问题的通知》，决定从当年开始，在国营大中型企业中实行职工工资总额与企业经济效益挂钩、按比例浮动的办法。

与此同时，国家对于个体和私营经济的政策相继放开。1980 年，中共中央印发《关于转发全国劳动就业工作会议的文件通知》，允许个体劳动者从事法律许可范围内不剥削他人的个体劳动，这种个体劳动是社会主义公有制经济的不可缺少的补充。1981 年，国务院印发《关于城镇非农业个体经济若干政策性规定》，要求各部门应当认真扶持城镇非农业个体经济的发展，在资金、货源、场地、税收、市场管理等方面给予支持和方便。1987 年，又印发了《关于城镇非农业个体经济若干政策性规定》，进一步放宽个体经济相关政策。

2. 避免两极分化，防止形成新的资产阶级

共同富裕要避免两极分化，必须依靠政策措施。社会主义不能搞平均主义，也不能造成两极分化。邓小平指出："所谓两极分化就是出现新资

产阶级。"① 如何避免两极分化？具体来说，就地区而言，就是发达地区"通过多交利税和技术转让等方式大力支持不发达地区"②。对个人而言，"对一部分先富裕起来的个人，也要有一些限制，例如，征收所得税。还有，提倡有的人富裕起来以后，自愿拿出钱办教育、修路"③。

随后，国家陆续颁布了调整收入的相关政策。1980 年 9 月，《个人所得税法》正式颁布，征税对象包括中国公民和中国境内的外籍人员。同年 12 月 14 日，经国务院批准，财政部公布了个人所得税法施行细则。1986 年 1 月 7 日，国务院又印发了《城乡个体工商业户所得税暂行条例》，规定自 1986 年度起施行。1986 年 9 月 25 日，国务院印发了《个人收入调节税暂行条例》，规定自 1987 年 1 月 1 日起施行，这些政策从一定程度上起到了抑制过高收入的目的。

3. 形成对外开放格局，促进东部地区先富起来

由于在历史地理、资源禀赋、人文环境、国家政策等方面的原因，我国长期以来区域经济社会发展不平衡，形成东部、中部、西部地区发展的巨大差异。改革开放初期，为了实现先富带后富的目标，在区域经济发展规划方面，国家的政策措施不同程度地向东部沿海地区倾斜，到 20 世纪 80 年代中期，逐渐形成由东到西、由沿海向内地的全方位、多层次、宽领域的开放格局，并使这些地区在一定程度上发挥了应有的"窗口""示范""辐射"效应。

第一，创办经济特区。为了抓紧时机，扩大对外开放的力度，1979 年 7 月，根据广东、福建两省的自然条件和地域优势，中央决定给予这两个省份的对外经济活动更多的自主权，令其先行一步。1980 年 5 月，中央决定将深圳、珠海、汕头、厦门办成经济特区。而后 1983 年 4 月，中央又批转了《加快海南岛开发建设问题讨论纪要》，决定对海南岛实行经济特区的优惠政策，随后在 1998 年 4 月正式通过了建立海南省和海南经济特区的决定，从而使海南岛成为我国最大的经济特区。

① 中共中央文献研究室编. 邓小平年谱（一九七五——一九九七）（下卷）[M]. 北京：中央文献出版社，2004：1014.

② 邓小平. 邓小平文选（第三卷）[M]. 北京：人民出版社，1993：374.

③ 邓小平. 邓小平文选（第三卷）[M]. 北京：人民出版社，1993：111.

第二，开放沿海港口城市。1984 年 5 月，党中央、国务院批转了《沿海部分城市座谈会纪要》，决定全部开放我国的 14 个沿海港口城市，并规定了扩大城市权限和给予外商投资者若干优惠方面实行的具体政策和措施。1990 年 4 月，党中央、国务院正式批准开发开放浦东，在浦东实行经济技术开发区和某些经济特区的政策。

第三，建立沿海经济开放区。1985 年 2 月，中央批准了《长江、珠江三角洲和闽南厦漳泉三角地区座谈会纪要》，将长江三角洲、珠江三角洲和闽南三角区划为沿海经济开放区，并指出这三个地区对于对内搞活、对外开放具有重要的战略意义。随后，中央又于 1988 年初决定开放辽东半岛和山东半岛，将其连同大连、秦皇岛、天津、烟台、青岛形成环渤海开放区。

（二）以江泽民同志为核心的党中央实现共同富裕目标的政策和措施

基于邓小平晚年关于分配问题严重性的判断与认识以及现实中收入分配问题日益凸显，以江泽民同志为核心的党中央在政策方面予以了认真对待与回应。"效率优先、兼顾公平"分配政策的提出，正是对第一阶段共同富裕政策的承接。

处理好效率与公平的关系是解决收入差距问题的关键和契合点。1993 年，党的十四届三中全会通过的《中共中央关于建立社会主义市场经济体制若干问题的决定》中明确提出了"效率优先、兼顾公平"的分配原则，即初次分配要遵循市场经济的规律，按生产要素依贡献参与分配的原则，充分体现效率，再分配由政府通过采取适当的措施对收入差距进行调节，以缩小差距，实现共同富裕。相较于强调拉开收入差距，让一部分人、一部分地区先富起来，这是一种基于现实的迫切需要，既坚持了发展生产力仍是改革的中心任务的原则，又体现了分配政策上开始关注公平。

这一时期共同富裕政策和措施主要内容如下。

1. 建立社会主义市场经济体制

党的第三代领导集体根据邓小平提出的"发展是硬道理"的论断，秉承社会主义只有抓住机遇加快发展才能获得与资本主义的比较优势的思想，大力推进经济体制改革。1992 年召开的党的十四大提出建立社会主义市场经济体制这一目标模式，突出体现在确立了个体经济、特别是私营经济的市场地位，为私营经济的快速发展扫清了体制障碍。

1993年4月，国家工商行政管理局印发《关于促进个体私营经济发展的若干意见》，在20个方面为个体和私营经济放宽了政策，创造了良好的外部条件。

1993年11月，党的十四届三中全会作出《关于建立社会主义市场经济体制若干问题的决定》，指出鼓励个体、私营、外资经济发展，国家允许属于个人的资本等生产要素参与收益分配，并明确国家为国有经济、个体、私营经济、外商投资经济等"各种所有制经济平等参与市场竞争创造条件，对各类企业一视同仁"①。

1997年，党的十五大将以公有制为主体、多种所有制经济共同发展确定为我国社会主义初级阶段的一项基本经济制度，1999年全国九届人大二次会议将"'在法律规定范围内的个体经济、私营经济等非公有制经济，是社会主义市场经济的重要组成部分'等重要内容写入宪法"②。

2001年7月，在中国共产党成立八十周年纪念大会上，江泽民第一次将民营企业家明确为"有中国特色的社会主义事业的建设者"③。

中央对个体和私营经济政策的转变与调整，极大地释放了非公有制经济发展的活力，使非公有制经济呈现出快速增长的势头，生产力获得巨大增长。

2. 改革收入分配制度

在突出强调效率、快速发展生产力的同时，这一时期中央开始着眼于公平问题以及对于两极分化的高度重视，并对社会主义市场经济条件下如何推进共同富裕进行了大胆探索和实践。1992年党的十四大报告明确提出："运用包括市场在内的各种调节手段，既鼓励先进，促进效率，合理拉开收入差距，又防止两极分化，逐步实现共同富裕。"④中央将深化分配制度改革作为加速改革开放的主要任务之一，以逐步建立符合企业、事业单位

① 中共中央文献研究室编. 十四大以来重要文献选编（上）[M]. 北京：中央文献出版社，1996：527.
② 中共中央文献研究室编. 十五大以来重要文献选编（下）[M]. 北京：中央文献出版社，2003：2098.
③ 江泽民. 江泽民文选（第三卷）[M]. 北京：人民出版社，2006：341.
④ 中国共产党第十四次全国代表大会文件汇编[M]. 北京：人民出版社，1992：23.

和机关特点的工资制度与正常的工资增长机制为目标，加快工资制度改革。

1993 年党的十四届三中全会为建立与社会主义市场经济体制相适应的个人收入分配制度提出了十一项基本原则，如"个人收入分配要坚持以按劳分配为主体、多种分配方式并存的制度"①，突破了党的十三大提出的"其他分配方式为补充"②的提法；第一次提出"效率优先、兼顾公平"的收入分配原则，并提出在市场经济条件下，劳动者的个人劳动报酬要引入竞争机制，合理拉开差距、国家设立最低工资标准，并逐步建立个人收入应税申报制度，依法对个人所得税强化征管、适当的时候开征遗产税和赠与税。为避免因少数人收入畸高而造成的两极分化现象，必须通过分配政策和税收加以调节。

1994 年，我国颁布实施了新的《个人所得税法》，初步建立起内外统一的个人所得税制度，1999 年恢复征收储蓄存款利息所得个人所得税。

1997 年召开的党的十五大提出各种生产要素参与分配，并制定了相关的分配政策，即继续坚持按劳分配为主体，多种分配方式并存的分配制度；把按劳分配和按生产要素分配结合起来；坚持效率优先、兼顾公平的原则；依法保护合法收入，允许和鼓励一部分人通过诚实劳动和合法经营先富起来，允许和鼓励资本、技术等生产要素参与收益分配。

2002 年召开的党的十六大确立了劳动、资本、技术和管理等生产要素按贡献参与分配的原则，进一步解决了其他生产要素能不能和怎么样参与收入分配的问题，既肯定了劳动在创造财富过程中的关键性作用，又肯定了生产过程中不可或缺的其他要素参与生产从而必然参与分配的合理性，在分配制度上实现了社会主义基本原则与市场经济基本要求的高度统一。

3. 扶贫开发下岗工人再就业政策

扶贫开发是这一时期实现共同富裕的又一实际举措。在通过建立社会主义市场经济体制决定的第二年（1994 年），中共中央、国务院即召开全国扶贫开发工作会议，陆续通过了《"八七"扶贫攻坚计划（1994—2000 年）》《关于尽快解决农村贫困人口温饱问题的决定》《关于进一步加强扶贫开

① 中共中央关于社会主义市场经济体制若干问题的决定 [M]. 北京：人民出版社，1993：19.

② 中共中央文献研究室编. 十三大以来重要文献选编（下）[M]. 北京：中央文献出版社，1993：1517.

发工作的决定》《中国农村扶贫开发纲要（2001—2010 年）》等一系列文件。国家在财力有限的情况下，逐年加大扶贫投入。到 20 世纪末，我国基本解决了全国农村贫困人口的温饱问题，收入水平稳步提高，贫困地区基础设施明显改善，最低生活保障制度全面建立，农村居民生存和温饱问题基本解决，探索出一条中国特色扶贫开发道路，这无疑是我国在实现共同富裕道路上的一个重大成果。2002 年 11 月召开的党的十六大明确要求"继续大力推进扶贫开发，巩固扶贫成果，尽快使尚未脱贫的农村人口解决温饱问题，并逐步过上小康生活"①。

4. 实施西部大开发战略

实施西部大开发战略，是党的第三代领导集体在这一时期为实现共同富裕作出的一个重大战略决策。20 世纪 90 年代末，改革的推进和对外开放的扩大，我国东部沿海地区的飞速发展势头迅猛，使沿海有条件的地方快速发展起来。西部地区的落后局面尚未改观，东西部发展的差距逐步拉开，并出现进一步加重的趋势，地区发展的不平衡成为影响共同富裕的主要障碍之一；同时，东部地区深入发展的钳制日益暴露，市场资源环境的制约力量凸显，国际竞争日趋激烈，在这种情况下，不失时机地实施西部大开发战略意义重大。

党的十五大明确指出："国家要加大对中西部地区的支持力度，优先安排基础设施和资源开发项目，逐步实行规范的财政转移支付制度，鼓励国内外投资者到中西部投资。"②并通过东中西部的联合与合作，多方努力逐步缩小地区差距。

1999 年 6 月，江泽民指出："加快中西部地区发展步伐的条件已经具备，时机已经成熟。"③2000 年国务院印发《关于实施西部大开发若干政策措施的通知》，从制定政策的原则和支持的重点、增加资金投入的政策、改善投资环境的政策、扩大对外对内开放的政策、吸引人才和发展科技教

---

① 中共中央文献研究室编. 十六大以来重要文献选编（上）[M]. 北京：中央文献出版社，2005：23.

② 中共中央文献研究室编. 十五大以来重要文献选编（上）[M]. 北京：中央文献出版社，2000：27.

③ 中共中央文献研究室编. 十五大以来重要文献选编（中）[M]. 北京：中央文献出版社，2001：855.

育等一系列具体政策方案,战略方案适用于2001至2010年。2000年10月,"十五"规划建议,将西部大开发、促进地区协调发展作为一项战略任务加以强调,并指出西部大开发战略是关系地区协调发展、最终实现共同富裕和第三步战略目标的重大举措。2001年3月,九届全国人大四次会议通过"十五"规划纲要,对实施西部大开发战略再次进行了具体部署。"西部大开发"战略,为西部地区的经济社会快速发展和实现共同富裕提供了新的契机。

(三)以胡锦涛总书记为代表的党中央实现共同富裕目标的政策和措施

1. 建设社会主义新农村进一步缩小城乡差距

作为第一产业和国民经济基础,农业丰则基础强,农民富则国家盛,农村稳则社会安;作为经济社会全面协调可持续发展的重要因素,没有农村的小康,就没有全社会的小康;没有农业的现代化,就没有国家的现代化;没有农村的富裕,就没有全国的共同富裕。

这一时期,解决"三农"问题是全党工作的重中之重。2003年12月30日中央颁布了改革开放以来以"三农"为主题的第六个"一号文件",明确再次将中央工作重点回归农业,对农村改革和农业发展作出具体部署。2005年1月30日,第七个涉农主题的"一号文件"公布,2005年10月,党的十六届五中全会提出了建设社会主义新农村的重大历史任务,通过了《中共中央、国务院关于推进社会主义新农村建设的若干意见》,明确"十一五"时期经济社会发展的主要任务。2006年2月21日,新华社授权全文公布了以"建设社会主义新农村"为主题的中央"一号文件",成为解决"三农"问题的重大战略举措。文件提出,5年内乡镇机构编制只减不增,以确保社会稳定;到2007年全免农村义务教育学杂费;自2006年起,中央和地方财政较大幅度提高补助标准,到2008年在全国农村基本普及新型农村合作医疗制度;清理农民工就业歧视规定,逐步建立务工农民社会保障制度等。

随后,在2007年1月29日和2008年1月30日,中央又连续印发了两个关于"三农"问题的"一号文件"。2009年2月1日,《中共中央国务院关于年促进农业稳定发展农民持续增收的若干意见》、2010 年 1 月 30 日《中共中央国务院关于加大统筹城乡发展力度进一步夯实农业农村发展基础的若干意见》陆续颁布了一系列新的涉农重大原则和措施；中央关于"三农"问题的第八、第九和第十个"一号文件"又陆续于 2011 年 1 月 29 日、2012 年 2 月 1 日、2013 年 1 月 31 日下发。

伴随着这些中央"一号文件"、一系列惠农富农政策相继出台，从稳定、完善和强化各项支农政策发展现代农业、加强农业基础设施建设促进农民增收、围绕稳粮、增收、强基础、重民生，进一步强化惠农政策、在保持政策连续性、稳定性的基础上，进一步完善"三农"工作的好政策、突出强调部署农业科技创新，到提出城乡发展一体化是解决"三农"问题的根本途径，中央财政支农力度逐步加大，农村基础设施建设、农村社会保障事业、农村税费改革、城乡发展一体化取得重大进展，极大地改善了农村农民的生产生活条件，进一步缩小了城乡差距。

2. 振兴东北和中部起进一步缩小地区差距

区域经济社会的发展不平衡始终是制约共同富裕的重要因素之一。继西部大开发战略实施之后，党的十六大报告明确提出："支持东北地区等老工业基地加快调整和改造，支持以资源开采为主的城市和地区发展接产业。"[1] 这是中央首次提出振兴东北老工业基地，是从协调区域发展和全面建设小康社会的全局着眼的战略部署，是实施西部开发和东北振兴双轮驱动、东西互动、实现共同富裕的重要举措。

第一，振兴东北。2003 年 9 月、2003 年 10 月、2003 年 12 月、2004 年 8 月，国务院密集出台了振兴东北地区等老工业基地的指导思想、主要任务和具体政策措施，支持东北地区等老工业基地加快调整、改造，要求要用新思路、新体制、新机制、新方式，走出加快老工业基地振兴的新路子。2006 年，振兴东北老工业基地被拟定为国策，东北三省地区成为继长江三角洲、珠江三角洲后中国第三个大型经济纽带。2009 年 9 月，国务院通过了《关于进一步实施东北地区等老工业基地振兴战略的若干意见》。2012 年 3 月 4 日，国务院又批复了《东北振兴"十二五"规划》。

---

① 中国共产党第十六次全国代表大会文件汇编 [M]. 北京：人民出版社，2002：24.

振兴东北战略实施以来，东北地区老工业基地重新焕发生机：国有企业体制机制创新实现突破，以国有企业改革为重点的目标取得实质性进展，多种经济共同发展，进一步推动了经济结构的优化，提升了自主创新能力，极大地提高了对外开放水平，同时，一些长期积累的民生问题逐步得到解决，基础设施明显改善，城乡居民生活显著提高。

第二，中部崛起。区域之间合理分工，优势互补，梯度适宜，统筹发展，是科学发展观的基本要求。我国中部地区（包括晋、赣、豫、鄂、湘、皖六省）作为我国重要的粮食主产区，是"三农"的主体部分，从某种意义上讲，中部地区"三农"问题的解决，是全国"三农"问题的关键。中部地区承接东西，贯通南北，在我国区域发展格局中具有十分重要的战略意义，中部地区经济社会发展的均衡，劳动力结构和生存质量的改善、社会事业的发展，是衡量科学发展成效的重要参照。

然而，改革开放以来，我国东中西部发展不平衡问题依然突出，东部地区的极化效应日益强化，西部地区随着西部大开发战略的实施奋起直追、后来居上，而中部地区与东西部的差距日渐明显，存在的农业发展滞后及工农关系失调、科技对经济增长的带动能力不强、产业结构亟待升级；农业基础设施老化，农业综合生产能力比较薄弱、对高技术人才吸引力低；外向型经济发展不足，产业优势没有充分发挥；扶贫开发、生态保护、环境治理任务艰巨等问题愈加凸出，已然造成全国经济整体的撕裂，区域"马太效应"隐然形成，这无疑与区域统筹的科学发展理念相去甚远，尽快解决中部地区制约经济社会发展瓶颈问题迫在眉睫。

中部崛起战略实施以来，中部地区经济总量占全国的比重比战略实施前稳步提高，2005 至 2010 年，人均 GDP 年均增幅高于同期全国平均水平；固定资产投资增速高于东部和西部地区，占全国比重不断提高；社会消费品零售额增长率居全国首位。2005 至 2010 年中部各省对外贸易年均增速大大高于同期全省生产总值增速；城镇就业规模不断扩大，就业服务体系逐步完善、就业结构进一步改善；新型农村合作医疗、惠民医院、城镇居民基本医疗保险试点、城市社区卫生服务机构等社会保障工作按要求顺利推进；中部六省城镇居民基本医疗保险试点工作全面启动；城乡社会救助体系全面建立，社会福利事业加快发展。这一系列政策措施使区域差距呈明显缩小态势。

3. 加强社会建设和深化收入分配制度改革，进一步缩小贫富差距

自 2004 年 9 月中央首次提出"构建社会主义和谐社会"的概念，2006 年 10 月，中央提出构建和谐社会的目标任务之后，为进一步缩小贫富差距，我国在社会建设和收入分配制度改革方面力度空前。

教育方面，近年来我国义务教育和免费教育的覆盖面和资金支持力度逐年增加，涵盖义务教育阶段的学生、中等职业院校的农村贫困生、涉农专业学生、高等教育的部分师范院校学生，受益群体越来越广。医疗方面，从农村看，自 2003 年实行"新农合"试点到 2011 年，新农合参加人数达 8.32 亿，参合率 97%，政策范围内的住院医药费报销比例达到 70%；从城市看，自 2009 年，重点旨在解决老百姓"看病难、看病贵"问题的"新医改""方案公布以来，截至 2011 年，城乡居民就医状况得到明显改善，医疗资源配置逐步趋于合理，以药养医局面得到缓解，城乡居民参加医保人数超过 13 亿，基本实现人人都有医疗保障。就业方面，我国城镇登记的失业率始终低于 5%，尽管与一些机构的统计数据有一定的差距，但国家致力于改善就业环境，拓宽就业渠道，增加就业岗位，控制失业率的努力是众所周知的，城镇就业率逐年上升。住房方面，国家提出在"十二五"期间建设 3600 万套保障性住房，将使更多的人实现"住有所居"。2004 年以来，国家还陆续颁布一系列关于民生保障的法律法规，例如 2004 年的"国家尊重和保障人权"被写进宪法、2007 年的物权法、2009 年的侵权责任法、2010 年的社会保险法、2012 年"保障人权"被首次写入刑诉法，等等。

党的十六大以后，自 2004 年至 2013 年每年都有收入分配政策出台，从提高企业退休人员基本养老金标准、调整个税起征点、改革公务员工资制度、取消农业税、个税第二轮改革、加大国民收入分配调节力度，增强居民消费能力等到加快收入分配制度改革。具体来说，2004 年中央"一号文件"宣布，5 年内逐步减免农业税，全面提高企业退休人员基本养老金标准；2005 年 8 月，第一轮个税改革落定，个税起征点从 800 元调整至 1600 元，28 个省（区、市）全部免征农业税，全面取消牧业税；2006 年党的十六届六中全会决定改革公务员工资制度，规范公务员收入分配秩序，同时，改革和完善事业单位工作人员收入分配制度，继续适当提高相关人员待遇水

平；2007 年取消农业税；2008 年 3 月，个税第二轮改革，个税起征点提高到每月 2000 元；2009 年出台《关于加强收入分配调节的指导意见及实施细则》；2010 年提出加快收入分配制度改革的四大措施；2011 年 9 月，个税起征点又提高到 3500 元；直至 2013 年 12 月《关于深化收入分配制度改革的若干意见》的出台。此次改革的目的是为贯彻落实党的十八大提出的要求，深入推进"十二五"规划实施，完善收入分配结构和制度，最终达到城乡居民收入实现倍增、收入分配差距逐步缩小、收入分配秩序明显改善、收入分配格局趋于合理的目标。

二、改革开放新时期中国走共同富裕道路的历史经验

及时对我国的社会主义实践进行概括和总结是中国共产党在长期革命、建设和改革过程中的理论自觉，也是我国社会主义事业取得成功的重要法宝之一。改革开放以来，中国特色社会主义共同富裕从理论到实践不断进行探索，取得了举世瞩目的成就，积累了宝贵的经验，对这些经验进行概括总结成为中国特色社会主义共同富裕前行道路之必须，这些基本经验包括：

（一）深化改革夯实中国特色社会主义共同富裕的制度基础

制度即规范和标准，制度的实质就是将社会成员的经济关系、财产关系、阶级（层）关系等各种关系规范化、程序化、法律化，进而明确社会成员在各个领域的活动范围、活动方式和活动标准，它为社会成员的行为明确规范、制定规矩。中国特色社会主义制度的形成逐渐为社会成员框定了在当代中国哪些行为是有利于中国特色社会主义事业发展的，哪些行为是对中国特色社会主义事业有害的。作为中国特色社会主义内生要素，从改革开放初期邓小平提出共同富裕是社会主义的基本特征之一、1992 年将共同富裕作为社会主义的本质，到中国特色社会主义制度将不断以实现全体人民共同富裕为奋斗目标，中国特色社会主义共同富裕已经逐渐明确为中国特色社会主义制度的内在价值，进而成为每一位社会成员接受并推崇的生活模式以及每一位党员干部应当为之努力的工作标准。胡锦涛指出："中国特色社会主义制度，是当代中国发展进步的根本制度保障，集中体现了

中国特色社会主义的特点和优势。"① 中国特色社会主义制度作为改革开放多年实践积累、逐步形成并不断得以完善的重要成果，从它的逻辑生成、内在价值和功能特点以及实践意义来看，既是共同富裕理论与实践探索的结果，又是在新的实践中将其不断完善的重要前提和制度保障。

从中国特色社会主义制度的生成逻辑来看，马克思主义认为，制度是社会经济关系的产物，制度具有基于客观社会历史形态的不以人的意志为转移的历史客观必然性，社会经济关系是决定制度形态的根本原因，社会经济发展是制度形成的基础。同时，"几代人时间的长期持续的有效性，也可以给予一个政治系统合法性。在现代世界，这种有效性主要是指持续不断的经济发展。"② 改革开放以来的成就和经济的持续快速增长，成为中国特色社会主义制度优越性与合法性的有力证明。一方面，中国特色社会主义制度源于改革开放以来建设中国特色社会主义建设的实践，对中国特色社会主义共同富裕理论与实践的探索本身就是中国特色社会主义制度的构成要件之一，另一方面，中国特色社会主义制度的生成也从对于社会主义初级阶段共同富裕持续探索形成的实践成果和基本经验中获得生动证明。

从中国特色社会主义制度的内在价值来看，因其始终以站在最广大人民的立场为根本宗旨，以公平正义和共同富裕为根本价值指向，决定这一制度可以为共同富裕提供持久的动力保障。制度哲学告诉我们，从来没有中性的制度，制度作为共同活动方式和交往形式，不同的制度体现了对不同的社会群体利益的不同关切，必然有其特定的价值观基础和正当性要求。中国特色社会主义制度是社会主义制度，决定其始终站在最广大人民群众的立场上，坚持发展为了人民、发展依靠人民，其根本价值指向为公平正义和共同富裕。中国特色社会主义制度以共同富裕、让人民群众共享改革发展成果为价值指向，把实现社会公平正义放到更加突出的位置，充分体现了社会主义制度的本质和优越性；同时，中国特色社会主义制度之所以具有持久的内在生命力，也源于对科学社会主义基本原则的坚持和对中国现实国情的准确把握。科学社会主义基本原则最重要的，一是解放和发展生产力，二是消除两极分化、实现共同富裕。中国特色社会主义制度以解

① 胡锦涛. 胡锦涛文选（第三卷）[M]. 北京：人民出版社，2016：527.
② [美]李普塞特. 政治人政治的时候基础[M]. 张绍宗，译. 上海：上海人民出版社，1997：551.

放生产力、发展生产力作为基本出发点和根本任务，结合中国现实国情，采取适合社会主义初级阶段的经济制度、政治制度以及各方面具体制度以实现初级阶段的共同富裕目标，并朝着更高的社会主义共同富裕目标而奋斗，体现了坚持基本原则与具体实际的有机统一。这一特点使中国特色社会主义制度获得持久的内在生命力，并由此成为中国特色社会主义共同富裕的恒久动力源。

从中国特色社会主义制度的功能来看，首先，中国特色社会主义制度作为一种制度，是在改革开放过程中通过变革共同活动方式、改变和创新交往形式中逐渐形成的，本身也是生产力。马克思曾明确指出："一定的生产方式或一定的工业阶段始终是与一定的共同活动方式或一定的社会阶段联系着的，而这种共同活动方式本身就是'生产力'；……"[①] 这就意味着，作为上层建筑的制度，并非随经济基础变动的"附属物"，而是直接作用于生产力、直接促进生产力的能动力量本身就构成了生产力的重要内容。因此，中国特色社会主义制度本身即为生产力，是实现中国特色社会主义共同富裕的内在条件。其次，由于制度是社会关系的存在方式，而利益关系是最基本的社会关系，所以制度就成为利益关系的对象化形式，是为实现利益服务的。中国特色社会主义制度的实质也是利益制度，是为了全体社会成员的利益而建立起来的。它摆脱了传统的经济模式和物质利益分析方式，以唯物史观的物质利益分析方法，从人民日益增长的物质文化需要同落后的社会生产之间的矛盾这一基本判断出发，将实现共同富裕作为社会主义本质和根本目标，是以社会主义初级阶段全体人民的利益为基础的权利确认，为共同富裕的实现提供了有效的激励机制。最后，作为行动章程与行为守则，制度是一定时期较为稳定的社会关系，其目的在于促进理论向实践的转变，即从应然走向实然，使事业从理想、理念走向现实、走向实践。中国特色社会主义制度将中国特色社会主义由实践形态发展成为制度形态，解决了中国特色社会主义实践行动的制度保障问题。改革开放以来，我国为实现共同富裕的目标，无论在人民生活水平的提高还是精神生活的丰富，所取得的一切成就需要稳定的制度加以保持和巩固，继续

---

① 中共中央马克思恩格斯列宁斯大林著作编译局编译. 马克思恩格斯选集（第一卷）[M]. 北京：人民出版社，2012：160.

探索实现共同富裕的路径更需要制度的不断完善和创新提供坚强保障。

（二）坚持制度的稳定性和政策的灵活性相结合

邓小平指出："恐怕再有三十年的时间，我们才会在各方面形成一整套更加成熟、更加定型的制度。在这个制度下的方针、政策，也将更加定型化。"① 这句话包含三层意思：第一层意思说明了一套成熟、定型的制度是推动社会主义制度自我完善的内在要求；第二层意思说明了中国特色社会主义制度走向成熟需要改革开放的实践，是改革开放实践不断深化的必然结果；第三层意思说明政策是制度的具体化，制度需要不断变化与完善，政策更需要不断调整和创新。

制度与政策在价值取向和功能目标是一致的，但相对于政策来讲，制度具有根本性、全局性、稳定性、长期性，对政策具有决定性和指导性。制度的生成具有自发性，是自然演化的结果。一方面，中国特色社会主义制度具有很强的内生性，是在改革开放多年的实践中逐渐形成的相对稳定的制度，但绝不代表这一制度就可以一成不变、一劳永逸。恩格斯指出："我认为，所谓'社会主义社会'不是一种一成不变的东西，而应当和任何其他社会制度一样，把它看成是经常变化和改革的社会。"② 党的十七大报告指出，巩固和发展社会主义制度需要几代人、十几代人甚至几十代人坚持不懈地努力奋斗。中国特色社会主义制度需要在不断变革中加以完善和成熟。另一方面，中国特色社会主义制度更不能取代各个阶段的具体政策，政策的生成具有更强的主观性，同时兼具时效性的特征，邓小平指出："社会主义制度并不等于建设社会主义的具体做法。"③ 中国特色社会主义实践的具体政策需要根据不同时期经济社会发展的阶段性特征加以调整。

正是基于对于制度不可能一劳永逸、政策更不可能一步到位的认识基础上，我们很好地把握制度的相对稳定性和政策的相对灵活性，将"不变"与"变"有机统一起来，成为改革开放以来中国特色社会主义共同富裕的又一基本经验。我国在改革开放之初，为了调动全体社会成员的积极性，

① 邓小平. 邓小平文选（第三卷）[M]. 北京：人民出版社，1993：372.
② 中共中央马克思恩格斯列宁斯大林著作编译局编译. 马克思恩格斯选集（第四卷）[M]. 北京：人民出版社，2012：601.
③ 邓小平. 邓小平文选（第二卷）[M]. 北京：人民出版社，1994：250.

尽快地发展社会生产力，为实现共同富裕打下物质基础，从农村到城市、从国有企业到私营企业、从沿海到内地，进行了全面的政策调整，其灵活性可见一斑。

当前，促使我国综合国力和国际地位显著提升和人民生活质量极大提高的制度环境已然形成，共同富裕的物质基础得以巩固，但制约科学发展躲不开、绕不过的体制机制障碍依然存在，共同富裕面临更为艰巨的任务和挑战。在制度和政策方面的问题明显表现在：一是坚持根本政治制度前提下的基本政治制度与基本经济制度尚有一些具体制度不尽完善；二是各项具体制度还存在有失公正、甚至相互冲突、相互抵消的状况，从而在某种程度上削弱了制度的权威性和有效性；三是政策的权宜性太强，缺乏全局性和长远性的考量，其科学性和决策水平有待提高。

（三）坚持社会差距的客观性与社会公正的必然性相统一

社会差距是具有历史合理性的现实存在，也必然是当代中国的基本国情之一。社会公正是人类不断追求的社会状态、价值理念和制度安排。正义是社会制度的首要德性，它是当代社会的基本价值求，也必然是社会主义初级阶段的价值目标之一。坚持社会差距的客观性与社会公正的必然性的有机统一是改革开放以来共同富裕实践的基本经验之一。

深化对社会公正的理解，寻找缓解社会差距之道及达到社会公正之法，始终是困扰社会主义国家发展的重大难题。生搬硬套经典作家的基本原理，企图在短时间内消灭社会差距，迅速实现完全平等，这种想法无论是历史上运是在现实中都颇具诱惑力，但在社会主义国家的实践中只会落入平均主义的窠臼，是空想社会主义的一厢情愿；反之，如若任凭社会差距的拉大和收入分配的不均，无视非正常收入的畸形发展，认为是促进生产力发展的唯一方式和社会主义改革必须付出的代价，最终又会落入贫富差距和两极分化的陷阱。实践证明，以上两种选择都会严重挫伤劳动者和建设者的积极性，严重阻碍乃至破坏社会生产力。改革开放的实践使我们逐步认识到：实现社会公平与公正是社会主义共同富裕的基本要求，但是在我国社会主义初级阶段这一最大的国情背景下，社会公平与公正不可能一蹴而就，必然是一个长期奋斗的过程。真正的社会主义不能不承认社会差距的客观存在，企图在短期内实现完全公平与公正不切实际；真正的社会主义更不能漠视社会公平与公正，企图通过不断拉大社会差距刺激经济增长亦不能容忍。改革开放以来共同富裕实践，充分证明了我们完全认识到社会差距的客观性与社会公正的必然性有机统一的重要性。

正视社会差距客观存在。由于自然禀赋、社会文化条件、家庭背景环境的差异，人们拥有的财富、获取的机会不可能完全一致，存在差别是必然的，实际上，在理想中的"大同"社会实现之前，社会差别、贫富差距的存在是一种社会常态，甚至是促进社会前进的动力。另外，贫富差距本身又是市场经济的必然规律，一定程度的贫富差距是市场经济条件下富于效率的体现。贫富差距在一定程度上反映了人们能力的高低、投入的多少和贡献的大小。因此，合理的贫富差距既能激励人们努力提高自身的能力和素质，又能激发人们为创造社会财富而奉献自己的才能与心智，这是与社会财富的创造、人们追求富裕生活的向往是一致的。正是基于对社会差距客观性的认识，改革开放一开始，党中央就提出让一部分人和一部分地区通过诚实劳动和合法经营先富裕起来，带动越来越多的人和地区都逐步富裕起来、最终实现共同富裕的大政策，激发了人们创造财富的巨大热情。党的十四大以后，随着社会主义市场经济体制目标的确立，加上相关政策的引导，人们致富的欲望更加强烈，创造的主动性和积极性充分调动，社会财富增长迅速，人民生活水平极大提高，生产力得到巨大发展。

社会公正同样不容忽视。承认社会差别的同时，我们看到，正如一枚硬币的两面，社会差距和社会公正如影随形，不可或缺，任何偏废，都将付出代价。就像机会的不平等，使最终造成的贫富差距并不完全是人们的主观努力和贡献大小所致的合理差别，而是反映了客观的自然或社会因素对财富创造和财富占有的影响，这种因素所占比重较大或过大，由此而产生的贫富差距，已然成为当前最突出而又广受诟病的社会不公，不仅不能激发人们去自我提高和自我奉献，反而会在很大程度上挫伤人们的积极性、主动性和创造性，乃至破坏社会和谐稳定。

其实，社会公正本身是社会保持健康活力的稳定器，是衡量人们满意度的天平，进而能够成为效率的助推器，成为促进社会财富稳定增长的加油站。作为中国特色社会主义的核心价值理念，社会公正是实现共同富裕

120

的必然要求。我们承认，社会公正作为理想，其实现程度，是衡量社会文明进步的重要尺度，不同的历史时期和不同的社会制度或体制，人们对公正的理解和践行是不尽相同的。作为中国特色社会主义的基本价值目标和核心价值观念，社会公正是中国特色社会主义共同富裕的内在要求，既继承了人类历史上进步的公正思想之精华，又体现了社会主义初级阶段的时代特色和制度特征，是追求中国特色社会主义共同富裕的公平正义。因此，改革开放以来，特别是党的十六大以来的一系列重要方针政策，充分表明党和国家把公平正义作为走共同富裕道路的必要条件，将保障社会公平正义摆到了更加突出的位置，以不断解决共同富裕前进道路上出现的问题。

实践证明，中国特色社会主义共同富裕的实现，必须从社会主义初级阶段的实际出发，既要顾及社会差距的客观性和现实性，把提高效率、促进发展放在重要位置，又要观照社会公平与公正的必然性和目标性，做到正视差距与实现公正的有机统一，实现追求效率与维护公平的有机统一。可以说，这既是中国特色社会主义共同富裕实现的一个重要现实条件，又是中国特色社会主义共同富裕必须致力于解决的现实任务。

（四）坚持人民利益至上的执政理念不偏离

共同富裕的实质，从某种意义上讲就是使人民群众的利益得以更好地实现、维护和发展，而利益问题是带有根本性的问题。能否代表人民的利益是能否更好地实现共同富裕的基本前提和根本标准，关系到一个无产阶级政党的立场和执政合法性。

利益是与一定的生产力水平相适应的人们通过劳动所创造的物质和精神产品与享受这些产品的主体的人的关系。首先，这种关系是客观的物质关系，是木以人的意志为转移的，具有广泛的社会性、阶级性和现实性。由此看来，作为物质关系，利益的获取和满足首先取决于社会生产力发展水平，其次，作为社会关系，人们占有和享受物质与精神产品的方式与程度还取决于生产关系的制约，阶级性和社会性是利益的重要特征——"他们必须到生产关系中间去探求社会现象的根源，必须把这些现象归结为一定阶级的利益"①。中国共产党作为无产阶级政党，作为社会主义国家的执政党，代表谁的利益、如何代表，体现了无产阶级政党的根本性质。《共产党宣言》指出："共产党人不是同其他工人政党相对立的特殊政党，他们没有任何同整个无产阶级的利益不同的利益。"②《中国共产党章程》明确规定："中国共产党是中国工人阶级的先锋队，同时是中国人民和中华民族的先锋队"，"党除了工人阶级和最广大人民群众的利益，没有自己特殊的利益"。邓小平指出："中国共产党员的含意或任务，如果用概括的语言来说，只有两句话：全心全意为人民服务，一切以人民利益作为每一个党员的最高准绳。"③党的十一届三中全会，把党和国家的工作重点转移到社会主义现代化建设上来，实行改革开放，就是着眼于最广大人民的根本利益，是代表最广大人民根本利益作出的重大抉择。随后，党中央制定的路线方针政策，都是为了代表并实现最广大人民的根本利益。邓小平强调，要把最广大人民拥护不拥护、赞成不赞成、高兴不高兴、答应不答应作为我们一切工作的出发点和落脚点。江泽民也指出："我们想问题、办事情的出发点和落脚点，始终要考虑人民群众的根本利益。"④胡锦涛提出必须"着力解决好人民最关心最直接最现实的利益问题"⑤。习近平在阐发中国梦时指出："中国梦归根到底是人民的梦，必须紧紧依靠人民来实现，必须不断为人民造福。……我们要随时随刻倾听人民呼声、回应人民期待，……"⑥

中国共产党的执政地位不是与生俱来的，也不是一劳永逸的。不能代表人民的利益，不能坚持人民利益至上，就会危及中国共产党的前途和命运。改革开放以来，中国共产党始终警惕脱离群众的危险和新的历史条件下的执政风险。早在 20 世纪 80 年代初，作为党的第二代领导集体的核心成员

① 中共中央马克思恩格斯列宁斯大林著作编译局编译. 列宁全集（第一卷）[M]. 北京：人民出版社，2013：470.

② 中共中央马克思恩格斯列宁斯大林著作编译局编译. 马克思恩格斯文集（第四卷）[M]. 北京：人民出版社，2009：3.

③ 邓小平. 邓小平文选（第一卷）[M]. 北京：人民出版社，1994：257.

④ 江泽民. 江泽民文选（第一卷）[M]. 北京：人民出版社，2006：469-470.

⑤ 胡锦涛. 胡锦涛文选（第二卷）[M]. 北京：人民出版社，2016：524.

⑥ 习近平. 习近平谈治国理政 [M]. 北京：外文出版社，2014：40.

之一的陈云就指出："执政党的党风问题是有关党的生死存亡的问题"①，邓小平更是曾经振聋发聩地指出："中国要出问题，还是出在共产党内部。对这个问题要清醒，……"②江泽民强调："治国必先治党，治党务必从严"③，胡锦涛指出："回顾九十年中国的发展进步，可以得出一个基本结论：办好中国的事情，关键在党。"④习近平指出："为政清廉才能取信于民，秉公用权才能赢得人心。"⑤这一系列重要言论充分说明中国共产党将人民利益至上作为执政理念始终坚守、常抓不懈，因此，始终坚持人民利益至上的理念不偏离，成为改革开放以来中国共产党共同富裕实践取得成就的基本经验之一。

① 陈云. 陈云文选（第三卷）[M]. 北京：人民出版社，1995：273.

② 邓小平. 邓小平文选（第三卷）[M]. 北京：人民出版社，1993：380.

③ 江泽民. 江泽民文选（第三卷）[M]. 北京：人民出版社，2006：535.

④ 胡锦涛. 胡锦涛文选（第三卷）[M]. 北京：人民出版社，2016：527.

⑤ 习近平. 习近平谈治国理政 [M]. 北京：外文出版社，2014：385.

第六章　新时代中国走向共同富裕的实践

新时代奋进强音开始奏响，习近平在党的十九大报告中明确指出："这个新时代，……是全国各族人民团结奋斗、不断创造美好生活、逐步实现全体人民共同富裕的时代，……"①这意味着我们比历史上任何一个时期都更接近共同富裕这一目标，与此同时我们也必须要解决更加深刻的现实难题。所以，处在新时代的我们要以实现全体人民共同富裕的奋斗目标为出发点，坚持不懈为之努力奋斗。自从1978年实行改革开放以来，我国的经济发展已经取得了举世瞩目的巨大成就，这为我国实现共同富裕的目标打下了坚实基础。如今，我国处在新的历史方位中，继续不断地探求新时代实现共同富裕的道路，是我们坚定社会主义信念的必然要求，同时，这也是实现"两个一百年"奋斗目标和中国梦的必然要求。所以，在当前新时代的背景下，我国如何逐步实现共同富裕，依然是值得探讨的重大课题。

本章主要探讨马克思主义共同富裕思想在新时代实践的现实逻辑、生动实践及经验启示。

一、马克思主义共同富裕思想在新时代实践的现实逻辑

我国一直在每个发展时期都不失时机地深化改革，越来越让人民看到共富实现的可能性，但越是快要到实现共同富裕的紧迫关头，弊端越是容易凸显，越是需要对阻碍因素愈加重视，防范重大风险。正是在新时代的发展现状这一现实逻辑下，利弊共存体现着矛盾性特征，辩证地看待目前共同富裕的发展程度，是非常有必要的。共同富裕的实现探索是一个前进

---

① 习近平. 决胜全面建成小康社会　夺取新时代中国特色社会主义伟大胜利——在中国共产党第十九次全国代表大会上的报告 [M]. 北京：人民出版社，2017：11.

与曲折辩证发展的过程，既有共同富裕程度不断加深的好态势，又存在许许多多亟待解决的问题，构成了新时代共同富裕的新机遇和挑战。

（一）新时代实现共同富裕面临的机遇

新中国成立以来，中国共产党历代领导集体关于共同富裕理论的实践是一个从侧重社会经济运行到力求人民全面富裕的过程。小康社会的初步形成是共同富裕的第一步，改革开放以来的经济发展势头持续增进，一个个统计数据反映着国家在经济实体的地位和人民的富裕程度提高，共同富裕的新征程正在开启。

1. 实现共同富裕的可能性不断加强

中国特色社会主义进入了新时代，"全体人民共同富裕"成为新时代最强烈的主题。党的十九大对中国所处发展阶段的判断是："我们比历史上任何时期都更接近、更有信心和能力实现中华民族伟大复兴的目标"①，中华民族伟大复兴与实现共同富裕的目标导向高度一致，必须坚持从积小胜到积大胜。

现在就我国的发展情况和人民的需求来看，人民对"共同富裕"的要求也越来越"严格"，由原来的"共同生存""共同发展"到现在的"共同享受"，发展层次越来越高。新时代强调全体人民的富裕是具体的，是全面的。党的十八大以来，习近平同志多次提到"人民的幸福""人民的获得感""幸福生活""幸福安康的生活"等，这些必然是在富裕的基础上对美好生活的追求，体现着富裕的全面性。共同富裕还需要与社会整体进步相结合，"五位一体"总体布局明确了五个文明的建设任务，将生态文明——处理人与自然的关系提升到了新的高度，集中体现了社会主义对人类文明所发挥的价值力量，也是对共同富裕理论作出新的阐释。但必须明确的是，我国仍以目前的现实状况为依据，经济领域的共享发展成果才是社会主义初级阶段共享的托底任务和重点工程，物质层面的实质性共享是富裕全面性的必要基础和前提，因此，我国坚持社会主义这一根本制度，在社会运行实际操作中也在完善具体制度，充分发挥中国特色社会主义根

---

① 习近平. 决胜全面建成小康社会 夺取新时代中国特色社会主义伟大胜利——在中国共产党第十九次全国代表大会上的报告 [M]. 北京：人民出版社，2017：15.

本与具体制度相结合的优势，使社会主义建设成果的共享可以从收入分配、社会保障、就业扶持、教育公平等多方面得到优化。

2. 全面建成小康社会形成阶段性成果

建设小康社会是运用传统文化方式表达出中国现代化独特的发展模式，"小康"最初在经济上被化为具体数字，达到标准就进入小康生活，尔后，在提出建设全面小康社会的过程中，小康社会标准的衡量尺度扩展到了生产关系层面，开始强调经济、政治、文化、法治的全面性，成为反映共同富裕价值原则的阶段战略选择。在提出全面小康社会从建设到建成的进程中，社会整体进步更加显著，构成了我国实现共同富裕的必要基础。其一，精神文明建设使社会公共文化供给持续增加，文化产品日益丰富，为国家营造了良好的社会文化环境，引导社会创造健康向上的精神财富。对个人来讲，普遍能够遵循合理合法的财富和市场伦理作为自身的行为准则，加强对社会主义富裕观的认识，进而共建共创共享。其二，在法治建设上，国家坚持依法治国、依宪治国，既使个体的法律思维和法律意识大大增强，又充分体现国家尊重个体权益，营造创造财富可受保护的氛围，强化人们享受到富裕后带来的获得感和踏实感，增强个体获得富裕的动力。结合马斯洛需要层次理论，共同富裕的实现程度与社会各方面进步要求密切相关，现代化的社会即小康社会不仅在经济上的富足，更在民主、文明、和谐等几者之间的相互促进，构成实现共同富裕的社会条件。

全国各族人民真抓实干、共同奋斗的成果使中国从站起来到富起来并努力实现强起来，此时从经历温饱到小康，再到全面建成小康社会的胜利，为实现共同富裕形成了阶段性成果。党的十九大报告指出："第一阶段，从 2020 年到 2035 年，在全面建成小康社会的基础上，再奋斗十五年，基本实现社会主义现代化，全体人民共同富裕迈出坚实的步伐；第二阶段，从 2035 年到本世纪中叶，在基本实现现代化的基础上，再奋斗十五年，把我国建成富强民主文明和谐美丽的社会主义现代化强国，全体人民共同富裕基本实现。"[1] 从党的十九大到二十大，"第一阶段"前期的国内生产总值就要较十年前的 2010 年翻一番，人民群众集体在"第一阶段"创造更大

① 习近平. 全面建成小康社会，夺取新时代中国特色社会主义伟大胜利——在中国共产党第十九次全国代表大会上的报告 [M]. 北京：人民出版社，2017：28-29.

的财富。"两个发展阶段"的提出，比过去"两个一百年"的安排表提前了十五年，夯实全体人民走向共富的步伐，使共同富裕的发展轮廓愈发清晰，保证人民能时刻根据路线图检验发展成果。

（二）新时代我国实现共同富裕面临的挑战

实现共同富裕，是中国共产党和全体人民奋斗的目标。经过一代代中国共产党人的不懈努力，中国已经逐渐摆脱贫困，经济实力、国际竞争力都有了大幅度提高，在实现共同富裕的道路上已经取得巨大成就，正在向第二个百年奋斗目标迈进，但目前也依然存在发展不平衡、不充分的问题。因此，在中国共产党的引领下，在逐渐形成全面建成小康社会的胜利性成果的基础上，既要抓住机遇，又要啃下"硬骨头"，正视实现共同富裕面临的挑战。

1. 整体收入水平不高

经过改革开放四十多年的发展，中国已经跃升为世界第二大经济体，在 2016—2021 年间，居民人均可支配收入年均增长 6.5%。中等收入群体规模扩大，由 2010 年的 1 亿多人增加到 2021 年的 4 亿多人。当然，在居民收入增长的同时，也要看到存在的诸多问题和矛盾：一是居民收入水平总体不高。2021 年，中国人均 GDP 为 1.2 万美元，全球排名第 60 位，劳动者平均工资仍有较大提升空间，特别是在产业工人队伍中大量的农民工，工资水平仍处于相对低位；二是劳动者工资增长速度与经济增长速度不完全匹配，出现工资增长速度赶不上经济增长速度的情况。提高居民整体收入，保持居民收入与经济发展同步增长，是未来经济发展改革的重点。

2. 收入差距较大

改革开放以来，中国经济快速发展，社会财富和国家竞争力都有了较大幅度的提升，但是收入分配差距问题一直存在。笔者整理了 2012—2021年中国基尼系数变化情况（如图 6-1 所示）。联合国开发计划署出版的《2016年人类发展报告》曾列出了 137 个经济体 2010—2015 年收入差距的基尼系数，其平均值是 0.393。显然，中国的基尼系数要高于这个平均值。缩小收入差距，促进财富的合理分配依然是亟待解决的重要问题。

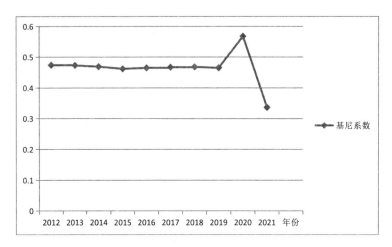

图6-1 2012—2021年中国基尼系数变化情况

除居民收入差距外，结构性差距也偏大。结构性差距是指区域、城乡、群体、行业的差距。笔者整理了2016—2021年我国城镇和农村居民人均可支配收入情况（如图6-2所示）。尽管随着近年来扶贫工作的推进，农村贫困居民的收入水平有所提高，城镇居民与农村居民可支配收入的倍数差有所缩小，但二者的绝对差距依然处于扩大趋势。

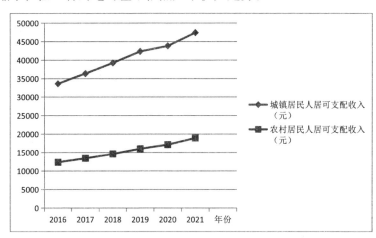

图6-2 2016—2021年我国城乡居民人均可支配收入变化情况

中国国土辽阔，各区域之间发展较不均衡。图6-3为2017—2021年全国居民人均可支配收入情况。从整体来看，东中西部的差距依然存在。

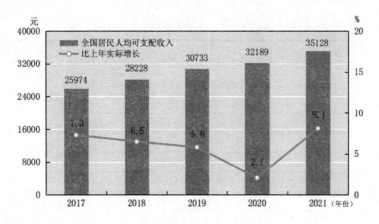

图6-3 2017—2021年我国居民人均可支配收入变化情况

3. 基本公共服务均等化程度略低

公共服务是提升民生福祉，增强社会和谐，促进经济繁荣、保持国家稳定的重要保证。"十二五"规划纲要提出，建立健全基本公共服务体系，提升基本公共服务水平，推进基本公共服务均等化，努力使发展成果惠及全体人民。经过不懈努力，中国已经基本建立了较为完善的公共服务体系，但是依然存在区域、城乡投入差距较大等问题。

从基础教育领域来看，经过多年的发展，基础教育阶段各地区的师生比差距已经不大，但各地区、城乡之间教育硬件设施还存在一定差距。表6-1选取2021年《中国统计年鉴》中披露的"人均拥有公共图书馆藏量"和"普通高中每千人拥有计算机数"来表示基础教育阶段的硬件设施。可以看出，东部发达地区的人均拥有公共图书馆藏量和每千人拥有计算机数较多，表明东部地区基础教育方面硬件设施要明显强于中西部地区。

表6-1 2021年中国大陆31个省（区、市）（不含港澳台）人均拥有公共图书馆藏量以及每千人拥有计算机数

地区	人均拥有公共图书馆藏量（册）	每千人拥有计算机数（台）	地区	人均拥有公共图书馆藏量（册）	每千人拥有计算机数（台）
北京	1.40	1 589.69	江西	0.57	183.62
天津	1.34	473.69	山东	0.66	218.86
河北	0.40	184.39	河南	0.35	108.86
山西	0.54	241.23	湖北	0.71	156.50
内蒙古	0.79	247.81	湖南	0.52	160.59
辽宁	1.01	217.29	广东	0.92	397.88
吉林	0.81	169.17	广西	0.59	139.86
黑龙江	0.62	169.03	海南	0.63	310.60
上海	3.32	863.06	重庆	0.61	216.12
江苏	1.23	31 996	四川	0.50	247.06
浙江	1.61	372.27	贵州	0.44	165.39
安徽	0.49	242.29	云南	0.48	216.41
福建	1.07	369.86	西藏	0.70	145.22
陕西	0.54	273.37	青海	0.81	259.24
甘肃	0.64	200.53	宁夏	1.08	253.46
新疆	0.59	230.60			

随着人们生活水平的日益提高，对医疗卫生服务的需求也与日俱增，但是从城乡基本医疗卫生服务来看，二者仍然有一些差距。根据表 6-2 所示，2012 年以来城乡居民基本医疗服务有了较大程度的改善，但仍然存在差距。2021 年，全国城、乡每千人医疗卫生机构床位分别为 8.78 张和 4.81 张，城市是农村的 1.83 倍。另外，城市和农村的每千人注册护士、每千人卫生技术人员，以及每千人执业（助理）医师数量也有差距，城市分别是农村的 2.62 倍、2.24 倍和 2.09 倍。城市与农村居民享受的基本医疗服务差距较大，尤其是流动人口、低收入群体的基本医疗服务并没有完全被覆盖。

表6-2　2012年—2021年中国城乡居民基本医疗服务情况对比

年份	每千人注册护士（人）		每千人医疗机构床位（张）		每千人卫生技术人员（人）		每千人执业（助理）医师（人）	
	城市	农村	城市	农村	城市	农村	城市	农村
2012	3.09	0.89	5.94	2.60	7.62	3.04	2.97	1.32
2013	3.29	0.98	6.24	2.80	7.90	3.19	3.00	1.33
2014	3.65	1.09	6.88	3.11	8.54	3.41	3.19	1.40
2015	4.00	1.22	7.36	3.35	9.18	3.64	3.39	1.48
2016	4.30	1.31	7.84	3.54	9.70	3.77	3.54	1.51
2017	4.58	1.39	8.27	3.71	10.21	3.90	3.72	1.55
2018	4.75	150	8.41	3.91	10.42	4.08	3.79	1.61
2019	5.01	1.62	8.75	4.19	10.87	4.28	3.97	1.68
2020	5.08	1.80	8.70	4.56	10.91	4.63	4.01	1.82
2021	5.22	1.99	8.78	4.81	11.10.	4.96	4.10	1.96

注：农村卫生数据涵盖县、乡镇和行政村三级，考虑到农村地区就医实际情况与数据缺失问题，不作单独划分。

从基本社会保障来看，中国社会保障水平整体不高，保障范围和能力有限，区域、城乡之间基本社会保障不均等，尤其是农村偏远地区难以享受与城市和发达地区同等的基本社会保障服务。由于城乡二元体制，导致在城镇化推进过程中，很多进城务工的农村人口因为户籍限制，无法享受与城市户籍人口相同的社会保障服务，社保与户籍相挂钩的问题在现阶段还没有得到完全解决。除此之外，养老问题也是目前中国社会保障服务方面亟须完善的方面。中国是一个人口大国，随着人口老龄化问题日渐凸显，养老负担逐渐加重，但养老设施供给却与实际需求之间存在供需错配问题，农村地区留守老人较多，但养老配套设施却较为匮乏。养老服务质量参差不齐，养老设施普及率不高，资金筹措渠道很有限，失能老人家庭负担过重等问题亟须解决。①

4. 分配制度不够合理

社会主义的本质是共同富裕，但在市场经济社会中，生产发展并不必然实现共同富裕，倒是有可能出现两极分化。在计划经济条件下，分配的

---

① 张来明，李建伟. 促进共同富裕的内涵、战略目标与政策措施[J]. 改革，2021（09）：16-33.

原则是按劳分配，但劳动的价值很难衡量，最后走向"按人分配"和"吃大锅饭"，平均主义倾向影响了劳动者的积极性和经济效率。改革开放以来，我国的分配制度逐步演进。党的十九大报告提出：坚持按劳分配原则，完善按要素分配的体制机制，促进收入分配更合理、更有序。但是，由于劳动力供大于求，在打破"大锅饭"的同时，劳动者的报酬并未随着经济发展而同步提高甚至有不同程度的降低，按劳分配原则有所淡化，分配的天平向按资分配倾斜。

（1）初次分配中劳动报酬较低

在以市场为主体的初次分配中，社会财富的产生主要依赖于各要素的共同作用，劳动、资本、管理、技术等要素都发挥了相应的作用。但在中国国民收入初次分配过程中，存在着劳动力报酬偏低的情况。根据相关统计，进入 21 世纪以来，中国劳动力报酬占 GDP 的比重呈下降趋势，1998—2007 年，劳动力报酬占比由 53% 下降至 39%。2007 年之后，劳动力报酬占比虽有所回升，但较 20 世纪 90 年代中期的水平还是相对较低。在社会财富积累的过程中，初次分配中劳动力报酬是体现社会公平的关键，劳动力报酬占 GDP 的比重越高，表明国民收入分配体制就越公平。如果劳动力报酬份额较低，则表明收入分配体制不尽完善。城市尤其是沿海地区大批的务工者是从内地农村转移过来的农民工，他们只身一人到城市务工，家属、孩子留在农村，并非他们不想全家进城，不想享受天伦之乐，而是收入不足以支撑全家在城市的开支。在城里不敢消费，在农村消费不足，一个 3 亿人左右的庞大群体的低收入、低消费，是中国市场需求不足的重要原因。中国劳动力报酬偏低的原因可以归纳于以下几个方面：一是劳动力长期以来供大于求。由于大量农民工从农村进入城市，从欠发达地区涌入沿海发达地区，使沿海就业岗位增加比较多的地区获得了近乎无限供给的劳动力资源，所以难免存在劳动力市场供需不对等的状况。根据《中国统计年鉴》公布的数据，2019 年劳动力总量达 81 104 万人，就业人数为 77 471 万人，说明在劳动力的供给和需求之间存在缺口。二是劳动力质量不高。随着基础教育的普及以及高等院校扩招，近年来进入劳动力市场的劳动者素质有所提高，但总体来看，劳动者素质仍需加强。根据《中国人力资本报告 2019》，1985—2017 年，中国劳动力人口中大专及以上受教育程度人口占比从 1.3% 上升到 17.6%，其中城镇从 4.7% 上升到 26.7%，乡村从 0.2% 上升到 5.5%。可以看出，数据显示中国劳动力受教育水平提升了人力资本，但城乡分化仍较严重，且拥有中专大专及以上受教育程度人口占比不到 20%。①三是劳动力的需求结构逐渐转变。当前中国经济已经进入新的发展阶段，经济增速放缓，注重经济发展质量，这就导致对传统行业劳动力的需求减少，对第三产业尤其是高新技术人才的需求量增大，导致了劳动力供给与需求不匹配的问题。

（2）二次分配中税收调节杠杆作用有限

二次分配中的税收可以调节收入分配，弥补初次分配中的不足，但是中国的税收调节机制并不完善。具体来看，它存在以下几个方面的问题。一是现有税收政策对高收入者调节力度有限。高收入者的收入来源多元化，投资、租赁等都能获得收入，而目前的税收体系并没有一个完全有效的监管机制，导致高收入人群偷税漏税现象较为严重。而中低收入者由于收入来源透明，便于监管，成为税收收入的主力军。相关研究指出，中国工薪阶层纳税占个税总额 7 成左右，而高收入者的纳税额只占 3 成不到。二是税收制度的设置不够合理，在生产环节征税，而非在消费环节征税。中国的主要税种增值税对企业生产环节的增值部分征收比例较高的税收，并采取分税制，以满足各级政府的支出需求，但并没有完全起到税收对不同地区、不同收入群体的调节作用。如果改为主要在消费环节征税，则可以对不同消费群体起到调节作用。再比如征收所得税的主要目的是调节不同收入群体的差距扩大问题和不同发展水平地区的财政平衡问题，但却采用分税制，也就是说发达地区征收的所得税主要用于发达地区。上述问题使得税收"自动稳定器"的作用难以完全发挥，既对收入分配调节力度有限，也对宏观经济稳定造成一定的不利影响。

（3）第三次分配中慈善捐款较少

中国的慈善事业起步较晚，计划经济时代财富的分配主要依靠政府财政，"统收统支"，政府几乎把社会事业都包揽起来。进入市场经济阶段，分配多元化，财富分散化，很多事业性、社会性支出由社会团体筹办，各

---

① 李响. 打造高质量发展需要加快提高劳动力素质 [EB/OL]. （2019-12-18）[2021-03-06].https://m.21jingji.com/article/20191218/391afb71976815758fa26858ad144696.html.

类慈善机构便应运而生，1994 年建立的中华慈善总会标志着中国慈善事业的开始。由于起步较晚，慈善事业的发展还相对不够成熟，并存在较多问题：一是规范化运营的慈善机构数量较少，捐款数额不多。根据《2019 年度中国慈善捐助报告》，2019 年中国内地款物捐赠共计 1 509.44 亿元，占当年GDP 的 0.15%。二是居民参与慈善事业的积极性不高。根据《2019 年度中国慈善捐助报告》，慈善捐赠主要来源于企业，占比为 61.71%，个人捐款占比仅占 26.4%，大部分人没有形成慈善救助意识，参与度不高。三是慈善机构管理的规范化程度有待提高。有关慈善方面的法律法规和监管机制尚不完善，多次的负面事件也动摇了慈善机构在民众心中的公信力。①

二、马克思主义共同富裕思想在新时代的生动实践

（一）新时代中国共产党关于共同富裕的顶层设计与推进思路

中国共产党自党的十八大以来将实现共同富裕置于社会主义现代化强国建设的全面考虑之下，立足于社会主义现代化建设的发展现状，提出了"两个阶段"发展战略的顶层设计，并规划了新时代共同富裕的推进思路，对于新时代中国共产党共同富裕的进一步发展作出卓有成效的战略安排。

1. 实现共同富裕的顶层设计："两个阶段"发展战略

在党的十九大报告中，中国共产党将 2020 年到 21 世纪中叶分为两个发展阶段，初步确定了共同富裕的完成时间和发展过程。将构建共同富裕社会确定为一个承上启下的发展阶段，它既是全面建成小康社会的必然延伸，也是建设社会主义现代化强国的必经之路。

第一步，从 2020 年到 2035 年，在全面建成小康社会的基础上，基本实现社会主义现代化，进入全面建设共同富裕社会阶段。诚如邓小平所言，"我们坚持走社会主义道路，根本目标是实现共同富裕"②，2020 年之后，中国特色社会主义现代化建设的主题就是全体人民在中国共产党领导下，全面建设共同富裕社会。所谓富裕，要求我国人均收入水平、人类发展水平、主要现代化指标达到世界中高收入国家前列；所谓共同富裕，要求公共服

---

① 黄晓勇. 社会组织蓝皮书：中国社会组织报告 [M]. 北京：社会科学文献出版社，2019：96.

② 邓小平. 邓小平文选（第三卷）[M]. 北京：人民出版社，1993：155.

务与社会保障覆盖全体人口，地区、城乡、收入差距持续缩小，逐步实现全体人民的自由而全面发展。

第二步，从 2035 年到 21 世纪中叶，在基本实现现代化的基础上，建成社会主义现代化强国。这是全面建成共同富裕社会、全面建成社会主义现代化强国的关键阶段。社会主义现代化强国要求我国主要指标占世界比重居世界首位，成为世界上经济、人力资源、创新、文化、综合国力的多方位强国，到那时，全体人民共同富裕社会基本建立，我国人民将享有更加富裕安康的生活。

把全体人民共同富裕作为建设社会主义现代化强国的内在要求，对推进社会主义现代化继续发展，必将产生重大和深远的影响。

2. 以"五位一体"总体布局和"四个全面"战略布局整体推进共同富裕

对实现共同富裕进行顶层设计和整体部署，是要解决发展中的桎梏，这些桎梏"仅仅依靠单个领域、单个层次的改革难以奏效，必须加强顶层设计、整体谋划"①。因此，要实现共同富裕必须从全局出发，按照"五位一体"这个总体布局来部署，以"四个全面"战略布局为继续发展社会生产力提供根本保障，以新发展理念为推进共同富裕开辟实现路径，以推进全体人民的共同富裕作为发展的最终目标，才能更好地推动经济的发展，才能从根本上保证共同富裕的最终实现。

（1）统筹推进"五位一体"总体布局

"共同富裕"内涵丰富，包含物质富裕、精神富有、生态文明、社会和谐、人民充分发展等内容，涵盖社会生活的方方面面，因此，必须要统筹推进"五位一体"总体布局，从全局和整体的角度对实现共同富裕进行谋划，以促进共同富裕的系统性和科学性。

"五位一体"总体布局是一个有机整体，它是社会全面发展的总体布局。它将中国共产党陆续提出的转变经济增长方式、可持续发展观、和谐社会、以人民为中心等思想整合起来，从整个中国社会形态发展的角度，通过顶层设计和整体部署解决经济发展、政治建设、文化繁荣、社会和谐、生态改善的不同步性和不协调性；从整个系统和全局的角度来推动社会主

---

① 中共中央文献研究室编. 习近平关于全面深化改革论述摘编 [M]. 北京：中央文献出版社，2014：47.

义整体发展格局的协调性和融合性。精准扶贫、乡村振兴、区域协调发展、供给侧结构改革等战略和举措，都是"五位一体"总体布局为推进共同富裕在具体工作中的体现。

（2）协调推进"四个全面"战略布局

"四个全面"战略布局是新时代中国共产党治国理政的总方略，也是扫除实现共同富裕的障碍，推进人民美好生活的总抓手。"四个全面"战略布局明确了共同富裕现阶段的发展目标，即全面建成小康社会。共同富裕在本质上是一个历史概念，而全面建成小康社会则是共同富裕的一个现实阶段，全面小康社会的建立表明离共同富裕社会更进了一步；明确了推进共同富裕的动力来源，即全面深化改革。共同富裕的第一标准是富裕，富裕要建立在生产力不断发展，物质财富极大积累的基础上，一旦物质基础积累到一定程度，共同富裕停滞不前，就会出现贫富差距拉大的情况。全面深化改革通过进行供给侧结构性改革、收入分配制度改革等举措，为经济持续高质量发展提供了源源不断的动力源泉；明确了实现共同富裕的制度保证，即全面依法治国，共同富裕的实现需要相应的经济、政治、文化、法律制度来保障，任何一个领域的制度缺失都有可能影响共同富裕的进程和质量；明确了实现共同富裕的主要领导力量和依靠力量，即通过全面从严治党，更好地发挥党在推进共同富裕进程中的领导核心作用。

"四个全面"战略布局解决了实现共同富裕现阶段的发展目标、动力来源、制度保证和主要领导力量等问题，为推进共同富裕开辟了新的发展前景。

（3）贯彻落实新发展理念

生产力发展是物质富裕的前提，物质财富极大丰富是共同富裕的实现基础，中国共产党一贯坚持在经济社会发展的前提下实现共同富裕，新发展理念立足于我国经济社会发展的实践经验总结，是实现共同富裕的科学方针。

第一，实施创新驱动发展战略，是实现共同富裕的发展动力。"协调发展、绿色发展、开放发展、共享发展都有利于增强发展动力，但核心在创新。"[①]

---

① 中共中央文献研究室编. 习近平关于全面建成小康社会论述摘编[M]. 北京：中央文献出版社，2016：60.

抓住了创新，就抓住了推动经济社会发展的关键，就能最大程度地实现更有水平、更高质量的共同富裕。

第二，增强发展的整体性协调性，有利于实现全面的共同富裕。经济发展的不平衡和不协调导致共同富裕过程中出现不平衡不协调问题，协调发展，就是从当前我国经济和社会发展中的突出问题出发，处理好共同富裕不同层面的发展关系，推动经济建设和共同富裕的协调融合发展。

第三，推进人与自然和谐共生，有利于实现生态文明的共同享有。"绿色发展，就其要义来讲，是要解决好人与自然和谐共生问题。"①保护环境就是保护生产力，改善环境就是发展生产力，经济社会发展活动必须囊括对当地生态环境的保护，发展绿色经济，推动全社会践行绿色发展方式和生活方式的共同富裕。

第四，共享发展是实现共同富裕的重要途径。要实现共同富裕，就要深入推进经济发展，积累足够的物质财富，通过共享发展让人民群众共享改革开放的巨大成果，实现最终的共同富裕。

3. 推进新时代共同富裕的首要步骤是全面建成小康社会

2020 年到 21 世纪中叶，是全面建成小康社会到逐步实现全体人民共同富裕的过程。因此，全面小康社会的建成是推进共同富裕在新时代的一个阶段性过程，对建设社会主义现代化强国起着承前启后的作用。

（1）全面小康社会是打赢脱贫攻坚战与推进共同富裕的过渡环节

随着脱贫攻坚战的全面胜利，我国贫困人口大幅度减少，人民的总体生活水平也有了较大提高。但是我国疆域辽阔，各个地区资源和发展条件不同，我国还有为数不多的深度贫困人口，不能一边宣布全面建成小康社会，另一边还有几千万人口的生活水平处在贫困标准线以下，这样的全面小康经不起国内国外和历史人民的检验，因此，党中央提出没有全民小康，就没有全面小康，"把农村贫困人口脱贫作为全面建成小康社会的基本标志"②，这表明只有实现农村人口全部脱贫，逐步实现全民小康和全面小康，才能建成全面小康社会，才能实现全体人民的共同富裕。

① 习近平. 习近平谈治国理政（第二卷）[M]. 北京：外文出版社，2017：207.

② 中共中央文献研究室编. 习近平关于全面建成小康社会论述摘编 [M]. 北京：中央文献出版社，2016：14.

（2）全面小康社会的建立是实现共同富裕的基础

2020 年是全面建成小康社会的决胜年，在全面建成小康社会的基础上，中国共产党规划了新时代中国特色社会主义共同富裕的发展蓝图。这说明，全面小康社会的建立是实现共同富裕的基础，在全面建成小康社会的基础上才能初步实现共同富裕。

共同富裕作为一个历史范畴，不可能一蹴而就，有层次、有针对性地将建成共同富裕社会划分为具体的实践阶段，是有其现实意义的。全面建成小康社会就是在新时代构建共同富裕社会的初级阶段。

进入新时代，我们要建成多层次、全方位的全面小康社会，只有真正做到心中有人民、发展为人民，全面小康才能真正造福全体人民，才能继续推进共同富裕。

4. 推进新时代共同富裕的根本路径是实行共享发展

"共享理念实质就是坚持以人民为中心的发展思想，体现的是逐步实现共同富裕的要求。"① 坚持共享发展，致力于消除贫富悬殊和两极分化，保证社会发展成果由人民共享，是实现共同富裕的必由之路。

（1）共享发展是实现共同富裕的必由之路

社会主义初级阶段，在走向共同富裕的道路上出现先富与后富的差别是经济发展的必然，承认和允许在一定时期内收入差距的适度区分和扩大，有其合理依据，任何事物总是由不平衡发展到平衡发展的，基于我国的基本国情和政策导向，劳动者本身的条件也千差万别，在这样不均衡发展的条件下不可能实现同时富裕，而只能允许先富带动后富，最终才能实现共同富裕。

党的十八大以来，中国经济繁荣增长，社会生产力和国家综合实力不断增强，社会总财富大量增加，人民群众的生活水平也有显著提高，但是，贫富差距拉大问题逐渐显现且越来越突出，这显然背离了共同富裕的目标。习近平指出："经济发展、物质生活改善并不是全部，人心向背也不仅仅决定于这一点。发展了，还有共同富裕问题。"② 习近平对于确立什么样的

① 习近平. 习近平谈治国理政（第二卷）[M]. 北京：外文出版社，2017：214.
② 习近平. 做焦裕禄式的县委书记 [M]. 北京：中央文献出版社，2015：35.

发展理念才能实现共同富裕进行了新的探索，明确提出"共享是中国特色社会主义的本质要求"①，强调要使人民在共享发展中掌握主动性，增强奋斗的动力。因此，共享发展是先富带动后富，解决社会公平公正问题，实现共同富裕过程中的必由之路。现阶段，随着社会生产力的发展和社会财富的不断增加，一部分地区、一部分人先富裕起来的目标已经基本实现，坚持共享发展，打破社会贫富差距，实现社会发展成果由全民共享的时机已经成熟。

（2）共享发展要保障社会发展成果由全民共享

以"全民共享、全面共享、渐进共享、共建共享"为主要内涵的共享发展理念，是先富带动后富，实现共同富裕过程中的战略安排。

首先，共享发展要求保障社会成员公平享有获取社会资源和利益的机会。在社会主义市场经济条件下，机会对于每一位社会成员的生存和发展都是至关重要的。一个人享有的机会越多，社会财富与其他各种资源的占有比重就越高，他的发展前景会更加广阔。目前人民群众之间的收入差距，在很大程度上是由其所在地区、产业、行业、部门等外部因素所决定的，与其说人们对收入差距过大不满，倒不如说是对机会、条件不均等所造成的收入不均等不满，所以从某种意义上来说，"中国现在的不平等很大程度上是机会不平等，在市场化、多元化、开放化和流动化的社会环境中，人与人之间关系日益复杂化、多样化，并存在着众多利益上的分化与矛盾。而这些分化与矛盾的存在很大程度上是由于机会不公平的制度安排所造成的"②。因此，我们要落实共享发展理念，首先就要实现机会共享，以保障所有社会成员能够公平享有获得社会资源和利益，获得平等发展的机会，而不应当被区别对待。

其次，共享发展要求保障社会成员享有均等的基本公共服务。着力推进城乡基本公共服务均等化，包括推进东、中、西部地区基本公共服务的均衡化和区域经济一体化地区基本公共服务的均衡化，改善欠发达地区经济发展环境，满足欠发达地区群众对医疗、教育、卫生、养老、公共服务、

---

① 习近平. 论把握新发展阶段、贯彻新发展理念、构建新发展格局 [M]. 北京：中央文献出版社，2021：502.

② 张敏杰. 社会政策论——转型中国与社会政策 [M]. 北京：北京大学出版社，2015：95-96.

生活环境以及个人全面发展等方面的新要求，缓解欠发达地区人口的贫困程度，提高人们的生产、生活水平，拓宽贫困人口的发展前景。完善以政府为主导的多元公共服务供给体系，放宽基本公共服务投资的准入限制，培育和吸纳各种社会组织参与公共服务体系，将原先由政府承担的部分公共服务职能逐渐交由市场主体行使，充分发挥社区公共服务体系的供给作用，提高社区公共服务的普惠性，开展面向全体社区居民的劳动就业、社会保险、社会服务、医疗卫生、计划生育、文体教育、社区安全、法制宣传、法律服务、邮政服务、弱势群体服务等服务项目，促进和保障社会成员更加公平地享有基本公共服务资源。现实生活中的共享发展不仅仅是经济利益的共享，还包括优美的生态环境、更加完善的社会基本公共服务等的共享，这就使得共同富裕不再是遥远的目标，而是人们可以体验到的美好生活，进一步丰富了新时代中国共产党共同富裕理论的内涵。

（二）党的共同富裕思想在新时代的生动实践

新时代承载着全体中国人民的共同富裕之梦，孕育着推进共同富裕实践的勃勃生机，共同富裕已被列为"中心任务"提到了新时代的行动日程上。我们党在推动生产力发展、统筹区域协调、深化收入分配改革、推进脱贫攻坚和加强社会主义文化建设等方面积极推进共同富裕的实现。实践是检验真理的唯一标准，事实证明，我们离目标更近了。

1. 经济发展水平再上台阶

（1）供给侧结构性改革持续发力

2015 年 11 月 10 日，习近平主持召开中央财经领导小组第十一次会议，研究经济结构性改革和城市工作。《中华人民共和国国民经济和社会发展第十三个五年规划纲要》（以下简称"十三五"规划）明确指出，要坚持以发展为第一要务，以提高发展质量和效益为中心，以供给侧结构性改革为主线，扩大有效供给，满足有效需求[1]。重大结构性失衡是我国经济运行面临的突出矛盾和问题的根源所在，想要解决这一问题就必须实现供

---

① 中华人民共和国国民经济和社会发展第十三个五年规划纲要 [EB/OL].（2016-03-17）[2021-03-20]. http://www.gov.cn/xinwen/2016-03/17/content_5054992.htm.

求关系新的动态均衡[①]。供给侧结构性改革旨在提高整个供给体系的质量，深挖内需，扩大供给，以更好地适应需求结构。自改革方案实施以来，党和政府综合运用行政和市场化、法治化手段，全国各地区各部门在"破无效供给""降成本"和"培育新动能"上狠下功夫，全力落实去产能、去库存、去杠杆、降成本、补短板重点任务。2019 年全国工业产能利用率为76.6%[②]，去产能成效显著。与此同时，党和国家持续支持金融信贷，加大棚改货币化安置和公租房货币化的补贴力度，积极培育和发展住房租赁市场，有力地促进了房地产去库存。在去杠杆工作方面，党和国家通过处理僵尸企业、解决不良资产、加大监管力度等多项措施，优化债务结构，严控杠杆率，金融对实体经济信贷的支持力度持续增强，资产负债表外融资下降的态势明显好转，去杠杆稳步推进。降成本也取得阶段性进展，党和国家在降低税收负担和降低融资、交易、用工、物价成本等方面下了很大功夫，"营改增"全面推行，精简归并"五险一金"，降低制度性交易成本，深化电力、石油天然气、铁路等行业改革。实施供给侧结构性改革四年以来，教育事业、生态保护和环境治理的科学研究、基础建设等投资明显增速，补短板成效明显。2019 年全年教育、生态保护和环境治理固定资产投资分别比上年增长 17.7% 和 37.2%[③]，城市轨道交通和地下综合管廊建设也明显提速，为创造新的有效供给奠定良好基础。在已有显著成效的基础上持续调整经济结构，积极推进传统产业转型升级和新动能培育，继续实施新一轮技术改造升级工程，激活新兴产业发展生命力，以最优配置促进经济高质量发展，推进中国速度向中国质量、中国制造向中国创造、制造大国向制造强国的三大转变。供给侧结构性改革的最终目的是满足需求，在推动社会生产力的持续发展中更好地满足人民日益增长的美好生活需要，更好地践行以人民为中心的价值追求，为实现共同富裕创造物质条件。

（2）创新驱动战略引领高质量发展

科技是国家强盛之基本，创新是民族进步之灵魂，科学技术作为推动

---

①　刘元春. 推进供给侧结构性改革理论和实践创新 [N]. 人民日报, 2017-05-25.

②　林火灿. 供给侧结构性改革成效明显 [N]. 经济日报, 2020-03-15.

③　国家统计局. 中华人民共和国 2019 年国民经济和社会发展统计公报 [EB/OL]. （2020-02-28）[2021-03-20].http://www.stats.gov.cn/tjsj/zxfb/202002/t20200228_1728913.html.

社会发展的第一生产力，是推动高质量发展、动能转换的迫切要求和重要支撑，一直是我们所探索和追求的。党的十八大以来，创新驱动发展战略实施落地，"十三五"规划对此也进一步提出了要求，要把发展基点核心放在创新上，把支撑点放在人才上，实现更多依靠创新优势的引领型发展。在国家科技投入方面，根据国家统计局 2020 年 2 月 28 日发布的数据显示，2019 年，全国研究与试验发展（R&D）经费支出 21 373 亿元，比上年增长 10.5%，每万人口发明专利拥有量达 13.3 件[①]。在世界知识产权组织（WIPO）公布的 2021 年全球创新指数（GII）排名中，中国位列第 12 位。在国家重大科技专项支持下，一大批重大科技成果相继问世。"嫦娥"奔月，"天宫"对接，"蛟龙"入海，"天眼"瞭望，"悟空"翔宇，"墨子"传音，"长征"升空，"雪龙"首航，"北斗"环球，"大飞机 C919"首飞，"天河三号"运行让中国"芯"奔腾起来，这些都是中国科技飞越式发展的精彩缩影和生动体现。目前，创新驱动已经成为中国经济的自觉追求，"双创"行动计划的实施适应了"大众创业、万众创新"的大好形势，创设了服务于大众、面向中小微企业的服务平台，以开放式、便民式、低投入式的特点形成了带动就业的"新引擎"。在"创新科技、报国为民"的实践中，面向国计民生，新药创制、传染病防治等重大专项同样成效显著。截至 2019 年 7 月，重大新药创制专项累计获批 1 类新药 44 个，这一数量是专项实施前的 8 倍，已超额完成"十三五"品种研发目标[②]。在 2020 年战疫过程中，科技优势凸显，创新是引领发展的第一动力，科技是战胜困难的有力武器。目前我国已在临床救治、疫苗研发、物质保障、大数据应用等方面发挥了科技支撑的重要作用。而科技创新能力的进步带来的人工智能、移动支付、5G 网络领域的发展更是为人民生活提供了便捷高质服务。从中国制造迈向中国创造，从世界工厂迈向世界级创新平台，党和国家不断探索中国特色自主创新之路和科技强国之路。我国凭借一条中国特色的科技创新道路已在全球占有一席之地，开始逐步由跟跑者向并跑者再向领跑者转变。科技创新已融入

① 国家统计局. 中华人民共和国 2019 年国民经济和社会发展统计公报 [EB/OL].（2020-02-28）[2021-03-22].http://www.stats.gov.cn/tjsj/zxfb/202002/t20200228_1728913.html.

② 中央广播电视总台. 创新引擎驱动高质量发展 [EB/OL].（2019-08-27）[2021-03-22].http://tv.cctv.com/2019/08/27/VIDE44i K3szbh7ncs Co CWm Vi190827.shtml.

中国经济发展全局，并展现出一派勃勃生机，新型举国体制不断深化发展，科技投入持续增加，创新成果不断涌现，为经济升级发展注入源源动力，为推进实现共同富裕提供强大的技术条件支撑。

2. 区域协调发展统筹推进

（1）地区协调发展格局塑成

发展不平衡的问题一直以来都是中国共产党致力解决的问题，进入新时代，这个问题尤其突出，已经上升到了社会主要矛盾的层面。针对地区发展不平衡不充分的问题，党和国家不断推进西部开发、东北振兴、中部崛起、东部率先发展，出台一批改革创新举措，经济总量大幅提升。党的十八大以来，西部地区对外开放正在提速，在"一带一路"倡议的牵引下，西部地区文化旅游产业逐渐兴起，投资潜力不断释放，基础设施的"硬环境"和便利营商的"软环境"都在不断完善。国家设立东北振兴专项转移支付给予倾斜支持，加快国企混合改革步伐，为全国经济发展培育新的动力。在中央高度重视和中部六省的共同努力下，促进中部地区崛起战略取得积极进展，中部地区经济社会发展呈现出了前所未有的好势头。党和国家不断促进重大区域战略深度融合，京津冀协同发展、长江经济带发展、长三角区域一体化发展、粤港澳大湾区建设、黄河流域生态环境保护和高质量发展等重大战略扎实推进，协调联动发展的新格局已经形成，以西部、东北、中部、东部四大板块为基础，促进地区间相互融通补充，以区域发展带动扶贫开发，协调性日益增强。党的十八大以来，我国各地区发展差距不断缩小。2019年，中部、西部地区生产总值分别比上年增长7.3%和6.7%，快于全国1.2和0.6个百分点[1]，中部地区和西部地区居民人均可支配收入分别增长9.4%和9.3%，增速分别快于东部地区0.7和0.6个百分点，东部地区和西部地区居民的收入差距有效缩减[2]。新时代促进地区协调发展，发挥各自优势，切实增强区域内生发展动力，促进各地经济普遍发展，缩小地区间发展差距，完善空间治理，形成了优势互补、高质量发展的经济发

① 国家统计局. 盛来运. 稳中上台阶进中增福祉——《2019年统计公报》评读 [EB/OL]. （2020-02-28）[2021-04-30].http://www.stats.gov.cn/tjsj/sjjd/202002/t20200228_1728918.html.

② 中国经济网. 2019年全国各省份居民人均可支配收入数据 [EB/OL]. （2020-01-22）[2021-04-30]. https://baijiahao.baidu.com/s?id=1656383062849261586&wfr=spider&for=pc.

展格局。

（2）城乡协调发展稳步推进

党的十八大以来，党和国家在落实优先发展和新型城镇化与乡村振兴双轮驱动、强化城乡联动、坚持创新引领等方面全力促进城乡全面融合发展。在城镇化的大格局下，持续提升城镇化水平和质量，完善城市资源对乡村的辐射带动机制，更好地发挥了城市对乡村的带动作用。李克强在2013年召开的中央城镇化工作会议上明确推进农业转移人口市民化，户籍制度改革全面落地，农业转移人口市民化提速。我国常住人口城镇化率首次超过60%[①]，已有9 000多万农业转移人口在城镇落户[②]。在推进新型城镇化发展方面，党和国家不断坚持和提高城镇建设用地利用效率，建立多元可持续的资金保障机制，优化城镇化形态，不断提升城市环境质量以努力打造宜居城市。同时，农业农村优先发展方针落实落地，"十三五"规划中对持续夯实现代农业基础、努力建设美丽宜居乡村等方面做出全国农村经济发展整体规划。2019年全国粮食总产量66 384万吨（13 277亿斤），与2012年我国粮食产量首次突破12 000亿斤大关相比已取得了飞跃式的大发展，农业生产不断迈上新台阶，乡村基础设施显著增强。推动城乡协调发展，最终要体现在满足人民日益增长的美好生活需要上。缩小城乡发展差距，不仅仅表现在生产总值和增长速度上，更应该表现在基本公共服务上，进一步促进城乡公共服务均等化和基础设施互联互通。具备条件的建制村全部通硬化路，村村都有卫生室和村医，农网供电可靠率达到99%[③]。各地积极开展农村人居环境整治，推进"厕所革命"、基本卫生条件明显改善，垃圾污水治理成效显著，美丽乡村建设不断推进，农村居民公共服务的可及性和公平性得到显著提升。党和国家不断推进城乡协调发展，坚持城乡改革一体设计、一体实施，在促进农业转移人口融入城市的同时也在促进

① 共产党员网. 政府工作报告——2020年5月22日在第十三届全国人民代表大会第三次会议上[EB/OL].（2020-05-29）[2021-03-26].http://www.12371.cn/2020/05/29/ARTI15907672506977998.shtml.

② 央视财经. 国家发改委：已有9000多万农业转移人口成为城镇居民[EB/OL].（2019-05-06）[2021-03-26].https://baijiahao.baidu.com/s?id=1632759702359753016&wfr=spider&for=pc.

③ 人民网. 习近平在决战决胜脱贫攻坚座谈会上的讲话[EB/OL].（2020-03-06）[2021-03-26].http://www.cpc.people.com.cn/n1/2020/0306/c64094-31621137.html.

各类要素向乡村流动，努力实现城乡之间的良性互动，积极探索符合中国国情的城乡融合发展体制机制，为全体人民带来更多福祉，持续不断地在解决不平衡不充分发展上下功夫，为推进共同富裕打赢基础战役。

3. 收入分配改革成效显著

（1）初次分配领域改革再深化

党和国家在初次分配领域实施落地了一系列政策措施，2013 年国务院批转《关于深化收入分配制度改革的若干意见》，明确了工资分配体制改革全面深化的改革方向，旨在提高人民群众尤其是低收入人群、技术人才、一线职工的收入水平，进而缩小居民收入差距。2015 年，党中央、国务院印发《关于深化国有企业改革的指导意见》，对薪酬制度的改革促进企业收入分配秩序逐步规范，充分激发了广大劳动人民的积极性，大大增强了国有企业的活力和效率，提高了其市场竞争力。2018 年 3 月 22 日，中共中央办公厅、国务院办公厅印发了《关于提高技术工人待遇的意见》，突出"高精尖缺"导向，政策向技能领军人才大幅度倾斜。

为保障劳动者个人尤其是低收入劳动者及其家庭成员的基本生活，各省、自治区、直辖市不断上调最低工资，国家、省、市三级薪酬调查和信息发布的工资收入宏观指导制度也在日益完善，以保证收入分配改革有效实施。深化收入分配制度改革以来，劳动报酬在初次分配中的比重有所提高，我国城镇单位就业人员工资大幅度增长。2018 年，我国城镇非私营单位就业人员平均工资达到 82 461 元[①]，扣除物价因素，与 2013 年全国城镇非私营单位就业人员年平均工资的 51 474 元[②]相比，年均增长率达到 13.0%，中等收入群体不断扩大。2019 年，全国居民人均收入水平首次突破 3 万元，其中农村居民人均可支配收入同比实际增长 6.2%，增长速度快于城镇居民，

① 国家统计局. 就业规模不断扩大就业形势长期稳定——新中国成立 70 周年经济社会发展成就系列报告之十九 [EB/OL]. （2019-08-20）[2021-04-15].http：//www.stats.gov.cn/tjsj/zxfb/201908/t20190820_1692213.html.

② 中华人民共和国人力资源和社会保障部. 2013 年度人力资源和社会保障事业发展统计公报[EB/OL]. （2014-05-29）[2021-04-15].http：//www.mohrss.gov.cn/SYrlzyhshbzb/zwgk/szrs/tjgb/201405/t20140529_131147.html.

城乡居民收入比值由 2018 年的 2.69 缩小至 2.64①。为进一步有效地维护社会公平正义和社会和谐稳定,党和国家在治理欠薪问题方面重拳频出,从政府和企业两个层面对农民工欠薪治理提出明确要求,全面规范企业工资支付行为,健全工资支付监控和保障制度,进一步体现了党对农民问题的重视程度。一系列收入分配改革落地见效,城乡、地区和行业工资收入差距呈现缩小趋势,更加合理、有序的收入分配使得人民群众获得了实实在在的利好和实惠,逐步实现人民群众"共建共享",逐步推进共同富裕的实现。

（2）再分配领域改革组合出击

对于再分配领域的改革,以税收、社会保障、政府转移支付为主要手段的调节机制进一步完善。在增强税收的调节作用方面,税收优惠组合拳频频出击,政府部门出台了立体式的税收优惠政策体系,优惠涉及多行业、多区域、多群体。2018 年 4 月 25 日,国务院常务会议为进一步降低创业创新成本、增强小微型企业发展动力、促进扩大就业,再次推出提高增值税、营业税起征点、减半征收企业所得税等七项减税措施,支持创业创新和小微型企业发展。2018 年 5 月 1 日起,下调 17% 和 11% 两档增值税税率分别 1 个百分点、统一增值税小规模纳税人标准等深化增值税改革措施实施。2019 年,减税降费 2.36 万亿元②,前三季度小微型企业享受税收减免政策的占 53.0%,其中,小型和微型企业享受税收减免政策的企业占比分别为 43.7%、55.4%,小微型企业中流动资金紧张的占 23.0%③,小微型企业已经成为吸纳社会就业主体和推动经济发展的重要力量。全国税务系统落实刺激投资、启动消费、鼓励出口的各项减税政策,实行出口商品零税率和彻底退税,市场主体普遍受益,实现了人均经营净收入的快速增长,分行业看,制造业受益最大;分经济类型看,民营经济受益最明显。减税降费有效地激发了市场主体活力,增强了市场信心和经济增长后劲。在降低个人

① 国家统计局. 方晓丹: 居民收入和消费稳定增长 居民生活水平再上新台阶 [EB/OL]. (2020-01-19) [2021-04-15].http: //www.stats.gov.cn/tjsj/zxfb/202001/t20200119_1723769.html.

② 共产党员网. 政府工作报告——2020 年 5 月 22 日在第十三届全国人民代表大会第三次会议上 [EB/OL]. (2020-05-29) [2021-05-06].http://www.12371.cn/2020/05/29/ARTI15907672500697998.shtml.

③ 国家统计局. 前三季度国民经济运行总体平稳结构调整稳步推进 [EB/OL]. (2019-10-18) [2021-05-06].http: //www.stats.gov.cn/tjsj/zxfb/201910/t20191018_1703299. html.

税收方面，国家推进实施提高个人所得税起征点，落实个人所得税专项附加扣除政策，有效降低了居民税收负担，确保国家减税"大礼包"及时足额，并实实在在送到每一名纳税人手中。为更好地适应国税地税征管体制改革后的新形势、新要求，国家税务总局制定出台《税收征管操作规范》，进一步规范税费业务办理，聚焦解决纳税人、缴费人痛点难点问题，积极推进"放管服"改革，确保各项税收优惠政策落到实处，以最大限度方便纳税人和缴费人，以最大限度规范税务人。

社会保障作为收入再分配的形式之一，为人民群众的生活构建起最后一道防线。围绕党的十九大提出的全面建成多层次社会保障体系的基本要求和奋斗目标，国家建立全国社会保障基金，并按照应保尽保的要求已建成世界上最庞大的社会保障体系，各项保险参保人数持续增加。在医疗保险方面，统一的城乡居民基本医疗保险制度和大病保险制度逐步完善，基本实现异地就医住院费用直接结算，增强了群众对重特大疾病风险的抵御能力，努力满足人民群众多样化的医疗保险需求。同时失业、工伤保险制度不断完善，失业保险防失业、促就业的作用大大增强，全面推进待遇调整机制人性化、科学化、规范化。2013 年末，全国参加基本养老保险、失业保险、工伤保险人数分别为 8.2 亿、1.64 亿、1.99 亿，截至 2019 年年底，此项数据达到了 9.67 亿、2.05 亿、2.55 亿，全国社保卡持卡人数达 13.05 亿，已覆盖超过 93.5% 的人口[1]，全民医保基本实现。利用互联网信息技术、大数据、移动应用等手段，从中央到乡镇的五级管理体系和服务网基本形成，国家人力资源和社会保障部门实行社会保险公共服务清单和业务流程的规范化、标准化、统一化，社会救助法制化水平显著提升，最低生活保障制度进一步完善，这都是解除困难群众生存危机、维护社会底线公平的重要实践。

在政府转移支付方面，党和国家充分发挥其对收入分配的调节功能，提高一般性转移支付比例，加大福利性转移支付的力度，包括养老金在内的转移性收入稳步增长，这大大增强了政府通过转移支付平衡地区财力以

---

① 中华人民共和国人力资源和社会保障部. 人社部举行 2019 年第四季度新闻发布会 [EB/OL].（2020-01-14）[2021-05-10].http://www.mohrss.gov.cn/SYrlzyhshbzb/zxhd/zaixianzhibo/202001/t20200114_354773.html.

及调节不同群体之间收入分配差距的能力。随着各级政府转移支付力度不断加大，来自政府的各项转移收入逐渐成为农村居民收入的重要来源之一。人民获得感、幸福感、安全感显著增强，人民的积极性、主动性、创造性逐渐发挥出来，再分配领域的改革不断缩小收入主体间的差距，不断推动社会主义现代化建设稳步前行，全体人民朝着共同富裕的方向稳步迈进。

4. 脱贫攻坚工作全面完成

反贫困、实现贫困人口摆脱贫困、全体人民走向共同富裕，一直是中国特色社会主义发展进程中的重中之重。新时代是全面建成小康社会的决胜阶段，更是大规模反贫困进程的关键阶段，党的十八大以来，脱贫攻坚战全面打响，精准扶贫、精准脱贫被提上了极其重要的战略位置。2021 年脱贫攻坚战取得全面胜利。

关于精准扶贫的工作实践，本书将在第七章展开比较详细的论述，此处不再赘述。

5. 精神富裕走出新局面

中国特色社会主义事业得以顺利推进，靠的是物质文明建设与精神文明建设的这两个抓手、两种力量。这两个抓手和两种力量都蕴含着新时代共同富裕的目标和要求。文化生产力融合精神的价值体系、物质的符号体系、行为的制度体系，是硬实力和软实力的综合体现，更是文化自信和理论自信的彰显。党的十八大以来，党中央高度重视社会主义文化建设，持续加强社会主义精神文明建设，走出了新时代的文化范儿，精神富裕走进新局面，为实现共同富裕提供思想保证、精神力量、道德滋养。

（1）提升国民文明素质

2014 年 2 月 24 日，习近平在十八届中央政治局十三次集体学习时强调，把培养和弘扬社会主义核心价值观作为凝魂聚气、强基固本的基础工程和推动国家发展最持久最深沉的力量。社会主义核心价值观能够有效地整合社会意识，是维护社会系统有序运行的重要途径，以此来引领群众性精神文明创建活动，充分发挥重要传统节日、重大礼仪活动、公益广告的思想熏陶和文化教育功能。党的十八大提出"开展全民阅读活动"，全民阅读被写入国务院政府工作报告和"十三五"规划，被提升到国家战略高度。"求木之长者，必固其根本；欲流之远者，必浚其泉源"（唐·魏征《谏太宗十思疏》），中华优秀传统文化是中国人民精神命脉之根本，是中华民族在世界浪潮中屹立不倒之根基。在传承和发展优秀传统文化层面，党和国家大力推行和规范使用国家通用语言文字，逐步将优秀传统文化纳入国民教育体系当中，新编义务教育语文教材的编写、高考考试大纲的修订、中小学幼儿园教师国家级培训计划、中华古籍保护计划等都把传统文化放在了重中之重的位置。2017 年，国家对中华优秀传统文化传承发展工程提出了目标，2025 年基本形成中华优秀传统文化传承发展体系，并把文化遗产的保护传承作为重点任务之一。关于文化遗产保护工作，党中央、国务院历来高度重视，在全社会的共同努力下，这一项工作取得了明显成效。我国已是目前拥有世界非物质文化遗产数量最多的国家，世界遗产总数位居世界第二。党和国家大力推进非遗扶贫就业工坊建设，在弘扬传统文化的同时巩固脱贫成果，促进非遗保护传承全面融入脱贫攻坚。除此之外，党和国家在哲学社会科学创新工程方面也做出了更广范围和更深层次的探索。2016 年 5 月，习近平在全国哲学社会科学工作座谈会上发出全面推进哲学社会科学各领域创新的号召，努力建设和坚守马克思主义坚强阵地和党的意识形态重镇，不断强化党和国家重要思想库和智囊团功能，涌现出一批又一批重大科研成果和优秀学术人才，极大地解放了科研生产力和创造活力，促进国民精神境界和文明素质不断提升，形成了精神文明建设的良好社会环境。

（2）丰富文化产品服务

党的十八大以来，党和国家对文化事业和文化产业发展做出明确要求，文化投入力度明显加大，组织实施精神文明建设"五个一工程"，推进文化事业和文化产业双轮驱动。党和国家对建立健全现代公共文化服务体系的部署紧锣密鼓，公共文化资源配置进一步向基层倾斜，通过对这一资源的有效整合和统筹利用，推动现代公共文化服务体系标准化、均等化发展。截至 2019 年年末，全国文化和旅游系统共有艺术表演团体 2 072 个，博物馆 3 410 个；全国共有公共图书馆 3 189 个，总流通 87 774 万人次；文化馆 3 325 个 [①]，均可免费游览，基层公共文化设施建设、管理和服务水平显

---

① 国家统计局. 中华人民共和国 2019 年国民经济和社会发展统计公报 [EB/OL]. （2020-02-28）[2021-06-15].http：//www.stats.gov.cn/tjsj/zxfb/202002/t20200228_1728913.html.

著提高。随着互联网的普及，我国文化市场稳步繁荣发展，广播影视新媒体蓬勃发展，广播、电视节目、电影播出能力日益增强，涌现出更多传播当代中国价值观念、体现中华文化精神、反映中国人审美追求的精品力作，传统戏曲传承和传统工艺振兴计划的实施使得更多具有历史质感和情感温度的作品体现出良好的社会效益和社会价值，讲述中国故事，彰显中国精神，植根文化自信，较好地满足了受众对节目形态多样化的需求。新闻出版业也紧紧围绕党中央治国理政的新思想和新战略、弘扬社会主义主旋律、中国梦等核心主题出版了大批优秀出版物，并日趋规范化和精细化，为全体人民提供昂扬向上、丰富多姿、怡养情怀的精神食粮。随着文化产品和服务的升级，人民对于文化娱乐生活的需求不断扩大，文化消费水平也与日俱增。为了更好地满足人民群众的多层次需求，党和国家大力推进并统筹指导文化服务开发与宣传工作，以高质量文化服务供给增强人民群众的获得感、幸福感。这一系列的重要举措鞭策着我们在推进共同富裕实践中的精神力量，这种力量是纽带更是动力，引领我们意气风发地迈向未来。

（3）提高文化开放水平

中国声音以中国文化为内涵，带着中国价值观念走出国门，推动中华文化走向世界就是要让世界听见中国声音、听清中国声音、听懂中国声音。乘着新时代的春风，我们不断在交流互鉴中展示中华文化独特魅力，让中华文化向世界发声。在推动文化交流与合作空间方面，2014年03月国务院印发《国务院关于加快发展对外文化贸易的意见》（国发〔2014〕13号）[1]，指出加大财税支持、强化金融服务、完善服务保障等政策措施，使得我国在世界文化市场占据了更广阔的舞台，文化竞争力显著提升，中华文化影响力日渐增强。随着我国文化对外开放水平的提升，我们的朋友圈越来越大，各国政策沟通走向深入，政府合作和民间交流互促共进，文化互信和人文交流也正在无缝对接。响亮的中国声音吸引着更多世界伙伴，多元的文化开放格局促使越来越多具有竞争力的文化企业对外投资。在加强国际传播能力建设方面，利用高质量发展的互联网链，拓展海外传播网络，打造旗舰媒体，不断加强与国际大型传媒集团的合资合作，打造符合国际惯例和

---

① 国务院办公厅. 国务院关于加快发展对外文化贸易的意见（国发〔2014〕13号）[EB/OL].（2014-03-03）[2021-05-10].http://www.gov.cn/zhengce/content/2014-03/17/content_8717.htm.

国别特征又具有我国文化特色的话语体系，努力夯实国家文化软实力的根基。在切实搞好自身文化建设的前提下，文明大国的形象已在世界上树立和闪耀起来，我们正朝着建设社会主义文化强国的目标不断前进。

展望新时代，推进社会主义精神文明建设，大力发展文化生产力，深入传播党的声音、反映人民心声、奏响时代强音，为动员和激励亿万人民坚定不移跟党走、同心迈进共同富裕提供了强大思想支撑和精神力量。大力推进精神富裕，强化精神感召和精神鼓舞以建设有中国特色的伟大征程，为如期实现全体人民共同富裕作出更大贡献。

三、马克思主义共同富裕思想在新时代的经验启示

进入新时代以来，党和国家从全方位、多层次、各领域对共同富裕进行了有益探索。新时代党的共同富裕实践极大地提升了中国人民的生活水平，并为国际减贫事业作出巨大贡献，我国减贫事业所体现出的中国智慧和中国方案得到了全世界的认可和称赞。"行之愈笃，则知之益明"（《朱子语类·大学一·经上》），党的共同富裕思想在新时代的实践为我国社会主义事业和全球减贫事业走向胜利的进程，积累了值得借鉴的经验启示。

（一）坚持依靠群众自力更生

人民始终是创造历史的英雄，是时代史诗中的主角，是物质和精神财富的创造者和享用者。中国共产党始终坚持人民群众在迈向共同富裕中的主体地位，充分调动人民群众的积极性，将群众路线贯穿始终。中国实现七亿多贫困人口稳定脱贫，这样伟大的事业若不发挥人民的主动性和创造性是不可能取得成功的。内因是事物变化发展的根据，在推进实现共同富裕的工作中，党的领导和全社会的参与是必不可少的，但究其根本还是要依靠贫困地区群众的自身努力逐步增强贫困群众的自我发展能力，这也是反贫困事业的真谛所在。事实证明，中国人民能以自力更生的方式站起来、富起来、强起来。在新时代共同富裕的实践中，党和国家尊重贫困人民群众在脱贫攻坚中的主体地位，充分发挥贫困群众在脱贫攻坚中的主体作用，强化贫困群众的主体意识和拥有感，发扬自力更生精神，激发起群众改变贫困面貌的干劲和决心，坚持培育贫困群众依靠自力更生实现脱贫致富意

识，培养贫困群众发展生产和务工经商技能，用人民群众的内生动力支撑脱贫攻坚，最大程度地提升贫困群众在脱贫攻坚中的获得感。共同富裕是为了人民的事业，也必须是依靠人民的事业，要让贫困人民在接受"经济输血"的过程中完成自身的"经济造血"功能，从短暂被动的受益者转化为长效主动的参与者，因此在实现共同富裕的过程中必须坚持发挥人民群众的力量，让广大人民群众拥有参与感、获得感、幸福感，唯其如此才是真正意义上的"扶贫"而非简单的"济贫"，才能跳出"扶贫—脱贫—返贫"的恶性循环，才能获得致富共富的不竭动力。人民是决定国家和民族前途和命运的根本力量，以人民群众汇聚江河之气，以昂首阔步的底气不断朝着共同富裕迈出坚实的步伐。

（二）坚持物质富裕和精神富裕并举

共同富裕是以物质的共同富裕为基础的，夯实共同富裕的物质基础是毋庸置疑的，但仅有物质财富的积累，精神领域的贫乏缺失也会在一定程度上阻碍社会发展，这种富裕是不符合现代文明发展要求的。我国在推进共同富裕的道路上，把精神文化的力量放在举足轻重的位置上，始终秉持着自己的精神命脉，大力加强社会主义精神文明建设，收获了物质与精神的"双丰收"。物质的贫困与文化的落后是一体两面，精神的安放与物质的丰富需要同步达成。在推进共同富裕实现的进程中，除了要增加人均纯收入、可支配收入，还要保障群众的住房安全、医疗卫生等生存需求，提升人民参与民主政治和文化建设的满意度，增强群众的幸福指数和发展指数，实现人民群众价值提升和自身精神的重塑。在推进共同富裕的实践中，精神文明建设是重大内容之一，一方面让人民过上富足的生活，另一方面要提高人民的思想道德水平和科学文化水平，这才是真正意义上的共同富裕。通过转变观念认识以激发自主脱贫致富意识，丰富文化产品服务以提升国民文明素质，强化思想政治工作以提升基层干部和人民群众脱贫致富的能力和信心，提升贫困地区教育水平以促进优质教育资源共享，不仅做到"富口袋"，还要做到"富脑袋"，"文明其精神，野蛮其体魄"[1]，切

---

① 中共中央文献研究室，中共湖南省委《毛泽东早期文稿》编辑组编. 毛泽东早期文稿（1912.6—1920.11）[M]. 北京：中央文献出版社，1990：70.

断贫困代际传递，为共同富裕的实现立起精神之"柱"、注入精神之"钙"、铸牢精神之"魂"。人类社会发展的历史证明，经济发展绝不是社会发展的唯一动力，精神富裕对社会发展同样具有引领作用，它是一个国家、一个民族进步和强盛的重要标志，是人类实现全面自由发展目标的必然要求。因而，在推进减贫事业、实现共同富裕、实现人类自由全面发展的道路上，要以强大的精神财富作为支撑国家、民族和世界人民的核心力量，坚持物质生活的发展与精神生活的发展的高度统一，坚持物质富裕和精神富裕"双富"并举，以此来推动国家和民族的伟业，推动全人类的追梦之旅。

（三）坚持党的领导巩固实现共同富裕的成果

人类付出心血为之奋斗的任何事物，都脱离不开他们的利益。追求富裕是每个人正当的生活目标，然而这一目标的实现往往需要有坚强的领导核心。在我国，中国共产党是促进缩小贫富差距的中坚力量，这中坚力量执政时的科学与有效，可以从它的阶级性与先进性来看。

首先，"为谁执政"——为人民服务，这一回答表明共产党作为执政党为占绝大多数的社会成员"立言"。中国进入共产主义的过渡阶段，社会主义在很大程度上扩大公平的范围，中国共产党代表广大人民群众提出共同富裕的价值目标，不将公平流于表面形式，带领人民充分发挥他们的主体作用，最大可能地团结一切力量、协调所有积极因素进行生产分配活动。对改善民生充满信念、信心和热情，坚持按劳分配为主体，并通过再分配的环节，目的是让人民群众在天生能力方面引起的明显差异降低在一定合理范围内。习近平指出："我们的责任，就是要团结带领全党全国各族人民，继续解放思想，坚持改革开放，不断解放和发展社会生产力，努力解决群众的生产生活困难，坚定不移走共同富裕的道路。"[①] 具体表现为：依靠政治力量统筹好物质资源占有的平均水平和最低标准的关系，统筹好扶贫帮扶与内生动力的关系，统筹好近期扶贫任务与长远反贫困的关系，统筹好农村扶贫与农村治理等重要关系，最终以人民作为价值主体去评价中国特色社会主义事业的发展，从而实现自身的政治价值目标。

其次，在其先进性上，中国共产党自诞生以来，为民族独立进行浴血

---

① 习近平. 习近平谈治国理政 [M]. 北京：外文出版社，2014：4.

奋战，为民族事业选择一条适合中国的社会主义道路，因为在生产力发展程度不足够发达的社会主义里，贫富差距也不会自觉消失，中国共产党从未停止过追求人民群众共同富裕起来的目标。新中国成立初期，党带领农民通过土地革命从压迫中解放出来，获得生产资料所有权，使农民有富裕的条件可能；党的十一届三中全会以来，党鼓励人民参与到改革的浪潮中来，从农村到城市、从家庭联产承包责任制到现代企业制度的建立、从小康社会的战略构想到如今全面建成小康社会的实现，党带领人民步入建设社会主义现代化强国的新征程。中国特色社会主义建设从改革开放的新时期到步入新时代，党的初心使命未改，带领人民大大提高了发展和创新能力，生产生活条件发生翻天覆地的变化，成功脱贫的数量累积达 7 亿，这一路走来，用时间和实践充分证明了贫穷不是社会主义，坚持走中国道路是正确的。

中国特色社会主义事业坚持以马克思主义为指导，并在实践中不断实现马克思主义中国化的新成果、新飞跃，成为创造中国奇迹的关键钥匙。立足于中国的国情，党不仅指明了共同富裕的发展方向，也做出了时间维度和空间维度科学的规划，积极处理效率与公平的关系。"共同富裕是中国特色社会主义的根本原则"[1]，是中国共产党坚持人民至上这一立场的生动体现。共同富裕理论不是一成不变的僵化认识，而是在社会主义建设的实践中不断地丰富发展，结合我国政治经济发展形势的变化，党对不同阶段共同富裕有不同的认识和侧重点。"五位一体"全面布局、"四个全面"战略布局等都是对新的发展状况和发展要求的当下调试，党的政策思想根据实践的需要不断地发展和完善以保持自身的科学性。习近平指出："党的领导是中国特色社会主义最本质的特征"[2]，更是为实现共同富裕提供了强有力的政治保障力量。

作为巩固共同富裕成果的核心领导力量，党的建设相应成为能否实现共同富裕基本要求和重要条件。党的十八大以来，中国共产党将全面从严治党看作与时代使命同等重要的重大任务，民心的去向在于党和政府的立场和作为，因此党的自身发展及建设也需不断完善。先富带后富的关键阶

---

① 习近平. 习近平谈治国理政 [M]. 北京：外文出版社，2014：13.

② 习近平. 习近平谈治国理政（第二卷）[M]. 北京：外文出版社，2017：114.

段应该担当起该担当的责任，为人民创造宽裕舒适的生活搭建生动活泼的政治氛围。管治相济、宽严有度，阻绝社会上权力与资本的"密切"关系，从治党的宽领域到全领域，从利益格局的初步触碰到深入打破，从自我革命与社会改革的不适应到相协调，用严格的系统化的制度阐明如何为人民群众服务的主张。全面从严治党的政治建设成果更多服务于民生领域，始终对人民保有坚定的意志和不灭的热情，更直接、更真切地让人民群众感受到"权为民所用"[①]。党的领导核核心作用是实现共同富裕每一个具体实践的关键，新时代全面从严治党、提高党治国理政的能力，切实做到为民、务实、清廉的工作作风，积极调整上层建筑为实现共同富裕保驾护航。

---

① 习近平. 之江新语 [M]. 杭州：浙江出版联合集团，浙江人民出版社，2007：2017.

第七章　马克思主义共同富裕思想在我国的实践创新——中国特色的精准扶贫实践

消除贫困，改善民生，逐步实现共同富裕既是社会主义的本质要求，同时也是中国共产党的重要使命和历史责任。党的十八大以来，党和国家发展全局的战略高度出发，习近平同志将扶贫开发工作放到了治国理政的突出位置，做出了打赢脱贫攻坚战的重大战略决策，形成了以精准扶贫方略为核心的重要论述，引领中国减贫事业迈入新征程。2021 年 2 月，习近平在全国脱贫攻坚总结表彰大会上庄严宣告，我国脱贫攻坚战取得了全面胜利，区域性整体贫困得到解决，完成了消除绝对贫困的艰巨任务。习近平关于精准扶贫的一系列重要论述在实践中不断完善和成熟，为新时代我国的扶贫开发工作提供了重要的理论指导，是马克思主义共同富裕思想在我国的实践创新。消除绝对贫困、实现精准脱贫，并不意味着我国减贫实践的终止，而是朝着共同富裕目标稳步前行的新征程的开端。

我国现阶段的具体国情为：我国仍处于并将长期处于社会主义初级阶段。这说明，我国实现共同富裕目标的任务依旧艰巨，实现共同富裕目标也不是一蹴而就、轻而易举的。千里之行，始于足下。在实现共同富裕的伟大征程上，我们将全力推行"精准扶贫"作为实现共同富裕实践的起点、切入点和重要抓手，一步一个脚印，稳扎稳打，踏踏实实地迈步向前。

本章在阐述共同富裕与精准扶贫的关系的基础上，详细论述习近平关于精准扶贫重要论述的主要内容与实践路径，并重点探讨"后扶贫时代"精准扶贫的实践创新路径，对探索马克思主义共同富裕思想在我国的实践创新尽一份绵薄之力，更好地促进中国共同富裕实践不断向前发展。

一、共同富裕与精准扶贫的关系

（一）共同富裕是精准扶贫的理论基石

共同富裕实现的前提条件是生产力的发展，生产力的大发展为社会主义最终实现共同富裕奠定了前提和基础。消灭剥削、消除两极分化，最终实现共同富裕是一个动态的发展过程。伴随着新中国的建立，剥削制度已经消失，两极分化已经成为当今中国实现社会主义共同富裕的主要障碍。因此，要想在全国范围内最终实现共同富裕的目标，势必要消除贫困，这一过程中党中央的精准扶贫政策为其提供了实现的可能。精准扶贫是中国化的反贫困理论，充分体现了马克思主义的与时俱进。

1. 共同富裕是精准扶贫的理论源泉

精准扶贫的理论源泉为马克思主义的共同富裕思想。消除贫困、改善民生、实现共同富裕，是中国特色社会主义的本质要求。扶贫工作求实效、见真章，精准帮扶贫困人口脱贫致富，使社会发展的红利更多更公平地惠及人民，助力每一个贫困群众摸索出适合其脱贫致富的道路，正是马克思主义共同富裕思想的发展与延伸，也是中国共产党坚持全心全意为人民服务根本宗旨的具体体现。党的十八大根据我国实际国情提出至 2020 年完成全面建成小康社会的目标，是精准扶贫的实际需求，同时意味着中国的扶贫工作已进入攻坚拔寨的"深水区""冲刺期"。精准扶贫符合我国基本国情，是全面建成小康社会的"最后一公里"。习近平指出："切实做到精准扶贫。……搞大水漫灌、走马观花、大而化之、手榴弹炸跳蚤不行。"[①]党员干部应把全部精力投入到精准扶贫工作中去，杜绝以往"大水漫灌""撒胡椒面"式的扶贫模式，务求扶贫工作精准到人、精准到户，力争应保尽保、应帮尽帮、破除穷根，切实做好贫困人口的生活保障工作，使实现共同富裕不再成为一句空谈。

2. 精准扶贫是共同富裕理论的发展

实现共同富裕并不是一朝一夕的事情，尤其是对于我国有着庞大的人口基数而言，城乡二元结构制度和计划经济向市场经济的转轨，都为我国

---

① 中共中央文献和党史研究院编. 习近平扶贫论述摘编 [M]. 北京：中央文献出版社，2018：58.

实施二次分配增加了难度，因此，实现共同富裕是一个漫长渐进的过程，不可能一蹴而就。实施精准扶贫是消除贫困的有效手段，为实现社会主义共同富裕奠定了重要的基础。消除贫困，作为精准扶贫的首要目标，也是实现共同富裕的重要前提。经过四十多年的改革开放，我国经济实力得以大幅度提升，成为世界第二大经济体，但是由于我国人口数量众多，我国人均GDP并不高，通过精准扶贫，将国家改革发展的红利更多惠及贫困地区的群众百姓，改善他们的生活质量，使人民群众切实得到实惠。在精准扶贫的过程中，实际上是政府履行了社会财富二次分配的职能，让贫困区域人民可以享受到全国改革开放的成果，同时也可以享受到发达区域经济发展带来的进步。

在精准扶贫过程中，通过产业扶贫，建立了贫困区域人民群众的长效扶贫机制，同时让贫困地区的人民群众在脱贫过程中更加有信心、更加有尊严。在贫困区域，通过发展适合当地要素禀赋的产业，实现贫困区域人口的部分"先富"，再通过产业的带动，实现区域内贫困人口的共同富裕。精准扶贫，作为贫困地区人民群众脱贫致富的法宝，缩小了贫困区域与全国其他地区之间的贫富差距，让贫困地区的人民群众有更大的信心和能力，去追求和实现更加美好的幸福生活。

3. 精准扶贫是共同富裕理论的延伸

习近平将扶贫开发工作视作为坚持社会主义道路和共同富裕道路的必然要求，将精准扶贫作为实现社会主义共同富裕的有效拓展途径。在做好扶贫开发工作的过程中，要支持困难群众脱贫致富，让更多的发展成果惠及人民。"十三五"期间，我国关于脱贫、扶贫的目标是到2020年稳定实现农村贫困人口的基本生活保障，其中包括基本生活、教育、医疗、住房安全等方面，确保农民人均可支配收入增长幅度高于全国平均水平，实现农村社会保障制度向城市社会保障制度的靠拢。"十四五"期间，实现巩固拓展脱贫攻坚成果同乡村振兴有效衔接：建立农村低收入人口和欠发达地区帮扶机制，保持财政投入力度总体稳定，接续推进脱贫地区发展；健全防止返贫监测和帮扶机制，做好易地扶贫搬迁后续帮扶工作，加强扶贫项目资金资产管理和监督，推动特色产业可持续发展；健全农村社会保障和救助制度；在西部地区脱贫县中集中支持一批乡村振兴重点帮扶县，增强其巩固脱贫成果及内生发展能力，坚持和完善东西部协作和对口支援、社会力量参与帮扶等机制。

精准扶贫，从根本上说，是对共同富裕思想的发展和延伸。我国共同富裕的总体目标与现实的贫富差距，是我国实现精准扶贫的出发点，以人民群众为中心，对贫困地区人口进行扶贫，是我国实现共同富裕的必经之路。将精准扶贫视作为共同富裕思想的发展，主要体现在物质扶贫工作中借助中国制度的优势，注重扶贫对象的定位精准，通过项目精准安排设计，提高物质扶贫工作的效率。同时，将精准扶贫作为共同富裕思想的延伸，主要体现在精神扶贫工作中，精神脱贫理念作为精准扶贫思想的战略重点，帮助贫困群体从思想根源上建立与贫困作斗争的勇气和信息，帮助贫困群体充分认识到自身优势以及主观能动性，改变贫困人口"等、靠、要"思想，建立对生活工作积极乐观的心态，以此建立脱贫的长效机制。

（二）精准扶贫的根本目的是实现共同富裕

当前，我国社会主义初级阶段的基本国情没有变，生产力发展水平还有待提高。我国的经济、社会、政治、文化等体制改革还面临艰巨复杂的任务，只有依靠全面深化改革，实施精准扶贫，才能创造性地冲破束缚生产力发展的体制性障碍，才能探索出更加有利于社会主义经济、社会、政治、文化、生态文明建设的途径和方法，才能更加充分地让一切劳动、资本、技术、管理等生产要素的活力迸发出来，让一切创造社会财富的源泉充分涌流，让一切自然资源、社会资源、人力资源得到更加合理的利用，才能更有效地解决发展中遇到的问题。

1. 精准扶贫为实现共同富裕夯实物质基础

随着我国经济发展进入新常态，民生问题逐渐成为社会关注的焦点问题。居民收入两极分化问题严重，贫富差距不断拉大，极大地影响了人民生活的幸福感指数。除此以外，社会上一些不良现象的出现让我们意识到，仅仅依靠"涓滴效应"来实现"先富帮后富"是不现实的。2013年11月习近平在湖南湘西考察时，首次提出了"精准扶贫"。扶贫要实事求是，因地制宜；要精准扶贫，切忌喊口号，也不要定好高骛远的目标。在党的十八届四中全会上，习近平做出了"四个全面"的理论阐释。"四个全面"

中"全面建成小康社会"的理论源流，即是马克思主义的共同富裕思想；"四个全面"中"全面建成小康社会"的实践路径，即是精准扶贫。党的十八届五中全会指出："要实施脱贫攻坚工程，实施精准扶贫、精准脱贫，分类扶持贫困家庭，探索对贫困人口实行资产收益扶持制度，建立健全农村留守儿童和妇女、老人关爱服务体系。"[①]消除两极分化，实现共同富裕，就必须提高贫困人群的收入。

2. 精准扶贫是实现共同富裕的有力举措

推进精准扶贫，事关全面建成小康社会大局，实施精准扶贫，事关扶贫成效与民生福祉。要立足资源优势，加强生态环境保护，发展区域特色产业，充分发挥落后地区的比较优势和后发优势，促进贫困人口脱贫致富。要优化农牧业生产结构布局，形成具有区域特色的农牧业主导产品、支柱产业和知名品牌，发挥品牌效应，建设一批特色鲜明、竞争力强的现代农牧业生产基地。要加快一、二、三产业融合，充分挖掘贫困地区自然风光、人文景观、民俗文化，加强旅游基础设施建设，打造高端、精品、特色旅游产品体系。要积极引导支持贫困人口参与特色产业发展，探索贫困人口以资源、扶贫资金等入股参与现代农牧业、旅游业开发的实践途径，让他们从特色产业发展中获得稳定收益，分享经济发展的红利。

3. 精准扶贫是实现共同富裕的政策保障

要强化政策支持引导，精确定位，完善贫困识别机制，对贫困村、贫困户建档立卡，深入分析扶贫对象致贫原因，逐村逐户逐个制定细化的帮扶计划，落实帮扶措施，及时跟踪监测到村到户到人扶贫措施及实施效果，重视结果反馈和返贫治理，实现帮扶对象有进有出的动态管理。要改革贫困地区的政府管理模式，明确责任主体，消除资源分散、体制分割、管理分治的多头管理、"九龙治水"的现象，整合扶贫资金，提高资金使用效率，建立以精准扶贫工作落实成效为导向的扶贫考核机制。要推进贫困地区基础设施升级改造，建设稳定的贫困地区教师队伍，加大对贫困地区教育工作的扶持力度与政策倾斜度。要加大对贫困地区低保的政府转移支付

---

① 中国共产党第十八届中央委员会第五次全体会议文件汇编 [M]. 北京：人民出版社，2015：14.

力度，做好贫困地区低保与精准扶贫政策的衔接工作。要完善精准扶贫规划与城镇化规划的统筹协调机制，对生存条件恶劣的地区实施易地搬迁扶贫，保证让搬迁的群众享受城镇的基本公共服务。要探索金融扶贫富民方式，积极发展普惠金融，支持金融机构创新金融产品，利用专项基金、担保、小额贷款等方式扶持贫困地区发展，将财政贴息资金作为资本金，引导鼓励企业资金、社会资金共同出资成立担保公司，为贫困地区居民创业、企业开发提供担保。要建立健全鼓励全社会参与精准扶贫的帮扶体制机制，加强基层组织建设，落实机关事业单位定点精准扶贫工作。

二、习近平关于精准扶贫重要论述的主要内容与实践路径

（一）习近平关于精准扶贫重要论述的主要内容

习近平关于精准扶贫重要论述的提出，其主要核心为"精准"，主要是根据当前的实际情况，确定需要帮扶的贫困对象以及贫困原因，再具有针对性地展开工作，使贫困群众能精准脱贫，具体可以归纳为"六个精准""五个一批"。该论述的提出，使扶贫工作的开展更具精准性，扶贫工作也因此得到更加精确安排和实施，达到脱贫攻坚全胜的最终效果。

1.　"六个精准"[①]

精准方略、坚持精细化理念，具体落实到国家的扶贫策略中，就是要坚持实施"六个精准"，"即扶持对象精准、项目安排精、资金使用精准、措施到户精准、因村派人（第一书记）精准、脱贫成效精准。"[②] "六个精准"是习近平关于精准扶贫重要论述的核心内涵，是习近平在扶贫领域坚持精细化理念而进行的理论创新，旨在解决扶持谁、谁来扶、怎么扶、如何退的重大问题，从而达到"真扶贫、扶真贫"[③]的效果。

（1）扶持对象精准

精准识别贫困人口，是因户施策、因人施策的重要前提。习近平指出："精准扶贫，关键的关键是要把扶贫对象摸清搞准，把家底盘清，这是前

① 中共中央党史和文献研究院编. 习近平扶贫论述摘编 [M]. 北京：中央文献出版社，2018：58.
② 中共中央党史和文献研究院编. 习近平扶贫论述摘编 [M]. 北京：中央文献出版社，2018：58.
③ 中共中央党史和文献研究院编. 习近平扶贫论述摘编 [M]. 北京：中央文献出版社，2018：63.

提。"①扶贫对象精准识别解决了中国扶贫开发过程中工作落实到每一位贫困人员的问题,解决的是"扶持谁"的问题。在中国实施精准扶贫之前,扶贫对象是宏观意义上的贫困县、贫困村、贫困户,极少有直接针对每一位贫困人员的脱贫帮扶实施机制。2013以来,我国政府着手进行了全国范围内的建档立卡工作,首次建立起囊括全国近亿人的扶贫信息管理系统,为精准识别扶贫对象提供了基础支撑。2014年4月,国务院扶贫办印发了《扶贫开发建档立卡工作方案》,提出全国贫困户、贫困村、贫困县和连片特困地区建档立卡工作的具体实施方法、步骤、时间安排,为精准扶贫工作奠定基础。2014年6月12日,国务院扶贫办印发《扶贫开发建档立卡指标体系》,提出扶贫开发建档立卡指标体系,包括《贫困户登记表》《贫困村登记表》和《贫困县登记表》,以及各表对应指标说明,为完成建档立卡工作提供了实施指标。2014年4月至10月,我国先后组织80万人深入农村贫困地区进行精准识别及建档立卡工作,全国共识别贫困村12.8万个、贫困户2 932万户、全国贫困人口8 962万人。②精准识别贫困人口解决了"扶贫对象精准"的问题,为中国实施精准扶贫、精准脱贫战略奠定了工作基础。

(2)项目安排精准

项目安排精准旨在解决"怎么扶"的问题。习近平十分重视精准扶贫中的项目安排问题,要求在扶贫工作中必须根据贫困地区差异化现,因地制宜、因户施策、因人施策,发展本地区(本村)特色产业项目。"大水漫灌"式的扶贫开发以贫困地区整体贫困特征为主要考虑因素,安排地区脱贫项目,既不能解决扶贫项目运行过程中可能遇到的"水土不服"问题,也不能解决扶贫项目市场价值实现难题,更多的工作是集中在项目指导和发放中。这就在一定程度上增加了扶贫项目失败的可能性,造成了资源浪费。传统的粗放式的扶贫方式已经很难解决减贫边际效应递减的问题,诸如扶贫瞄准对象偏离、政策效果持续性差等。"六个精准"中的项目安排精准,以解决具体贫困人员的贫困问题为导向,即以贫困人口的实际情况为基本出发点,充分考虑市场需求和项目价值实现,确保项目可行、可用、可脱贫。

① 中共中央党史和文献研究院编. 习近平扶贫论述摘编 [M]. 北京: 中央文献出版社, 2018: 59.

② 精准扶贫创造人间奇迹 _ 光明网 [EB/OL]. (2019-11-01) [2021-05-10].https: //economy.gmw. cn/2019-11/01/content_33285090.htm.

在精准识别的基础之上，结合当地发展特征、发展阶段，针对不同贫困人群的致贫因素，安排相应的扶持项目，最终可以实现对贫困人群的有效帮扶。

（3）资金使用精准

资金使用精准同样旨在解决"怎么扶"的问题。粗放式的扶贫模式对于扶贫资金使用的针对性不强，影响了资金的使用效率和扶贫资金的作用发挥。而基于精准识别贫困人群的建档立卡数据，在使用及管理扶贫资金时可以确保更加精准和有效。习近平高度重视扶贫工作中的资金问题，明确提出要做到资金使用精准，扶贫资金资源精准滴灌，扶贫扶到点上扶到根上。在精准扶贫的战略框架下，精准识别为扶贫资金的更加精准、有效使用提供了重要前提。1997年7月15日，国务院印发《国家扶贫资金管理办法》，提出中国扶贫资金使用过程中，实施扶贫项目对象是贫困户，实施方法是统一规划，统一评估，分年实施，分期投入，资金分配主要依据贫困人口数量、贫困程度以及资金使用率等。2011年11月7日，财政部、国务院扶贫办联合出台《财政专项扶贫资金管理办法》基本上延续了之前扶贫资金使用、管理的相关规定。2017年3月13日，财政部、国家扶贫办等部门联合印发《中央财政专项扶贫资金管理办法》，对扶贫资金的精准使用做出了明确的规定：资金使用应与建档立卡结果相接，与脱贫成效相挂钩。2012—2020年，"中央、省、市县财政专项扶贫资金累计投入近1.6万亿元，其中中央财政累计投入6 601亿元。打响脱贫攻坚战以来，土地增减挂指标跨省域调剂和省域内流转资金4 400多亿元，扶贫小额信贷累计发放7 100多亿元，扶贫再贷款累计发放6 688亿元，金融精准扶贫贷款发放9.2万亿元，东部9省市共向扶贫协作地区投入财政援助和社会帮扶资金1 005亿多元，东部地区企业赴扶贫协作地区累计投资1万多亿元，等等。我们统筹整合使用财政涉农资金，强化扶贫资金监管，确保把钱用到刀刃上。"[①]扶贫资金的有效使用为打赢脱贫攻坚战提供了可靠保障，资金使用精准确保了扶贫资源直接作用于扶贫对象，为贫困地区群众顺利脱贫产生了积极作用。

---

① 习近平. 在全国脱贫攻坚总结表彰大会上的讲话（2021年2月25日）[M]. 北京：人民出版社，2021：13-14.

（4）措施到户精准

措施到户精准作为解决"怎么扶"的问题的重要方法，主要是针对贫困户的致贫原因、具体需求所提出的量身定制的帮扶措施。习近平指出："精准扶贫，一定要精准施策。"① 同时也强调了精准扶贫必须精准施策，因人因地施策，因贫困原因和类型施策。通过对症下药、靶向治疗，从根本上实现"拔穷根""治穷病"。以往的扶贫开发聚焦于实施普惠性扶贫项目、扶贫措施，很少有差异化方案。但一般来说，大部分贫困人口的致贫因素是多重叠加的，有自然地理环境条件恶劣造成的区域整体性贫困，也有家庭、个人的因病致贫、因学致贫、意外事故致贫等。在制定精准帮扶措施时，"措施到户精准"要求同时考虑到整体性因素和个体差异性，实施差别化、动态化帮扶措施，一村一策、一户一法，帮扶到户、到人，做到"扶真贫、真扶贫"。一方面，要坚持精准施策。特别是随着扶贫开发工作的深入推进，贫困地区、贫困人口的状况也在发生变化，既有集中连片的特殊困难地区，又有零散分布的贫困村、贫困户，应该因地制宜、根据贫困地区、贫困人群的不同特点对症下药。另一方面，要精确梳理，准确找出扶贫开发的重点和亟待解决的问题。例如，着力抓好富民产业培育、饮水安全、教育事业发展、生态环境保护等，切实通过帮扶突破贫困地区经济发展的阻碍，为贫困地区经济发展注入动力，激发贫困群众内在的脱贫能力，最终目的是增强其参与扶贫项目的积极性。

（5）因村派人（第一书记）精准

因村派人精准将脱贫责任落实到人，旨在解决"谁来扶"的问题。2015年，习近平在中央扶贫工作会议上明确提出"分工明确、责任清晰、任务到人、考核到位"② ，以驻村帮扶、第一书记等工作机制形式解决"谁来扶"的问题。2013年12，国务院办公厅印发的《关于创新机制扎实推进农村扶贫开发工作的意见》首次提出要建立制度化的"驻村工作队（组）"。2015年4月29日，中共中央组织部、国务院扶贫办印发《关于做好选派机关优秀干部到村任第一书记工作的通知》，提出选派驻村第一书记。第一书记在精准扶贫工作中，需要能够深入推动精准扶贫政策落实、带领开展贫困户

---

① 中共中央党史和文献研究院编. 习近平扶贫论述摘编 [M]. 北京：中央文献出版社，2018：60.

② 中共中央党史和文献研究院编. 习近平扶贫论述摘编 [M]. 北京：中央文献出版社，2018：65.

精识别和建档立卡工作、制定和实施本地及本村贫困人口脱贫计划、落实扶贫项目、选准发展路子，培养长期发展项目。因村派人精准，一方面增强了村级组织贫困治理能力，另一方面也巩固了贫困村基层党组织建设力量，是"六个精准"的重要组织支撑。

（6）脱贫成效精准

脱贫成效精准对扶贫效果提出明确要求，要求扶贫成效可评估、脱贫成果可考核，防止贫困人口"被脱贫"，出现"数字扶贫"的情况。这就为实现"真扶贫""扶真贫"保驾护航。脱贫成效精准旨在解决"如何退"的问题。自 2014 年起，全国范围内共计有 8 000 多万建档立卡贫困人口的贫困状况、脱贫效果需要进一步核查和评估。对贫困县摘帽要严格评估，不能造假脱贫，也不能降低标准、为摘帽而摘帽。对建档立卡贫困户，要实行"逐户销号"，做到"脱贫到人"。2017 年 2 月，习近平在中央政治局集体学习时指出，精准扶贫、精准脱贫要"防止形式主义"，要"扶真贫、真扶贫"，要做到脱贫结果真实，脱贫成效真正得到群众认可，经得起实践和历史检验。[①]2020 年，我国顺利完成了脱贫攻坚目标任务，实现了消除了绝对贫困的历史任务。

2. "五个一批"[②]

2014 年 10 月，中国完成精准扶贫建档立卡、数据全国并网工作。全国建档立卡数据为下一步的因人因地施策、因贫困原因施策，提供了基本的信息保障。全国建档立卡数据显示，中国贫困户致贫原因并不是单一的，而是多维、多重因素综合作用，其中最主要的致贫因素是因病、缺资金、缺技术、缺劳力。因此，在工作中就需要分类施策，使用多样化的政策工具，利用政策工具的组合作用，解决如何因人因地施策、因贫困原因施策的核心问题。精准扶贫理论为此提供了明确、具体、可行的实施方法和政策工具。

"2015 年，党中央召开扶贫开发工作会议，提出实现脱贫攻坚目标的总体要求，……实行发展生产、易地搬迁、生态补偿、发展教育、社会保障兜底'五

---

① 习近平在中共中央政治局第三十九次集体学习时强调：更好推进精准扶贫精准脱贫 确保如期实现脱贫攻坚目标 [N]. 光明日报，2017-02-23.

② 中共中央党史和文献研究院编. 习近平扶贫论述摘编 [M]. 北京：中央文献出版社，2018：65.

个一批'，发出打赢脱贫攻坚战的总攻令。"①

（1）发展生产脱贫一批

发展生产脱贫一批，是依照因地制宜的原则，国家进行具有针对性的帮扶，提高贫困地区与贫困人口的内生动力。发展生产脱贫，一是对那些有劳动能力、有耕地，而缺投入资金、缺产业项目、缺专业技能的贫困人口，立足本地资源，通过扶持发展特色产业和项目，实现就地脱贫。如贵州省在推进扶贫的过程中，将茶叶、食用菌等作为主导的特色产业之，带动当地脱贫致富，同时，在茶叶、食用菌的采摘种植过程中需要大量劳动力，工资收入成为贫困户脱贫致富的有效途径之一。二是要引导和支持贫困地区贫困人口实现外地劳务输出、本地就业和创业。发展生产脱贫一批，精准扶贫的重点在改善生产生活条件，提高当地基础设施建设水平，推动公共服务水平提升，等等。

（2）易地搬迁脱贫一批

易地搬迁脱贫一批，是对那些生存条件恶劣、自然灾害频发的贫困地区，基础设施建设成本高，不易实现通水、通路、通电，生产条件不易满足，很难就地脱贫，就需要实施易地搬迁脱贫。易地搬迁工作是一个系统性工程，需要整合资源、确定补助标准、制定配套政策，解决财政资金问题。还要做全面规划、给出适宜搬迁规模和搬迁步骤，确定搬迁目标和任务，建设搬迁安置点等，这一系列工作都需要依照详细的规划，有步骤、有计划、有组织地统一安排和实施。更要注意的是，一定要全面考虑本地资源条件与环境承载能力的匹配程度，科学确定搬迁安置地点。习近平指出："确保搬得出、稳得住、能致富。"②易地搬迁过程中，尤其要尊重群众意愿，坚持群众自愿原则，加强思想引导，不搞强迫命令。

2015年12月，国土资源部等部门联合印发《"十三五"时期易地扶贫搬迁工作方案》，确定了实施精准扶贫战略背景下易地扶贫搬迁工作的行动指南，提出了集中安置和分散安置两种类型的安置方式，对搬迁建设内容、建设标准、补助标准、资金筹措渠道、信贷资金运作等关键环节做出了明确规定，并制定了相关政策保障、职责分工、监督考核等工作机制。

---

① 习近平. 习近平谈治国理政（第四卷）[M]. 北京：外文出版社，2022：127.

② 中共中央党史和文献研究院编. 习近平扶贫论述摘编 [M]. 北京：中央文献出版社，2018：67.

2016年9月20日，经国务院批准，国家发展改革委出台《全国"十三五"易地扶贫搬迁规划》，进一步对中国脱贫攻坚时期的易地扶贫搬迁提出了新的要求和任务，计划在"十三五"时期共投资约9 500亿元完成981万建档立卡搬迁人口的易地搬迁工作。国家高度重视异地搬迁脱贫工作，全力抓好易地扶贫搬迁工作，细化完善政策：国家发改委印发《关于进一步加大易地扶贫搬迁后扶持工作力度的指导意见》等政策文件，明确易地扶贫搬迁后续扶持政策；加大投入保障，下达中央预算内投资72.7亿元，协调财政部安排地方债务资金1 293亿元，支持86.44万建档立卡贫困人口易地扶贫搬迁安置住房建设，安排中央预算内投资35.29亿元，支持145个大型安置点配套教育、医疗设施补短板。[①]在国家对易地扶贫搬迁工作做出了详尽的统筹和安排下，异地搬迁脱贫成绩斐然，为贫困地区实现脱贫成效可持续性奠定了基础。

（3）生态补偿脱贫一批

生态补偿脱贫一批，是指有的贫困地区生存条件比较差，不宜进行系统性开发，只能做生态保护和修复。在这些贫困地区，不能使用开发式扶贫模式，而需要走生态保护和环境治理之路，探索新的脱贫模式。中国部分贫困地区本身就是重点生态功能区，或者是自然保护区。这些地区不仅不能扩大开发力度，反而要更加注意生态保护，脱贫攻坚压力更大。生态补偿脱贫一批，为这些地区的脱贫攻坚提供了创新性路径，将生态和脱贫二者有机结合起来，尝试限制开发下的社会经济发展新道路。

2013年9月7日，习近平在纳扎尔巴耶夫大学发表重要演讲，他在演讲中提出："我们既要绿水青山，也要金山银山。宁要绿水青山，不要金山银山，而且绿水青山就是金山银山。"[②]这充分展现了习近平对生态环境在济发展中的重要作用的高度重视。2018年6月15日，中共中央、国务院印发《关于打赢脱贫攻坚战三年行动的指导意见》，对中国生态扶贫做出了最新指示，强调要"创新生态扶贫机制，加大贫困地区生态保护修复力度，

① 国家统计局住户调查办公室. 2020中国农村贫困监测报告 [M]. 北京：中国统计出版社，2020：12.

② 中共中央文献研究室编. 习近平关于全面建成小康社会论述摘编 [M]. 北京：中央文献出版社，2016：171.

实现生态改善和脱贫双赢"[1]。例如，国家在中西部22个省（含自治区、直辖市）选聘建档立卡贫困人口生态护林员近100万名，结合其他帮扶举措，精准带动300多万贫困人口脱贫增收。将有劳动能力的贫困人口选聘为生态护林员这一举措，一方面帮扶了贫困群体通过劳动脱贫，贫困人口的受益水平显著提升，另一方面充实了基层亟需的生态保护队伍，生态资源保护力度得到加强。

（4）发展教育脱贫一批

教育是阻断贫困代际传递的根本手段。党的十八大以来，习近平在多个场合强调了发展教育脱贫的重要作用。2012年12月，习近平在河北阜平考察扶贫开发工作时指出，教育是扶贫根本之策。习近平强调："治贫先治愚。……把贫困地区孩子培养出来，这才是根本的扶贫之策。"[2]2015年3月8日，习近平在参加十二届全国人大三次会议广西代表团审议时强调了教育在脱贫攻坚中起到阻断贫困代际传递的重要作用。2015年9月9日，习近平在给"国培计划（2014）"北师大贵州研修班培训教师们的回信中提到："扶贫必扶智。让贫困地区的孩子们接受良好教育，是扶贫开发的重要任务，也是阻断贫困代际传递的重要途径。"[3]

发展教育脱贫一批，就是采取超常规政策举措，精确瞄准教育最薄弱领域和最贫困群体，促进教育强民、技能富民、就业安民，坚决打教育脱贫攻坚战。2016年12月16日，教育部等六部门联合印发《教育脱贫攻坚"十三五"规划》，提出了发展学前教育，巩固提高义务教育，普及高中阶段教育的奋斗目标，坚决打教育脱贫攻坚战。在习近平关于教育扶贫的理念指导下，我国教育脱贫成绩斐然，如截至2019年底，全国公办园达10.8万所，比2015年增加了3.1万所，普惠性民办园达9.5万所，比2016年增加了3.7万所（2016年开始统计普惠性民办园相关数据）；全国学前三年毛入园率达83.4%；普惠园覆盖率达76.01%，有效缓解了"入园难、

① 中共中央党史和文献研究院编. 十九大以来重要文献选编（上）[M]. 北京：中央文献出版社，2019：486.

② 中共中央党史和文献研究院编. 习近平扶贫论述摘编[M]. 北京：中央文献出版社，2018：131-132.

③ 中共中央党史和文献研究院编. 习近平扶贫论述摘编[M]. 北京：中央文献出版社，2018：133-134.

入园贵"问题；截至 2019 年底，我国九年义务教育巩固率达 94.8%；截至 2020 年 11 月 30 日，全国义务教育阶段辍学学生由台账建立之初的约 60 万人降至 831 人，其中 20 万建档立卡辍学学生实现动态清零。截至 2019 年底，全国高中阶段教育毛入学率达 89.5%，基本实现了普及高中阶段教育的奋斗目标①

（5）社会保障兜底一批

党的十八大以来，习近平高度重视社会保障扶贫工作，发表了一系列重要论述，并通过国家文件的方式予以确立，全国各部门、各地积极实施并创新社会保障扶贫的方式和模式，社会保障扶贫对在进一步缩小贫富差距、改善民生方面产生了重要作用。社会保障兜底一批是针对贫困人口中完全或部分丧失劳动能力的贫困人群提出的扶贫保障措施，社会保障兜底扶贫是脱贫攻坚的基本防线。2015 年 11 月，中共中央、国务院印发的《中共中央国务院关于打脱贫攻坚战的决定》提出，对完全或部分丧失劳动能力的贫困人口实行社保政策兜底脱贫。在国家持续推进扶贫工作中要确保贫困人群病有所医、残有所助、生活有兜底，要通过最低生活保障及其他政策措施，确保基本生活有保障。2019 年民政部制定了详细的兜底措施，将未脱贫建档立卡贫困户中靠家庭供养且无法单独立户的重度残疾人、重病患者等完全丧失劳动能力和部分丧失劳动能力的贫困人口，参照单人户纳入农村低保范围；科学制定农村低保标准，确保农村低保标准动态达到或超过国家扶贫标准；进一步发挥临时救助兜底功能。

（二）习近平精准扶贫理论的实践路径

1. 扶贫先扶志，提高共同富裕的主观能动性

物质基础决定上层建筑。物质上的匮乏同样也造成了精神匮乏，表现为精神上的贫穷，遇到生活困难容易产生退缩情绪，习惯"等、靠、要"，缺乏直面生活的勇气，更不愿意挑战贫穷的现状。因此，扶贫应先扶志，应通过教育、鼓励、激励等手段，鼓舞"精神贫困户"的脱贫意志与决心，增强脱贫信心，切实提升"精神贫困户"的个人能力与素养，让"精神贫困户"

---

① 教育部：全国已有 28 个省份高中阶段教育毛入学率超过 90%_ 中国教育在线 [EB/OL].（2020-12-10）[2021-06-06]. https://news.eol.cn/meeting/202012/t20201210_2055260.shtml.

充分认识自身的相对优势，调动其生产劳动积极性，充分发挥主观能动性。从思想意识形态方面，将共同富裕的思想延伸到精神层面，通过精神扶贫，树立与贫困作斗争的勇气和信心，要帮助贫困群体在脱贫致富过程中先立志，拿出敢想敢干的毅力和决心，实现精神上的脱贫。

（1）大力发展乡村教育，让"精神贫困户"在精神上与贫困"绝缘"

大力发展乡村教育，让"精神贫困户"在精神上与贫困"绝缘"。大力发展乡村教育，即加大文化扶贫的力度。要扶贫乡村教师，努力践行"国培计划"，认真做好"四有"教师的培养工作，以德立人，以德化人，切实解决社会道德沦丧的问题。培养出高素质的乡村教师后，应鼓励乡村教师加大对"精神贫困户"的教育与职业技能培训，从根源上破除"精神贫困户"的心理障碍，循循善诱，春风化雨，增强"精神贫困户"的责任感与归属感。

"授人以鱼，更要授人以渔。"[①] 与其利用政府财政金融帮扶资金的大量精准定向投入来扶贫，不如努力增强一些有潜力、有生产意愿的贫困户的自身"造血"功能，加强教育培训，增加资金补给，传授知识与生产技能，鼓励贫困户利用自身比较优势，发挥个人专长来勤劳致富。扶贫先扶志，扶贫必扶智。精准扶贫重点在于解决好精神"贫困"的问题。如果仅仅依靠政府财政金融帮扶资金的定向投入，那么只能是治标不治本，根本的内因问题没有得到解决，反而加重了贫困户对财政金融帮扶资金的依赖程度，无异于饮鸩止渴。因而，扶心扶志，扶能扶智，才是根除贫困问题的正道，才能形成经济增长的长效机制。

（2）运用激励手段，构建股份制乡村扶贫互助合作社

运用激励手段，构建股份制乡村扶贫互助合作社。股份制乡村扶贫互助合作社为独立法人，不直接参与生产服务，鼓励普通村民与"精神贫困户"入股，成为合作社的股东，具体采用行政管理与村民自治的管理模式，投入资金为村上的集体积累及公积金。合作社的运作资金来源主要依靠小额贷款与政府贴息。鼓励生产大户入股，营造竞争环境，提升生产氛围。采用项目代建制，进一步细化分工，建立资金专用的公用账户，有力遏制

---

① 习近平. 习近平谈治国理政 [M]. 北京：外文出版社，2014：308.

道德风险。深化制度建设，加强制度约束力，规范资金收益的合理分配，比如采取三七开或四六开的分配模式。

（3）健全社会保障体系，阻止贫困现象代际传递

健全社会保障体系（教育、医疗、住房），阻止贫困现象代际传递。习近平指出："到二〇二〇年稳定实现扶贫对象不愁吃、不愁穿，保障其义务教育、基本医疗和住房，是中央确定的目标。"[①]大力发展乡村教育，确保每个孩子都能享有公平、高质量的教育，降低贫困现象代际传递发生概率。为贫困家庭提供优质的医疗服务，适当给予费用优待。深入贯彻落实以人为本的发展理念，把健康融入乡村生活。进一步加大公租房的建设力度，并辅以制度制约，确保公租房分配的公开性与透明性，有效防止公租房分配的权力寻租问题。

2. 优化扶贫运作机制，早日实现共同富裕

依据习近平"实事求是、因地制宜、分类指导、精准扶贫"[②]的指导方针，以"六个精准"为依托，精准界定贫困人口，科学引入第三方评估机制，有效降低扶贫成本，有力确保"滴灌式"扶贫政策的逐级落实。同时，由于社会上仍然存在个别乡村干部以权谋私、刻意占有政府下放的扶贫资金的现象，单靠道德约束是远远不够的，应将这类问题的解决办法上升至立法层面上。通过优化精准扶贫的运作机制，精准识别扶贫对象，构建多元化扶贫资金渠道，规范扶贫流程，强化扶贫监督机制，建立扶贫的长效机制，早日实现共同富裕的目标。

（1）精准识别扶贫对象，推进共同富裕的难点攻坚

严格标准，综合考虑教育、住房、产业、健康等因素，进行整户识别。因为具体到每个贫困户的致贫原因、致贫程度、脱贫禀赋、脱贫资源和机遇，以及返贫可能性都不尽相同，所以应给予基层界定贫困户的自主权，从而因地制宜、因人定策，增强扶贫工作的灵活性。综合考虑帮扶对象的教育、住房、产业、健康等因素，意在充分了解村情和民情，对真正的帮扶对象建档立卡，精准瞄准贫困户，控制帮扶规模，有效降低扶贫成本，增强扶

---

① 中共中央党史和文献研究院编. 习近平扶贫论述摘编 [M]. 北京：中央文献出版社，2018：4.

② 本书编写组编著.《中共中央关于党的百年奋斗重大成就和历史经验的决议》辅导读本 [M].北京：人民出版社，2021：131.

贫工作的针对性。

实事求是，积极建岗立岗，杜绝人情户、关系户、拆户、并户。精准扶贫应秉承实事求是的精神，坚持公开、公平、公正、公认的原则，结合民主评议与集中决策，积极建岗立岗，针对人情户、关系户、拆户、并户等非贫困户被界定为贫困户的"假脱贫"现象。应开展群众评议贫困户活动，科学引入第三方评估机制，增强基层群众的评议力量，提升基层群众的评议能力水平，逐级狠抓落实，将界定的贫困户名单发布公告公示，坚决杜绝基层干部贪污腐败问题。

（2）扶贫资金渠道多元化，拓宽共同富裕的措施渠道

当下，乡村基础设施建设与公共服务设施建设水平相对低下，极大降低了乡村对青壮劳动力返乡生产、创业的吸引力，直接导致了乡村的"空心化"与老龄化，加剧了乡村经济的萧条。要解决上述问题，就必然需要提高政府对乡村建设的重视程度，加强政府对乡村基建工作的扶持力度。

应鼓励富商、企业投资乡村基础设施建设工程，让乡村美起来。通过财税优惠政策，鼓励富商及企业投资乡村基础设施建设与公共服务设施建设工程，着力推进城乡经济社会发展一体化进程，加强乡村水利设施建设，推进乡村电网改造，加强乡村饮水安全工程、沼气建设，改造乡村危房，实施乡村清洁工程，开展乡村环境综合整治，不断改善乡村卫生条件和人居环境。加强乡村公路建设，不断完善城乡公交资源相互衔接、方便快捷的客运网络。通过招商引资，加快构建以公共服务机构为依托、合作经济组织为基础、龙头企业为骨干、其他社会力量为补充，公益性服务和经营性服务相结合、专项服务和综合服务相协调的新型乡村社会化服务体系，真正让乡村美起来。

应不断加大政府保障力度，多方争取资金支持，改善乡村生产生活条件。尽力补齐乡村基础设施建设及乡村公共服务设施建设这一"短板"，提高政府对乡村建设的重视程度，加强政府对乡村基建工作的扶持力度。多渠道筹集资金，积极向上争取财政资金支持，大力争取筹融银行资金，努力拓宽信贷渠道，积极探索资金的高效使用方法，把资金用在刀刃上。应采取市场化方式放大，使有限的资金持续增殖，提高资金的使用效率。通过委托贷款、贷款担保、直接投资、股权投资、政策性农业保险等方式，

吸引更多的资本投入乡村建设，尤其是加大对乡村基础设施建设及乡村公共服务设施建设的投入，改善乡村生产生活条件。

（3）扶贫流程规范化，坚持共同富裕的道路

应规范程序，加大扶贫力度，严格按照规范程序走。为切实提高精准扶贫的"靶向性"与有效性，应科学设计精准扶贫工作的规范流程，严格按照精准识别、精准帮扶、动态管理和精准考核的程序规范进行。精准识别可有效界定帮扶对象，防止目标偏移；精准帮扶要求以针对性办法完成帮扶工作；动态管理应实时跟踪把控扶贫工作，且根据工作进展及时做出适当的政策调整；精准考核应及时对扶贫工作成效进行跟进及评估。只有严格按照规范程序走，逐项贯彻落实，才能加大扶贫力度，确保精准扶贫的实效性。法律规范，防止权力寻租，杜绝出现乡村干部的道德风险现象。首先，加强法律规范，采取异地交叉审计或"上审下"的审计方式，确保审计人员审计工作独立性的发挥，有效避免地方保护主义，从而真实反映扶贫资金项目的落实情况，保证扶贫资金审计的真实性及效益性。其次，加强法律规范，建立健全问责制度，针对扶贫资金管理使用中的管理不善、决策失误、挤占挪用等原因导致的投资失败、经济效益低下等造成的损失及浪费，应依法对相关责任人问责，必要时可采取法律手段对相关责任人进行处理，保障扶贫资金使用的效益性。最后，加强法律规范，有效落实跟踪审计结果整改情况，从根本上整改，确保审计工作成效，进一步提高审计质量。

（4）引入群众监督机制，强化共同富裕意识

应引入群众监督机制，公开资金用途，确保信息完全对称。首先，坚持整治"四风"问题，筑牢乡村干部拒腐防变的思想防线和制度防线，从严治吏，以改进作风的成效助推扶贫具体工作，坚决保证让穷人受益。其次，积极引入群众监督机制，鼓励群众利用网络、电话或其他媒介如实举报、曝光，经调查举报有效的给予奖励，以"精准监督"促"精准扶贫"。再次，公开资金用途，增强扶贫资金使用情况的透明度与公正度，实现信息完全对称。最后，依据相关立法，加大违法成本，加大对扶贫资金没有发放到位或私自挪用扶贫资金现象的惩处打击力度，对扶贫工作没有落实到位的相关责任人，进行严厉问责以及行政处罚。

应建立扶贫工作长效机制，高效帮扶脱贫后又返贫的人。有些人曾在以往的帮扶中脱贫致富，但是由于生病或经营不善，再次陷入贫困。应建立扶贫工作长效机制，采取大病保险、商业保险等政策，进一步深化医疗改革，创新建立生产专业合作社，依托社会与集体力量脱贫致富。首先，针对因病返贫的，应扩大建档立卡的扶贫对象的覆盖面，通过大病保险、医疗救助、慈善救助、疾病应急救助等制度衔接，进一步完善医疗保障体系。增加大病报销比例，免除个人的再次缴费，根据费用界定厘清大病保险帮扶对象的范围。其次，针对因经营不善返贫的，应创新建立生产的专业合作社，利用合作社的规模优势，组织帮扶对象共同致富脱贫。合作社承担生产的资金管理、防疫培训等工作，依托集体力量，统一用批发价购买生产资料，有效降低生产成本，统一发布市场购销信息，统一构建销售渠道，或与中间商协商签订保护收购价格，增强帮扶对象抵御市场风险的能力。

3. 精准扶贫十大工程

推进精准扶贫，实现精准脱贫除了顶层设计，更需要高效的实现路径。精准扶贫十大工程的提出为扶贫事业提供了更为高效及典型的方案，在这十项扶贫工程中，劳动能力提升包括致富带头人创业培训等扶贫工程；产业扶持方面包括光伏扶贫、旅游扶贫、电商扶贫等；经济扶持方面包括扶贫小额信贷、龙头企业带动，另外还有干部驻村帮扶、易地扶贫搬迁具有针对性的扶贫方式。这十大工程是扎实整合资源，切实立足各地资源条件，针对性地选择群众需要，成本最低、受益最高的项目。精准扶贫十大工程的推出旨在鼓励各贫困地区，结合现实情况积极创新脱贫手段，实现有效脱贫、长效脱贫。

（1）驻村帮扶工程

精准扶贫的精髓在于全面落实各项惠及农村贫困人口的各项政策，真正做到强农、惠农、富农。驻村帮扶工程就是通过选派优秀干部到贫困村，理清帮扶思路，充分利用政策优势和现实资源优势，从具有当地特色的产业入手，为农村贫困人口找准脱贫的方式方法，通过提高困难群众的知识和技能方面入手，将脱贫致富的经验和信息及时传送，提高农村技术设施条件，为困难群众的脱贫致富打好基础，注重贫困群众的内在发展潜力，夯实农村基层基础，带领贫困群众发家致富脱离贫困。

实施驻村帮扶工程，一要创新精细管理机制，确保驻村帮扶干部"真蹲实驻"。注重过程精细化管理，强化目标责任落实，明确工作职责，加强督查交流，促使驻村帮扶干部真正下基层贴近群众，履职尽责。二要通过明确考察体系，对照承诺验收，严格据实来创新考核评价机制，切实解决驻村干部不到位、不在岗、不作为问题。三要创新关怀激励机制，对其进行人文关怀，消除后顾之忧，使帮扶干部能够全心全意地投入到扶贫工作当中。加强驻村干部履职能力的培训，突出实效、灵活方式抓全员培训，以提高"三农"工作和扶贫工作能力为切入点，深入设施培训。切实提高驻村干部的政策理解和运用能力，提高其履职能力。对帮扶成效突出的驻村干部在评选、提拔及晋升方面进行侧重考虑，全面激发工作热情，全心付出服务基层。

　　（2）职业教育培训工程

　　贫困的代际传递很大程度上是教育资源分配不均的结果，而职业教育培训工程是有效应对该问题的途径。该培训工程是指在整个精准扶贫系统中，通过对贫困人口进行精准的职业教育培训，进而提高贫困对象的职业技能，使之能利用所获得的技能摆脱贫困。通过对贫困人口实施职业教育和职业培训，提升他们的知识以及技术技能，使贫困家庭的孩子能通过该途径获得更多的职业教育，相关劳动力也能因此获得更多的技能培训，进而转变成为合格的市场经营者或者产业工人，变成技能型劳动力，进而拥有稳定的工作和收入。另外职业教育培训通过改善农村教育资源匮乏现状的同时，还能促进扶贫对象的观念转变。提高其自我发展的能力，最具"造血"功能。

　　在精准扶贫的背景下，要充分利用职业教育培训推动扶贫工作的开展，首先，深度挖掘当地资源，确定产业情况并以此为基础对接高职院校，根据当地资源及产业实际选择对口专业的院校；进一步发挥资源优势，通过"一村一品"以及"一乡一业"等工程塑造品牌，再通过品牌效应反哺产业，使扶贫工作的精准度更高。其次，推动建设企校户扶贫模式，从技术和人才方向出发，推动企业和职业院校的合作，建设技能培训中心及产业示范基地，促进农村贫困劳动力向产业工人的转变。通过从职业院校学习到产业基地就业劳动力转变的"一条龙"模式，使贫困人口最终受益这样的方式，带领群众脱贫致富，企业也能从中获益。再次，扶贫先扶智。为使农村劳动力更好地接受职业技能培训更好地投入到产业生产中，建立对应的教育基金，将其作为职业教育的扶贫基金，针对每一个贫困县份，挖掘人才进行定向培养，使其能投入到当地的农业、旅游业以及电子商务等产业当中，并发挥其骨干和示范作用，带动更多劳动力转变。最后，建立教育新型智库，主要针对职业教育培训工程并进行联合使用，以提高职业教育培训工程的精准扶贫效果。

（3）扶贫小额信贷工程

扶贫小额信贷主要是通过金融手段对产业产品等方面进行扶持。该信贷工程主要面对的是建档立卡的贫困户，当贫困户拥有前景较好的发展项目，同时具备相应的还款能力，并且拥有对应的经营条件，可以申请该项信贷工程的扶持。该扶贫贷款产品主要是针对贫困户发展产业及增加其收入而进行设计的，不同于一般的贷款产品，手续简单便捷，具有成本低、期限长等特点。

为开展扶贫小额信贷工程，首先要精准定位需求，要根据建档立卡的基本信息，根据贫困户的贷款情况，发放贷款，从而确保扶贫资金使用效率。其次，政府要积极争取货币信贷政策支持，根据实际需要，科学规划工作内容，细化目标责任，统筹促进辖区内银行机构协同做好扶贫小额信贷项目，对贷款贴息政策进行完善和规范；进一步推广配套的扶贫贷款保险，想方设法帮助贫困户增信，积极探索和建立扶贫贷款风险的分担机制，利用政府、银行和保险三方的共同协作，降低风险、补贴保费，使符合条件的贫困户能贷上款；建立并大力推广扶贫互助资金机制，放宽该资金的使用范围及额度，使扶贫互助资金的使用效率达到最高。最后，根据贫困户的贷款需求，上线风险补偿基金，一旦贷款出现损失，政府以及贷款机构将根据比例划分给予补偿，极大地调动农民创业的积极性。

（4）易地扶贫搬迁工程

对于一些生存环境、居住条件以及发展条件比较差的地区，比如深山及荒漠化地带，或者是生态环境相对脆弱的地方以及禁止开发的地区，还有一些地方病高发的地带等，这些地区的贫困人口在扶贫机制上一般选择易地扶贫搬迁方式，为这些贫困户建设安置住房，改善其生活条件，为其提供产业支撑和就业保障，便于其更好地进行生产生活。

为保障易地扶贫搬迁的有序进行，首先，政府积极落实省委统一领导，建立"一条龙"全面负责机制。该机制贯穿整个项目的规划及建设，再到项目结束的验收，直至扶贫效果的反馈整个流程，形成市、县、乡、村每个层级层层抓，每个层级层层落实的工作机制。其次，实施易地扶贫搬迁工作中，应将易地扶贫搬迁群众纳入产业到户扶持范围，通过产业支撑、就业保障等措施中，做好安置地配套及就业工作，使搬迁的贫困户能够就近上班。相关产业因地制宜，对应的政策也能因人而异，精准施策，使搬迁贫困群众能够尽早实现脱贫致富目标。为确保易地扶贫搬迁工程实施到位，应通过全面、精准、细致的排查，将易地扶贫搬迁工程里面可能会出现的问题进行详细剖析和梳理，根据问题及时进行具体行动的调整和安排，再一一落实。

（5）电商扶贫工程

近十年来，互联网技术得到了很大的发展，互联网经济遍地开花，电商扶贫工程因此也应运而生——政府以及企业等通过电商平台，运用互联网技术开发贫困地区的特色资源。农村贫困户可从当地的资源出发，对地区特色农产品进行销售，扩大农产品的销售渠道，增加收入，早日脱贫。该工程在很大程度上提高了扶贫的效率。采取电商扶贫，首先要把该工程的服务对象确定好，主要针对的是建档立卡的贫困群众，想方设法挖掘产业及资源优势，引导贫困群众参与其中，进而从整个产业的运作中获得收益。其次是在不违反电商及其市场发展规律的前提下，引导和鼓励各市场主体参与到电商扶贫工程中，促进扶贫与电商平台的深度融合，推动整个产业链的发展。在这个过程中，要做到合理规划，加强基础设施建设，加强政策扶持，进一步规范电商扶贫机制。应协调市场主体、各机关部门团结协作，促进整个产业链的高质量循环发展。

（6）旅游扶贫工程

我国很多贫困地区有着丰富的旅游资源，在开展扶贫工作的时候，首先应充分挖掘当地的旅游资源，将该资源和扶贫工程结合在一起，因地制宜地确定旅游建设类型。为促进当地旅游扶贫工作的开展，应及时建设和完善旅游配套设施，构建对应的服务体系。依托该旅游扶贫工程，带动整个贫困地区关联产业的发展，促进人口就业，开发旅游产品及项目，实现扶贫人口的普遍参与，增加经济收入，使贫困群众能够获得更多的发展致富机会，包括经济、社会、环境、文化等收益。一方面增强连片特困地区的造血能力，另一方面在一定程度改善该地区的生态环境。落实旅游扶贫工程，要根据当地的特色资源、因村施策、利用特色旅游，让贫困户融合旅游扶贫，共享旅游扶贫成果。其次，作出系统性的科学规划，既要服从精准扶贫的总要求，又要自成系统，依靠调研论证，制定前期规划，高效配置资源，真正确保旅游扶贫的根本效果。最后整合各方面资源，多渠道进行旅游产品的开发及宣传，扩大旅游项目的影响力，培养和引进旅游扶贫专业人才，通过发展壮大旅游业吸收剩余劳动力，使贫困群众能从整个旅游的上下游产业链中获得更多的发展红利，帮助贫困人口增收。

（7）光伏扶贫工程

精准扶贫工程中，对于一些各方面条件相对薄弱且没有相关产业优势的贫困地区，通过发展新兴能源产业来展开扶贫工作，特别是一些缺乏集体经济收入的地区，这些地区往往没有资源方面的优势，并且劳动力不集中、不充足，群众的收入无法得到保证。针对这些地区的贫困户，在其闲置空间上铺设以硅为原材料的太阳能电池板，利用其产生的电能，满足单位或个人的用电需求后，将剩余的电能以商品形式销售给国家电网，获得收益。

为推动光伏扶贫工程的进一步发展，首先应出台与该工程对应的金融政策，从政策上入手来解决资金问题。其次是对接大型光伏企业，在筛选对接企业的时候根据其实力以及对整个社会的责任感来进行评价，划分工程区域，对企业主导，政府监督，进行统一的管理。另外，为了使整个项目在前期的建设以及后期的维护能得到保证，整个工期和实施过程也应统一进行管理运维。在这个过程当中，政府部门应从政策上进行支持，从流程上进行简化，及时处理并网和补贴问题。针对有些地区在土地、电力等各部门的审批流程不统一等状况，政府应及时进行协调和处理，为扶贫工作建设绿色通道，使整个光伏扶贫项目能够顺畅衔接顺畅开展，使项目尽快投入使用并惠及该地区的贫困群众。最后，对光伏扶贫项目进行创新，积极推广新的模式，比如"光伏大棚扶贫"，通过该模式，使贫困群众的就业问题能得到解决，另外企业交付的土地租金也能给贫困户带来收益。

（8）构树扶贫工程

构树扶贫主要是在政府的引导下，针对一些适合种植的贫困地区，采取种植构树的方式，帮助贫困户增收致富。通过"林—料—牧"的产业循环模式，发展循环经济，不但在经济上使困难群众增收脱贫，而且在防止水土流失保护生态等方面起到很大的作用，同时还能进一步促进饲料深加工产业的发展，进一步惠及养殖业，形成一个可持续发展的构树扶贫体系。

推动构树扶贫工程，技术发展是核心。首先，抓好技术的指导和服务工作，充分调动技术力量，同时还要做好生产以及市场的对接工作。其次，应深入挖掘杂交构树对牛、羊、猪、禽业等促进作用，研究其需求，改进构树饲料的配方及制作工艺等，再根据其需求进一步扩大种植面积，鼓励自产自销。再次，应挖掘北方牧场对构树饲料的需求，加强宣传力度，多渠道开拓市场，打开构树饲料的销路，扩大产业，带动上下游企业的发展，促进当地贫困种植户的增收。最后，应认真总结好的经验，收集经典案例，发扬先进做法，分析不足，打造构树扶贫工程的示范基地，提供成功案例，带动着整个产业的发展。

（9）致富带头人培训工程

致富带头人培训工程具有很强的示范带头作用。首先，对具有优秀创业能力的创业者进行扶持培养，培养一批具有明显示范性的致富"领头羊"，进而激发贫困群众的致富热情。致富带头人通过自身的致富经验，将符合本地发展的产业信息以及致富经验通过培训的方式传授到贫困群众手中，发挥其引领作用，带动整个地区的群众增收，最终脱贫致富。其次，摸清培训需求，提前进行摸底，收集贫困群众的培训需求，根据需求选择对应专业的培训教师，建立致富领头人培训机制，从培训对象及师资筛选，到精准培养，再到结业后的创业项目的选择及开发、跟踪、服务，以及后续的贫困人员增收情况，都应纳入整个培训机制里面。在培训过程中主要帮助学员解决创业中遇到的问题，做好监督跟进工作，确保困难群众在带头人的引领之下真正脱贫致富。同时，还要进一步加大政策扶持力度，帮助致富创业领头人更好地利用创业扶持政策，完成带领贫困户脱贫致富的承诺。安排培训经费，积极争取财政和相关部门的资金支持，吸引社会力量参与，助力培训工程。最后，加强信息跟踪服务。通过"雨露计划信息管理服务平台"提供信息服务，利用互联网技术，通过终端服务平台，及时将最新的创业资讯进行发布，开发平台功能，实现平台的信息发布、创业指导、扶贫带动等功能，同时还可以通过该平台实现村民的信息互通，进行创业交流及帮扶互动，使不同的终端使用者能够进行点对点的信息沟通，使贫困群众能够在第一时间接收到最新的扶植政策及创业信息。扶贫干部也能够及时地对帮扶进程进行监督跟进，帮助贫困户早日脱离贫困。

（10）龙头企业带动工程

产业扶贫是贫困地区实现发展的根基，产业扶贫的发展离不开主体支撑带动，尤其是经济实力强，社会影响带动能力强的龙头企业。因此，精准扶贫龙头企业带动工程主要指通过支持一些较为突出的企业（这些企业在其所在行业中具有较大的影响力，并且具有良好的带头示范作用），能够引导和带动整个行业发展。该企业要具有很强的社会责任感，对国家、对社会具有突出的贡献，通过其影响力能充分带动贫困地区的经济发展。

想要进一步促进龙头企业的发展进步，成为行业标杆，带领贫困群众早日脱贫，就必须要对区域内农业产业、龙头企业进行大力扶持。这些龙头企业除了拥有良好的市场前景和发展潜力外，还辐射广，影响力大，因此，对于这类企业，政府应积极发挥政策引导作用，并加强资金方面的扶持，促进企业建设又好又快发展，进而带动整个行业企业的发展，最终使困难群众受益。同时，还要落实国家当前的相关有利政策，包括抓住实施宏观调控这一机会，挑选一批规模和科技含量较大以及具有一定影响力和号召力的产业项目，把握时机，仔细谋划并全面推进项目的发展，通过优化投资结构等方式，对整个产业结果进行改变升级，进而实现整个农业产业体系的构建与完善。

三、"后扶贫时代"精准扶贫的新探索

2020 年，我国全面建成小康社会的目标基本完成，伴随着小康目标的实现，我国的绝对贫困现象已经消除。但是，是不是所有贫困都已经消除了呢？在小康社会基础上不再需要扶贫了呢？答案当然是否定的。绝对贫困的消除，意味着我国进入了扶贫的另一个阶段。党的十九届四中全会审议通过的《中共中央关于坚持和完善中国特色社会主义制度、推进国家治理体系和治理能力现代化若干重大问题的决定》提出，将治理相对贫困提升到完善国家制度与国家治理体系、促进国家治理能力现代化的高度。国内学术界将全面建成小康社会后的扶贫时期称为"后扶贫时代"。"后扶贫时代"的主要治理重点是相对贫困、精神贫困和次生贫困。全面小康社会依旧是发展不平衡，新的矛盾依然层出不穷，不同地区的返贫风险依旧存在。习近平关于精准扶贫的重要论述在"后扶贫时代"依然能继续发挥它的指导性作用。

（一）2020 年以来扶贫工作面临的老问题与新挑战

1. 精准定位老问题：扶贫观念陈旧，扶贫产业体系发展尚未完全成熟，自主致富能力不强，返贫风险时刻存在

在全面扶贫开发过程中，国家和地方政府全面统筹，全力支持，因此，很多地区的脱贫基本是依靠被动的帮扶，靠政府或者社会的扶持，自主创新创业能力较弱，靠贫困户自身走向富裕的可能性不大。在前几年的扶贫攻坚中，党和国家全力扶持，派党员干部下乡下村，精准到户，帮助贫困户想对策、找出路、拉赞助。虽然这些绝对贫困户都脱离了绝对贫困线，但是如果马上撤离或者减弱扶持力度，返回贫困的可能性还是非常大的。好多地区的农副产品都是靠扶持才有好的出路，否则就会滞销、存货。另外，最后一批脱离绝对贫困的人口，他们的收入仍然非常低，发展致富的基础极其薄弱，很多人仍然把社保作为家庭收入的主体。这部分人一旦遇到意外事件，比如自然灾害、健康原因等，就会立刻返贫。

扶贫案例表明，许多贫困户都有共同的特点：思想懒惰、身体更懒惰。这类人对扶贫工作来说就是一个最大的挑战，他们自身没有奔向富裕生活的动力，本身不想出力，体力活干不了，又不会动脑、想出路，对自己、

对家庭无责任意识，对社会和国家更无担当，所以，扶贫要先扶智，思想脱贫才是物质脱贫的先导。如果在思想上永远处于贫困状态，那么无论国家和扶贫干部付出多少都无济于事。

2. 精准分析新挑战：贫困类型呈现多样化，扶贫工作面临新的挑战

2020年以前的扶贫工作是针对绝对贫困，是帮助绝对贫困线以下的人口都脱离绝对贫困状态。那么2020年以后的扶贫工作将面临多样化贫困状态，以相对贫困、精神贫困和次生贫困为主要类型。贫困现象呈现的多种类型，给扶贫工作带来了很大的难度，出现很多新的要求和新的挑战。在新的扶贫形势下，能否精准定位绝对贫困、相对贫困和精神贫困的类型及问题，对扶贫工作顺利展开还是十分重要的。

绝对贫困消除以后，相对贫困成为我国扶贫工作关注的重要热点之一。在生产力十分落后的年代，经济是唯一衡量贫困的标准，脱贫只单单意味着吃饱穿暖——达到最基本的生活标准。相对贫困则是在此基础上多方面的表现，包括经济上的生活需求、精神生活和教育需求、身心健康、民主参与程度、社会环境，等等。有学者认为："相对贫困表现为一种脆弱性、无发言权、社会排斥等社会层面的'相对剥夺感'。"①造成相对贫困的主要原因就是发展不平衡，即一部分人越来越富有，另一部分人越来越相对贫困。相对贫困是社会主要矛盾的根源，是影响全国人民实现幸福生活的最大障碍，因此解决相对贫困问题是全面小康社会基础上的重点工作之一。党的十九届五中全会要求脱贫攻坚全面拓展、乡村振兴全面推进，就是党和国家将精准扶贫和乡村振兴实现无缝衔接，是对下一步扶贫工作的总体要求。

"后扶贫时代"另一个典型的贫困类型就是精神贫困。贫困不仅仅是物质层面的问题，同样也是一种精神层面的问题。简言之，这是个体或群体的一种自我心理认同或自我精神状态，当然也和物质财富等资源的分配息息相关。全民脱离绝对贫困后，新的需要将会不断产生。脱离贫困的群体对美好生活的需要将会越来越多，包括在此基础上更好的物质生活，思想文化生活、精神面貌、健康心理等，这些方面的需求将会更加强烈。这

---

① [印]阿马蒂亚·森. 贫困与饥荒[M]. 王宇，王文玉，译. 北京：商务印书馆，2001：25.

些群体将会对社会资源分配的不平衡、对社会发展中自身所处的底层感到自卑、无力和不满，并越来越明显。因此，刚刚脱离贫困线的贫困个体或群体，他们在精神上和心理上的脆弱以及不可避免产生的被剥夺感、被歧视感和不公平感是典型的精神和心理贫困的表现。负面的心理往往会导致负面的行动，不解决这一问题，社会矛盾将越来越大。

次生贫困是"后扶贫时代"又一个典型的贫困类型。次生贫困主要是由于生态移民、重大工程导致的搬迁而引起的移民后产业发展不好、转型不成功等原因导致的贫困。大规模移民是由政府主导的，并非自愿搬迁，到新的聚居地后，政府会考虑相应的产业扶持，但是由于陌生的环境、不熟悉的产业和经济发展方式，很多地方陷入经济发展停滞不前甚至倒退的境地。这类贫困属于次生贫困。次生贫困是一种新的贫困类型，也是扶贫工作的重点内容之一。这项工作做不好，大到影响整个社会矛盾的解决，小到使民众对政府失去信任，会影响以后的生态搬迁等工作的开展。

2020 年以前的扶贫重点区域在农村和边远地区，2020 年以后的扶贫重点是实现乡村振兴和城乡融合。城乡之间的发展极不平衡，差距很大，这种差距不单单体现在经济收入上，还体现在精神文化、教育、健康、医疗卫生等方方面面。消除绝对贫困主要是经济收入的提高，在其他方面还没有得到足够的重视。2020 年以后的扶贫工作就是要按照中央的规划，实现城乡统筹发展，实现乡村振兴；让乡村发展成城镇，有自己高质量学校、医院和其他休闲娱乐场所；将农村和城市的贫困问题统筹考虑，消除"二次元"结构。

2020 年以后的扶贫工作面临的另一个问题是扶贫速度转为扶贫质量。我国的脱贫速度创造了世界之最，如 2012 年我国农村贫困人口 9 899 万，贫困发生率 10.2%，截止到 2018 年年末我国贫困发生率下降到 1.7%，贫困人口降至 1 660 万人。[①] 如此脱贫的速度令世界震惊，中国的脱贫成就让世界看到了中国的发展，早已不再是积贫积弱的形象，不仅中国人民自己解决了绝对贫困问题，同样也为世界的减贫贡献了成绩。但是，我们的扶贫任务还有很多的问题，如贫困地区自身发展能力不足、脱贫质量低，今后

---

① 国家统计局住户调查办公室. 2020 中国农村贫困监测报告 [M]. 北京：中国统计出版社，2020：14.

的一段时间内，扶贫工作要将注重"量"向注重"质"转变。

（二）"后扶贫时代"精准扶贫的实践创新路径

1. 转变扶贫观念，实现扶贫工作从"量"到"质"的转变

首先，要精准把握"人民需要"的价值目标。习近平指出："当前脱贫攻坚既面临一些多年未能解决的深层次矛盾和问题，也面临不少新情况新挑战。"[①]绝对贫困已经消除，我国全部人口都脱离了贫困线，下一阶段的扶贫工作将面临新情况和老问题展开，相对贫困和精神贫困是扶贫的重点工作。扶贫工作中，先要转变扶贫观念，从以往的扶贫思维框架中跳出来，面对未来新的工作重点。转变扶贫观念，应该从人民对美好生活的目标出发去进行定位。相对贫困和精神贫困都在很大程度上影响着人民对美好生活需要的实现，城乡的差距、贫富的差距以及这种差距衍生的心理失衡是新的贫困的特征。治理贫困不仅要治理"身贫"，更要治理"心贫"，不仅要关注"量"，更要关注"质"。如果再像以往的扶贫工作只是单纯地追求每家每户的经济收入，靠各种办法帮助他们达到某个标准那样，从本质上来说，远远没有达到扶贫工作的目标。这一转变体现了扶贫工作的新的变化，同时更加体现出党和国家工作对人民美好生活的实现的力度。

其次，要把单一的经济指标向全方位扶贫扩展。2020年后的扶贫工作不能只关注家庭收入这一单一指标，而是要注重扶贫的全面性。除了上面提到的不平衡导致的相对贫困，教育扶贫同样是扶贫工作应该关注的重点。教育是永远是发展的希望，贫困地区教育跟不上，永远也无法解决贫困的根源。我国各地区发展不平衡导致的教育资源不平衡现象是非常明显的，贫困地区和贫困群体受教育情况也相应受到很大影响。"后扶贫时代"的教育扶贫重点应该针对重点贫困地区，近年来，国家号召大学生支教已经形成了常态，教师资源得到很大改善，国家和社会为贫困地区建设了设施较完备的学校，落后地区的教育重视程度也有很大提高。但是，总体来讲，贫困地区的教育水平和发达地区相比还有差距，以后的工作中教育扶贫还需加大力度。精神文化、健康和政治参与意识扶贫同样是"后扶贫时代"的工作重点内容。生活水平低的时候，人们关注的重点只能是温饱，但是

---

① 中共中央党史和文献研究院编. 习近平扶贫论述摘编[M]. 北京：中央文献出版社，2018：16.

当温饱解决后，生活水平提高，人们的需要也发生了改变。全面建成小康社会后，所有地区和所有人都脱离了贫困，所以在这个阶段，人们对精神文化生活、健康等其他需要会随时产生。贫困地区的精神文化生活比较匮乏，在健康、养生等方面关注度也不高，对国家的大政方针、发展走向也不了解，所以，"后扶贫时代"扶贫工作应该全面关注，全方位展开。

2. 精准施策，加强返贫风险防范工作

全面脱贫后，由于各种原因返贫的风险还是存在的。为了巩固前面工作的成果，防止大面积返贫现象发生，加强返贫风险防范工作是十分必要的。"后扶贫时代"一方面要开展新的扶贫工作，另一方面要加强巩固前期工作的成果，坚决防止已经脱贫的群众返贫。为了防止返贫现象发生，应建立返贫风险防范机制，及时了解已脱贫人口的返贫可能性以及新的可能产生的贫困人口，及时掌握情况以便尽早帮扶，尽可能巩固扶贫工作成果。

首先，要建立精准预警机制。现在是信息时代，人工智能和全面信息化会让我们能够在最短的时间内掌握最全面的数据。扶贫工作中，利用信息系统和人工智能建立一个信息管理系统，在这个系统内，会随时查阅已脱贫的人口和处在贫困边缘的人口的信息。利用这个系统对这些群体进行动态的跟踪和返贫风险评估，这样就会在第一时间掌握哪些群体有返贫的可能，并且及时进行帮扶工作。

其次，增强脱贫群体的自身"造血功能"。习近平强调："防止返贫和继续攻坚同样重要，已经摘帽的贫困县、贫困村、贫困户，要继续加强巩固，并增强'造血'功能。"[①]防止返贫和继续扶贫工作是一样重要的，某种程度上，贫困并不是最可怕的，最可怕的脱贫后再返回贫困，这样的话百姓就会对扶贫工作、对自己的前途甚至对国家和政府失去信心，那么以后的扶贫工作将会更难开展。要想让生活越来越好，增强贫困群体和地区自身的发展能力才是长久之计，也就是习近平说的"造血功能"——靠自身"造血"才能长久存活，只靠外界输血永远也无法真正摆脱贫困。扶贫工作中，要善于挖掘地区的优势资源，通过对优势资源的利用使自身的产业得到发展，既增加了收入，也提供了大量就业的岗位，才能靠自身解

---

① 中共中央党史和文献研究院编. 习近平扶贫论述摘编 [M]. 北京：中央文献出版社，2018：77.

决自身的问题。这就需要外界和扶贫工作人员积极鼓励刚刚脱贫的民众，激发他们对生活的积极性，靠自身的能力催生自我发展的内在动力。

最后，健全返贫群体救助保护体系。社会救助和社会帮扶是相关的，是社会保障的一角。救助是对无劳动能力或受到自然灾害等侵害不能劳动的给予物质或精神的帮助。防止返贫现象发生，应形成全社会参与的救助规模和格局，尽快推进救助体系的改革，推动社会救助多元化。对于已脱贫人口，救助组织应该定期给予关注，实行"回头看"，对于他们的生活状况多方面关照，不仅物质上到位，更应该关注他们的精神状况，适当送去组织的温暖。

3. 进一步创新扶贫工作的体制机制

扶贫工作体制机制的有效实施，尤其是精准扶贫实践路径的贯彻与落实，既要突破现有的体制机制障碍，同时又必须努力在体制机制上寻求创新，从而建立健全更加符合新时代中国特色社会主义扶贫实际、更加有效的体制机制，为扶贫工作扫清体制性与机制性障碍。

（1）地方考核体制机制的突破与创新

长期以来，以经济发展为导向的地方考核体制机制，过于突出经济增长的重要性，在考核机制中将经济指标放在首要位置，并给予了极大的比重。这就导致地方政府及其官员将发展经济放在首要位置。创新扶贫工作体制机制首先必须在贫困地区的考核体制机制上实现突破与创新，必须突出扶贫工作在地区政绩考核中的地位，同时，适当弱化现有的经济考核指标，相应加强扶贫工作和带领贫困人口脱贫的相关考核指标。一方面，使贫困地区政府在繁重的经济指标考核中解放出来，从而更多地投入扶贫工作；另一方面，通过对扶贫工作指标比重的加强，强化贫困地区政府对扶贫工作的重视与投入力度。

（2）扶贫投入体制机制的突破与创新

扶贫必须在投入体制机制上寻求突破与创新，必须构建多元化的投入体制机制，形成扶贫开发合力。习近平指出："扶贫开发是全党全社会的共同责任，要动员和凝聚全社会力量广泛参与。要坚持专项扶贫、行业扶贫、社会扶贫等多方力量、多种举措有机结合和互为支撑的'三位一体'大扶贫格局，……"①为此，首先要加大中央和各级政府的投入，然后在政府主导下建立各种扶贫机制。这样，才能在原有的精准扶贫基础上，提高社会保障的标准，在困难户划分时适当增加（既包括增加保障金额，也包括适当增加保障项目）。

（3）坚持开发制度与保障制度的突破与创新

我国的扶贫工作是政府主导的，党和国家始终坚持"发展是为了人民"的执政观，小康路上一个人、一个地区都不能落下，所以我们的扶贫是开发先行、保障兜底式的扶贫。开发式扶贫注重开发，利用好贫困地区的资源，比如良好的自然生态环境进行旅游开发，或者利用当地特定的资源进行加工生产等，基于有利的政策引导贫困人口自力更生走上幸福生活，脱贫致富。保障制度也应该随着扶贫工作的转变而适当的突破与创新，做到管理精细化、工作动态化。

4. 推进城乡融合发展，做好精准扶贫与乡村振兴的有效衔接

习近平指出："全面实施乡村振兴战略，实现巩固拓展脱贫攻坚成果同乡村振兴有效衔接，……"②长期以来，城乡之间的差距越拉越大，城乡发展不平衡是造成相对贫困的主要原因，要想消除结构性的相对贫困，就要走城乡融合之路，实现乡村的振兴。

推进城乡融合发展，要植根于浓厚的乡土文化。我国的乡村延续与几千年的农耕文明，由此而来的乡土文化是中华民族繁衍发展和薪火相传的根本。乡土文化是推进城乡一体化发展的精神根基。习近平指出："城市建设，要让居民望得见山、看得见水、记得住乡愁。"③乡愁情结是建设城乡关系的显著特征，也因此从经济社会关系层面上升到了人文关怀的高度。实现城乡一体化，不能搞破坏式的大拆大建，要保护好古村落，要记住青山常驻，绿水长流。

推进城乡融合发展要坚持"双轮驱动"。城镇建设和新农村建设，是推进城乡发展一体化的两个同等重要的方面，不可偏废。习近平强调："农

① 中共中央党史和文献研究院编. 习近平扶贫论述摘要 [M]. 北京：中央文献出版社，2018：99.

② 习近平. 论把握新发展阶段、贯彻新发展理念、构建新发展格局 [M]. 北京：中央文献出版社，2021：535.

③ 习近平. 论坚持全面深化改革 [M]. 北京：中央文献出版社，2018：230.

村不能成为荒芜的农村、留守的农村、记忆中的故园。"①他的意思是非常明确的：城乡一体化建设并不是让城镇的发展消灭乡村，而是要保留乡村的原汁风貌，推进新农村建设，因地制宜发展生产，实现生活富裕。

5. 进一步促进社会公共服务均等化

人民生活富裕和国家富强是一体的，国家先富起来才有资本和能力拉动底层人民致富。随着绝对贫困的消除，消除相对贫困和精神贫困已经是扶贫和社会主义现代化建设的重要任务。目前，从全社会来看，资源和公共服务不均衡很明显，在今后的扶贫工作中，促进公共服务均等化势在必行。

一方面，要坚持"共享"的发展理念，使发展成果全民共享。公共服务资源就是发展成果之一，在乡村、山区或者其他贫困地区应尽量健全公共资源的配置，对于相对比较严重的贫困地区应尽量给予政策性的倾斜，并且做到各要素能够在城乡之间、各地区之间合理、自由地流动，建立全面共享的公共服务平台，使公共服务资源公平配置，尤其是医疗、教育、社保等领域，这是涉及百姓息息相关的大问题。只有在人们最关注的重点领域让人们享有获得感，人们才会切身体验国家发展的"以人民为中心"立场，才能增强对社会主义制度的信心。

另一方面，扶贫过程中，应加强贫困地区的基础设施建设。自从西部大开发开始，我国就已经用东部地区快速发展的成果反哺西部，修路、架桥等基础设施大规模展开，西部或边缘地区与外界的距离缩短了，和发达地区架起了通畅的桥梁。但是总体来说，西部大山里或者边远的贫困地区，虽然脱离了绝对贫困，但是生活水平还是很低的。这些现实的存在还需要政府和社会提高欠发达地区基础设施的建设，政策向这些地区倾斜，多建一些学校、医院等公共服务设施，补齐公共服务的"短板"，让相对贫困的人口尽快过上他们需要的美好生活。

"十三五"期间，精准扶贫是党和国家工作的重点任务。现在，"十四五"已经开局，全面小康已经实现，但是"后扶贫时代"的扶贫工作远未结束，任重而道远。"后扶贫时代"仍然还有很多老问题，同时又出现了新的挑战，探索新的扶贫路径是重点，它关系到乡村振兴能否实现，关系到人们

---

① 中共中央党史和文献研究院编. 习近平关于"三农"工作论述摘编[M]. 北京: 中央文献出版社, 2019: 121-122.

的更高质量的小康生活能否实现, 关系到第二个一百年奋斗目标能否实现, 关系到共同富裕目标能否稳步前行和最终实现。

参 考 文 献

[1] [英]托马斯·莫尔. 乌托邦[M]. 戴镏龄，译. 北京：商务印书馆，1960.

[2] [意]康帕内拉. 太阳城[M]. 陈大维，黎思复，黎廷弼，合译. 北京：商务印书馆，1980.

[3] 刘隆. 中国现阶段个体经济研究[M]. 北京：人民出版社，1986.

[4] 陈果吉，崔建生. 辉煌与误区——建国以来五十件大事纪实[M]. 呼和浩特：内蒙古人民出版社，1995.

[5] [美]李普塞特. 政治人政治的时候基础[M]. 张绍宗，译. 上海：上海人民出版社，1997.

[6] 李占才. 当代中国经济思想史[M]. 开封：河南大学出版社，1999.

[7] 张卓元. 论中国所有制改革[M]. 南京：江苏人民出版社，2001.

[8] [印]阿马蒂亚·森. 贫困与饥荒[M]. 王宇，王文玉，译. 北京：商务印书馆，2001.

[9] 郭圣福. 关于以阶级斗争为纲的思考[J]. 史学月刊，2004（02）.

[10] 谭培文，陈夏新，吕世荣. 马克思主义经典著作选编与导读[M]. 北京：人民出版社，2005.

[11] 攀勇. 贫富论——唯物史观视角[M]. 北京：人民出版社，2006.

[12] 孙居涛. 制度创新与共同富裕[M]. 北京：人民出版社，2007.

[13] 李卫平. 浅析党在过渡时期总路线[J]. 宜宾学院学报，2007（07）.

[14] 杨宜勇. 我国收入分配体制改革30年的基本经验[J]. 中国发展观察，2008（11）.

[15] 许人俊. 家庭联产承包责任制在争论中艰难推进——中央五个农村一号文件出台前后[J]. 党史博览，2008（12）.

[16] 许新三. 邓小平共同富裕思想再解读[M]. 北京：经济科学出版社，2009.

[17] 靳辉明，李崇富. 马克思主义若干重大问题研究[M]. 北京：社会科学文献出版社，2010.

[18] 李保民，王志钢. 国有企业是落实"两个毫不动摇"的中坚力量[J]. 中国中小企业，2012（07）.

[19] 李平贵. 建国初期党对民族资产阶级思想政治教育的历史考察[J]. 海南师范大学学报（社会科学版），2012（07）.

[20] 张敏杰. 社会政策论——转型中国与社会政策[M]. 北京：北京大学出版社，2015.

[21] 殷冬水. 政治平等：神话还是现实——政治平等的内在逻辑与实现路径的规范分析[J]. 江海学刊，2015（02）.

[22] 于成文，王敏. 论共同富裕内涵及其实现路径新探[J]. 中国矿业大学学报（社会科学版），2015（03）.

[23] 邱海平. 共同富裕的科学内涵与实现途径[J]. 政治经济学评论，2016（04）.

[24] 毛盛勇，叶植材. 2018中国统计年鉴[M]. 北京：中国统计出版社，2018.

[25] 黄晓勇. 社会组织蓝皮书：中国社会组织报告[M]. 北京：社会科学文献出版社，2019.

[26] 简新华. 中国社会主义市场经济体制的新探索[J]. 广西财经学院学报，2019（05）.

[27] 国家统计局住户调查办公室. 2020中国农村贫困监测报告[M]. 北京：中国统计出版社，2020.

[28] 杨卫. 优化社会主义分配方式的历史镜鉴——列宁分配思想的启示[J]. 广西财经学院学报，2021（01）.

[29] 王朝科，冒佩华，王宝珠. 中国特色社会主义分配制度—— 一个整体性的阐释[J]. 广西财经学院学报，2021（05）.

[30] 张来明，李建伟. 促进共同富裕的内涵、战略目标与政策措施[J]. 改

革，2021（09）．

[31] 袁银传，高君．习近平关于共同富裕重要论述的历史背景、科学内涵和时代价值[J]．思想理论教育，2021（11）．

[32] 吴文新，程恩富．新时代的共同富裕：实现的前提与四维逻辑[J]．上海经济研究，2021（11）．

[33] 顾海良．共同富裕是社会主义的本质要求[J]．红旗文稿，2021（20）．